国家社会科学基金教育学青年课题“转型与构建：高考制度现代化研究
（编号：CAA140117）”最终成果

高考制度现代化
转型与构建

The Modernization of Gaokao System:
Transformation and Construction

李木洲◎著

科学出版社
北京

内 容 简 介

本书基于现代化理论，力图廓清高考制度现代化的内涵、特征、目标、评价等基本问题，系统厘清高考制度现代化的发展历程与其形态演变，探明高考制度现代化的内外部动因及其制约因素，并结合美国“高考”制度现代化的经验与启示，提出符合我国国情的高考制度现代化转型与构建的对策建议。

本书可作为考试学、教育基本理论、教育史等教育学方向的研究生的专业参考用书，也可供考试制度、招生制度、教育政策等领域的研究者参考使用，还可供教育部门做考试招生制度改革决策时参考使用。

图书在版编目（CIP）数据

高考制度现代化：转型与构建 / 李木洲著. —北京：科学出版社，2020.12
ISBN 978-7-03-066807-3

Ⅰ. ①高… Ⅱ. ①李… Ⅲ. ①高考-考试制度-教育-改革-研究-中国 Ⅳ. ①G632.474

中国版本图书馆 CIP 数据核字（2020）第 220491 号

责任编辑：卢 淼 黄雪雯 / 责任校对：彭珍珍
责任印制：李 彤 / 封面设计：润一文化

科学出版社 出版
北京东黄城根北街 16 号
邮政编码：100717
http://www.sciencep.com
北京虎彩文化传播有限公司 印刷
科学出版社发行 各地新华书店经销
*
2020 年 12 月第 一 版 开本：720 × 1000 B5
2020 年 12 月第一次印刷 印张：16 1/2
字数：300 000
定价：99.00 元
（如有印装质量问题，我社负责调换）

序　言

高考升学是千万考生朝斯夕斯、孜孜焉梦寐以求的人生大事，是各位家长含辛茹苦、牵肠挂肚、感同身受的严峻考验，是高中教师辛勤耕耘、倾心教学、比拼结果的业绩检验，是中学校长尽力治校、荣辱与共的年度关口，是地方政府尊师重教、衡量政绩的显性指标。因此，通过高考升入理想的大学不仅是个人和家庭的奋斗目标，也成为中学和地方集体追求的对象。高考改革影响重大，并且高度复杂和敏感，受到民众和国家的高度重视。

虽然高考如此重要，然而过去教育学界研究高考的人并不多。自从 2014 年 9 月《国务院关于深化考试招生制度改革的实施意见》(以下简称《实施意见》)颁布以后，中国的高考改革进入了一个新阶段，高考研究一下子热了许多。以科目改革为标志的新一轮高考制度改革（以下简称“新高考改革”）牵一发而动全身，引起整个教育系统巨大的变化，成效和挑战都相当明显，许多问题需要研究，因此教育部和全国教育科学规划项目设立了多项高考改革方面的重大课题，吸引了众多高水平大学的学者参与进来，关于高考改革研究的论文也增加许多。不过，一些课题结题主要是提交改革建议方面的咨询报告，发表系列论文，较少形成专著，投标课题完成后，一些研究者也就转向其他课题研究了，持之以恒地研究高考改革的人还是不多。

要为高考改革提供理论支撑，就必须进行系统全面的研究。木洲研究员在跟随我攻读博士学位期间，曾被借调到国家教育咨询委员会考试招生改革组当秘书，协助我们 5 位委员进行高考改革调研和撰写报告，受到大家的好评。获得博士学位后，他也一直在研究高考改革问题。现在他在已出版的《高考改革的历史反思》的基础上，又要出版这本《高考制度现代化：转型与构建》，可喜可贺。该书基于现代化理论，力图理清高考制度现代化的内涵、特征、目标、评价等基本问题，系统考察高考制度现代化的发展历程与形态演变，探明高考制度现代化的内外部动因及其制约因素，并结合美国“高考”制度现代化的经验与启示，提出符合我国国情的高考制度现代化转型与构建的对策建议。全书理论性较强，颇有学术价值和水平。

我于 2019 年 9 月到浙江大学教育学院任文科资深教授，学校让我挑选合适的人做团队成员。独木不成林，要将考试研究领域建设成为全国领先，确实需要有团队支撑。而要引进与我研究方向一致、既研究科举也研究高考的学者，只有在我指导的已毕业的博士弟子中考虑。可是要找到符合浙大“百人计划”研究员条件且能够变动工作岗位的人不容易，考虑再三，我在众多已毕业的弟子中想到了李木洲博士。木洲在湖北大学已经发展得很好，但是新成立的浙江大学科举学与考试研究中心更需要梯队，只有这样，才能将科举学和高考研究做大做强，所以还是请木洲加盟了浙江大学。

做人、做事、做学问，三者不大一样。有的人会做人，也会做事，但是不大善于做学问；有的人会做学问，但是不善于与人相处；有的人很会做人，也会做学问，但是做事不大行，也就是没有什么执行力。三者一无是处的人很难在高校发展下去，不过三者俱佳的人也不多，大部分还是某一方面稍弱。如果三方面都不错，便是很值得与之共事的人。木洲博士昔为弟子，今为同事，共襄盛举，是所望焉。

刘海峰

2020 年 4 月 16 日于浙江大学紫金港校区

目　　录

序言（刘海峰）

导论 ······ **1**

第一章　高考制度现代化理论概述 ······ **5**

第一节　现代化的理论基础 ······ 6

第二节　高考制度、教育与国家治理现代化 ······ 31

第三节　高考制度现代化的基本内涵 ······ 40

第二章　高考制度的现代化历程 ······ **43**

第一节　高考制度现代化的历史探源 ······ 44

第二节　高考制度现代化的发展与断续 ······ 58

第三节　高考制度现代化的变革与转型 ······ 69

第三章　高考制度现代化的动因与制约 ······ **103**

第一节　高考制度现代化的内部动因 ······ 104

第二节　高考制度现代化的外部动因 ······ 113

第三节　高考制度现代化的制约因素 ······ 123

第四章　个案研究：美国“高考”制度的现代化 ······ **139**

第一节　美国“高考”制度的现代化历程 ······ 140

第二节　美国“高考”制度现代化的经验 ······ 155

第三节　美国“高考”制度现代化的启示 ······ 168

第五章 高考制度现代化的反思、构建与评价 ······ **181**

第一节 对高考制度现代化的反思 ······ 182

第二节 高考制度现代化的构建 ······ 214

第三节 高考制度现代化评价 ······ 233

结语 ······ **246**

后记 ······ **254**

导　　论

马克思主义认为，经济基础决定上层建筑。作为国家治理的重要工具，制度的产生与发展无不根源于经济基础的变革。自 18 世纪中期英国工业革命以来，随着机器大工业的诞生，资本主义生产方式先后在西欧国家及美国得以确立，“现代经济”从此开始。与这一进程相伴随的是，在资本本性——无限扩张和追求利润的驱使下，西方国家内部的经济社会生活逐渐走向现代化，而外部世界经济则在曲折中日益走向全球化。[①]后经过 19 世纪 70 年代至 20 世纪初以电力技术为标志的第二次工业革命，和 20 世纪 40 年代至今以原子能、计算机、空间技术和生物工程的发明及应用为主要标志的第三次工业革命的推动，经济全球化和社会现代化都得到极大发展。因此，从某种角度而言，欠发达国家的现代化是经济全球化的必然产物和必然趋势。

依据产生方式，“现代化”可分为两类：①“早发内生型现代化”，指由社会自身的内部创新而完成从农业社会向工业社会过渡，并通过建立资本主义制度的方式逐步实现的现代化；②“后发外生型现代化”，指受到资本主义生产方式的冲击或影响而引起内部的思想和政治变革进而推动的现代化。[②]中国的现代化隶属于后者，并且大致可分为三个发展阶段。①被动输入阶段。以 19 世纪 60 年代洋务运动为开端，中国开启了现代化进程，“工业化”“现代化”等概念传入中国。②主动适应阶段。从“洋务运动”到“维新运动”再到“辛亥革命”的爆发，意味着中国由被动输入阶段转为了主动追求国家现代化的阶段。但直到中华人民共和国的成立，才真正为实现国家现代化创造了前提条件。③制度化推进阶段。以 1954 年周恩来总理在第一届全国人民代表大会上提出的“四个现代化”建设目标为标志，中国进入现代化实质性阶段。改革开放后，中国加速了现代化进程。而以党的十八届三中全会提出“推进国家治理体系和治理能力

---

① 裘元伦. 全球化与现代化的同源性和同步性［C］. 科学与现代化，2009（1）：28，45.

② 罗荣渠. 论现代化的世界进程［J］. 中国社会科学，1990（5）：107-126.

现代化”为标志，中国正式确立了以制度建设为核心推进国家现代化的发展道路。

事实上，在世界现代化的进程中，人们对现代化的认识历经了一个由技术化向制度化逐渐转变与深化的过程。早期的现代化大多指“各社会在科学技术革命的冲击下，业已经历或正在进行的转变过程”或“从以农业为基础的人均收入很低的社会，向着重利用科学和技术的都市化和工业化社会的一种巨大转变”[①]。人们往往将“现代化的内涵仅仅界定为经济技术方面的生产力范畴，而把制度等内涵舍弃在现代化之外”。然而，“尽管现代化在历史上发端于工业革命，并以科学发现和技术发明等在经济领域的广泛应用作为标志，但这只是人类社会发展的物质形式，就其根本内涵或内在实质而言，这是由农业社会中自然经济主导的制度结构向工业社会中市场经济主导的制度结构的重大历史变迁。制度的创新、质变和飞跃不仅是这一伟大历史过程的重要起点和根本前提，而且也是这一伟大历史过程的合理内核和构成要件，同时还是这一历史过程的推动力量和历史界标”[②]。因此，制度现代化才是国家或社会现代化的实质与关键。

高考是我国的一项基本教育制度，“上连高等教育，下引基础教育”，在教育系统中发挥着合理分流人才的枢纽性功能。它“宏观上关系到国家未来战略人才的培养，中观上关系到国家素质教育的稳步推进，微观上关系到万千考生及其家庭的切身利益”[③]，具有牵一发而动全身的影响力。因此，高考改革历来受到国家的高度重视和社会的广泛关注。2010 年，教育部发布《国家中长期教育改革和发展规划纲要（2010—2020 年）》（以下简称《教育规划纲要（2010—2020 年）》），该纲要指出，“优先发展教育、提高教育现代化水平，对实现全面建设小康社会奋斗目标、建设富强民主文明和谐的社会主义现代化国家具有决定性意义”，并首次将“考试招生制度改革”作为该纲要第十二章单独列出，该章描绘了高考制度改革的未来图景，体现了高考制度在国家教育发展中的特殊重要性。

2013 年，党的十八届三中全会通过的《中共中央关于全面深化改革若干重大问题的决定》（以下简称《决定》）指出，“面对新形势新任务，全面建成小康社会，

---

① 吉尔伯特·罗兹曼. 中国的现代化［M］. 国家社会科学基金“比较现代化”课题组，译. 南京：江苏人民出版社，2003：1-3.

② 俞宪忠. 制度现代化解构［J］. 天津社会科学，2002（5）：78-83.

③ 李木洲. 高考改革的历史反思［M］. 武汉：华中师范大学出版社，2016：1.

进而建成富强民主文明和谐的社会主义现代化国家、实现中华民族伟大复兴的中国梦，必须在新的历史起点上全面深化改革”，其“总目标是完善和发展中国特色社会主义制度，推进国家治理体系和治理能力现代化”。由此，中国现代化建设进入新阶段，即由追求物质技术层面的现代化阶段进入实现治理结构层面的现代化阶段。2018 年，党的十九届三中全会又明确提出，要加快推进国家治理体系和治理能力现代化，并以国家治理体系和治理能力现代化为导向推动和深化国家各项事业改革，开启全面建设社会主义现代化国家新征程。[①]可见，加快国家高水平、深层次的现代化建设已成为新时代国家发展的主旋律。

从系统论的角度来看，高考制度现代化是教育现代化和国家现代化的重要组成部分，三者有机结合、互相影响。因此，加强高考制度现代化研究，推动高考制度现代化建设，是新时代高考制度改革的重要议题。然而，我国研究高考制度的成果虽然很多，但是研究高考制度现代化的成果却很少。相关的系统性专著主要有刘海峰的《高考改革论》、杨学为的《中国考试改革研究》、张民选的《高校招生考试制度改革研究》、张千帆和曲相霏的《大学招生与宪法平等国际经验与中国问题》、张亚群的《高校自主招生与高考改革》、郑若玲等的《苦旅何以得纾解：高考改革困境与突破》、李木洲的《高考改革的历史反思》、乐毅的《论高考改革》等，这些论著主要涉及高考制度的历史发展、理论困境、政策演变及改革反思等问题。而其他较具启示性的单篇论文，主要有林蕙青的《高校招生考试制度的现代转型与构建》、戴家干的《制度创新是高考改革的关键——学习十七大精神对推进高考制度改革的理性思考》、姜钢的《以素质教育为核心，全面深化高考招生改革》，以及钟秉林的《积极稳妥地推进高等学校考试招生制度改革》等。可见，虽然高考制度面临重大转型已在学界形成共识，但学界还没有将高考制度现代化转型作为重大议题进行研究。事实上，受中国经济社会总体改革节奏的影响，尤其是高考制度持续多年的深化改革，高考制度包括其测试制度、管理制度、录取制度等子制度都面临全面转型。因此，从制度视角研究高考制度现代化，既是经济社会发展的现实需求，也是高考制度改革的时代需求。

高考在我国人才选拔培养体系中具有不可替代的重要作用，既关涉国家的发展大计，又关涉千家万户的切身利益，还关涉亿万青少年学生的前途命运。当前，站

---

① 中国共产党第十九届中央委员会第三次全体会议公报［EB/OL］.（2018-02-28）［2018-07-31］. http://www.xinhuanet.com/politics/2018-02/28/c_1122468000.htm.

在中国全面深化改革的历史拐点，尤其是高考改革已进入“深水区”、“转折区”和“关键区”的新阶段，确立符合国情的高考制度现代化改革方向和目标，并顺利将其向前推进，亟须从理论层面和实践层面对其加以论证和检验。因此，运用现代化理论对高考进行制度化、结构化、系统化研究，不仅有利于拓展高考研究新视野、丰富高考研究新方法，打破传统高考研究注重历史经验总结、考试技术变革、考试内容调整及政策价值判断等较为单一的研究模式，还有利于推动和完善高考制度现代化理论体系，为新时代高考制度的转型提供科学的理论依据和政策建议，切实推动深化考试招生制度改革。一言以蔽之，研究高考制度现代化既是落实自党的十八届三中全会以来《关于深化考试招生制度改革的实施意见》的现实需要，也是新时代完善与提高国家教育治理体系和治理能力的现代化建设的迫切需要。

基于高考制度现代化这一主题的特点，本书按照理论与实践、历史与现实、国内与国外三结合的原则，遵循理论研究—历史考察—域外启示—改革反思—转型与构建建议的总体思路，运用历史法、比较法、要素分析法和制度分析法等研究方法，重点探讨如下内容。①高考制度现代化的基础理论，包括现代化、现代性、高考制度现代化的概念与内涵，现代化理论的派系，高考制度现代化、教育现代化与国家现代化三者之间的关系，高考制度现代化的本质、方向与性质，并初步构建高考制度现代化的理论体系。②高考制度现代化的历程，考察高考制度现代化的起源与传承、发展与断续、变革与转型等现代化发展阶段，厘清高考制度现代化的历史任务、形态特征及演化路径。③高考制度现代化的内部动因、外部动因及其制约因素，揭示高考制度现代化发展的基本规律。④美国的“高考”制度现代化，梳理并总结美国“高考”制度现代化的历程、经验与启示。⑤高考制度现代化的反思、构建与评价，探究高考制度现代化的经验、目标、特征、路径及其限度，并尝试构建高考制度现代化评价指标体系，以及高考制度现代化有待深化研究的前瞻性问题等。

总之，在推进国家治理体系和治理能力现代化的背景下，结合《教育规划纲要（2010—2020 年）》中关于深化考试招生制度改革的指导意见，运用制度理论和现代化理论解构高考制度，是新时代全面深化高考制度改革并构建符合我国国情及世界潮流的高考制度现代化体系的应有之意。

第一章

高考制度现代化理论概述

高考制度是国家基本教育制度之一，亦是国家治理制度的重要组成部分。因此，高考制度现代化与教育现代化和国家现代化密不可分，三者之间有机联系，互相促进与制约，是部分与整体、子系统与母系统的关系。因而，探讨高考制度现代化，必须把高考制度置于现代化、教育现代化和国家现代化的大背景、大框架、大理论中加以考察。当然，也只有从理论视野和系统观点出发，才能构建中国特色高考制度现代化理论体系。正如安东尼·吉登斯所说："如果我们没有一种理论思路，我们在开始一项研究或解释研究成果时，就不知道如何着手进行。"[①]因此，把握现代化主要理论的精髓，厘清现代化、教育现代化与国家现代化的关系，是构建中国特色高考制度现代化理论的基石。

① 安东尼·吉登斯. 社会学（第五版）[M]. 李康，译. 北京：北京大学出版社，2009：9.

第一节　现代化的理论基础

“新的大变革时代必然产生新的理论思维。”[①] 20 世纪五六十年代，伴随人类社会的大发展和大变革，尤其是现代工业生产方式和工业化生活方式的扩大化与普及化，现代化理论应运而生。恰如有学者指出，“理论用这个整体的道理对世界做出整体解释，而整体解释把我们带到对世界的更深层或更高层面的识见”[②]。现代化理论的出现，不仅为人类社会的科学研究提供了新的思维视角，也为人类社会的结构性变革提供了新的解读范式，同时还为人类社会的整体发展提供了新的指引方向。廓清现代化的含义、现代化与现代性的关系以及现代化理论的主要流派及其影响，是运用现代化的一般理论来构建高考制度现代化特殊理论体系的基本前提，也是运用现代化的科学理论指导高考制度现代化建设的根本要求。

一、现代化的含义

“现代化”这一术语，是于 1951 年在美国芝加哥大学举办的一次学术会议上被首次提出的，当时主要用以概括“从农业社会向工业社会转变”[③]这一现象，后得到学者的广泛接受与使用。如今，“现代化”的概念早已深入社会科学的各个领域，并成为很多国家尤其是发展中国家改革发展话语体系中的高频词汇。然而，关于“现代化”的确切含义，莫衷一是，学者从不同的视角出发有不同的理解与表述，大致可归纳为以下几种说法。

1）基于历史视角的“赶超说”“超越说”。所谓“赶超说”，即认为现代化是

---

① 罗荣渠. “现代化”的历史定位与对现代世界发展的再认识［J］. 历史研究，1994（3）：153-165.

② 陈嘉映. 常识与理论［J］. 南京大学学报（哲学・人文科学・社会科学版），2007，44（5）：61-68.

③ 周毅. 西方现代化理论与中国现代化之路［J］. 改革与理论，2003（1）：15-19.

指“近代资本主义兴起后的特定国际关系格局下，经济上落后国家通过大搞技术革命，在经济和技术上赶上世界先进水平的历史过程”[①]。所谓“超越说”，即认为现代化是“新时代”对“旧时代”的超越，具体是指对第一次工业革命以前或者“大生产力形态”产生以前的时代的超越。此外，在认识层面，“现代化”还是对“欧化”“西化”的超越，或者可以说是对“欧洲中心论”“西方中心论”观点的修正与突破。[②]简言之，“赶超说”“超越说”是早期人们对现代化表象观察的形象表达，一方面反映了科技、经济在现代化过程中的关键作用；另一方面反映了人们对现代化过程的理性审视与全新认识。

2）基于相对视角的“广义说”“狭义说”。我国现代化研究的先驱罗荣渠教授认为，广义而言，“现代化作为一个世界性的历史过程，是指人类社会从工业革命以来所经历的异常急剧变革，这一变革以工业化为推动力，导致传统的农业社会向现代工业社会的全球性的大转变过程，它使工业主义渗透到经济、政治、文化、思想各个领域，引起深刻的相应变化”；狭义而言，“现代化又不是一个自然的社会演变过程，它是落后国家采取高效率的途径，通过有计划地经济技术改造和学习世界先进，带动广泛的社会改革，以迅速赶上先进工业国和适应现代世界环境的发展过程”[③]。“广义说”“狭义说”揭示了现代化的两个本质面目，即世界历史过程和社会演变过程的主要特征与必然趋势。

3）基于本位视角的“学科说”“领域说”。不同学科或领域的专家，对现代化的理解不同：“在社会学家看来，现代化是一个传统社会的变革，也就是欠发达社会获得较发达社会共有特征的过程；在经济学家看来，现代化就是经济由不发达到发达的发展过程，社会消费由低级向高级上升的过程；在政治学家看来，现代化是传统政体向现代化政体的转变过程、政权的合理集中化和科层化（制度化）的过程；在历史学家看来，现代化是随着人类科学技术水平的提高，从历史上发展而来的各种体制适应客观环境的过程；在人类文化学家看来，现代化是促使社会、文化和个人各自获得科学知识，并把它运用于生产和生活的过程。”[④]这些观点都是专家以各自的学科或领域为中心来阐释现代化，具有明显的学科本位

① 罗荣渠. 现代化新论：世界与中国的现代化进程［M］. 北京：北京大学出版社，1993：9.
② 罗荣渠.“现代化”的历史定位与对现代世界发展的再认识［J］. 历史研究，1994（3）：153-165.
③ 罗荣渠. 现代化新论：世界与中国的现代化进程［M］. 北京：北京大学出版社，1993：16-17.
④ 陈柳钦. 现代化的内涵及其理论演进［J］. 经济研究参考，2011（44）：15-31.

或领域本位的特点。

4）基于系统视角的“系统说”“统一说”。“系统说”认为，现代化是指“在‘自然、社会、经济’复杂巨系统中，朝向一组复杂的、具有时空边界约束的、具有时代内涵的相对目标集合的动态过程”①。“统一说”认为，现代化是指“在‘现代’这段历史时间里人类社会所发生的一系列深刻的进步性变化，包括变化的过程与结果。它既是人类社会的发展过程，也是发展目标”②。另外，还有说法认为，“现代化是自科学革命以来人类急剧变动的过程的统称”③。当然，还有系统与过程统一论说认为，现代化“是一个系统，它是由物质、制度、意识若干个相互作用的子系统构成；同时也是一个过程，不仅包括物质结构（经济结构）的调整和转变过程，也包括社会结构、社会变迁的逐步演进过程，不仅包括化物，也包括化人，它是系统与过程的统一”④。无疑，这些论说都揭示了现代化过程的整体性与普遍联系性。

除上述以外，关于现代化的阐释，还有“本质说”“核心说”，该论说认为“工业化是现代化的核心，现代化实质上是现代工业生产方式和工业化生活方式的普遍扩散化的过程”⑤，即现代化在本质上是经济落后国家实现工业化的进程；“人本说”从心理学、社会学等角度提出，现代化是一种心理态度、价值观和生活方式的改变过程，认为现代化的关键是人的现代化；“制度说”认为，现代化系统的核心是制度现代化⑥；“活动说”认为，现代化是一个具体的历史活动，包括建立以城市为主体的现代民族国家与市民社会、人对经济利益的追逐、公民对个人政治权益的普遍关注等⑦；“合理说”，马克斯·韦伯认为，现代化就是“合理化”，它是一种全面理性的发展过程；“多过程论说”，塞缪尔·亨廷顿认为，现代化是“一个革命的过程、复杂的过程、系统的过程、全球化的过程、长期的过程、阶段性的过程、同质化的过程、不可逆的过

① 杨多贵，牛文元，陈劭锋．现代化内涵、指标与目标的新探讨［J］．学术探索，2001（4）：19-21.
② 周毅．西方现代化理论与中国现代化之路［J］．改革与理论，2003（1）：15-19.
③ 罗荣渠．现代化新论：世界与中国的现代化进程［M］．北京：北京大学出版社，1993：10.
④ 疏仁华．对现代化内涵的再诠释［J］．铜陵学院学报，2004（4）：82-83.
⑤ 罗荣渠．论现代化的世界进程［J］．中国社会科学，1990（5）：107-126.
⑥ 俞宪忠．制度现代化解构［J］．天津社会科学，2002（5）：78-83.
⑦ 韩毓海．关于“现代性”与“现代化”［J］．学术月刊，1994（6）：3-5.

程、进步的过程”[①]。总之，关于现代化的界说，不同的学派或学者各持其说，各有其理，包罗宏富，不一而足。

但综观各类说法，其又皆从不同的立场或视角解读或揭示了现代化的某一方面或若干方面的表现、特点及实质。若兼顾差异，论其共性，关于现代化的界定可总结出如下几点。

1）现代化是一个多维度的发展过程。①现代化是一个进步的过程，是由科技与工业革命引起的在经济、政治、文化、教育等领域全面革新与进步的过程。②现代化是一个转变的过程，包括社会由封闭、传统向流动、现代的转变；政治由保守、专制向开放、民主的转变；经济由单一、落后向多元、发达的转变；文化由旧形态向新形态的转变；教育由贵族化、精英化向平民化、普及化的转变等。③现代化是一个历史的过程，是区别于生产力大解放时代以前的新的历史过程，反映的是人类“由农业社会中自然经济主导的制度结构向工业社会中市场经济主导的制度结构的重大历史变迁”[②]。

2）现代化是一种方向性的发展趋势。所谓“化”，即“指一种趋向，一种过程，是进行时而非完成时”[③]。现代化缘起于欧洲文艺复兴，发展于西方工业革命，其一度被等同于“欧化”“西化”，但随着经济全球化的发展，现代化逐渐取代了“欧化”“西化”这两种狭隘的中心论认识，进而在观念上演变为一种全球化的认识，在现实中演变为一种全球化的发展趋势。而伴随现代科技的大发展，人类之间、国家之间、区域之间、经济体之间、文化体之间的交流与互动越发便捷，使现代化以加速的方式在全球范围内迅猛发展，成为世界尤其是发展中国家与欠发达国家改革发展的主导思想与主流方向。

3）现代化有一定的衡量与判断标准。作为一个国家或社会发展进步的显性状态，现代化表明这个国家或社会在政治、经济、文化、科技等领域接近或达到了世界先进水平，因此，现代化有一定的可观测、可评价的判断标准。由于它以发达国家为参照，这些判断标准又是相对于多元的。例如，政治方面的法治化、民主化程度；经济方面的生产总值与人均收入；文化方面的开放性与先进性；科

---

① 陈柳钦. 现代化的内涵及其理论演进［J］. 经济研究参考，2011（44）：15-31.

② 俞宪忠. 制度现代化解构［J］. 天津社会科学，2002（5）：78-83.

③ 郑诗亮，孟繁之. 邓小南谈对宋史的再认识［EB/OL］.（2016-12-16）［2018-04-08］. http://www.thepaper.cn/newsDetail_forward_1580983.

技方面的先进性与主导性；教育方面的投入与产出；等等。当然，由于现代化自身的复杂性，其衡量与判断标准有些表现在物质层面，往往是可量化或直接可比的；有些表现在制度层面，大多只能通过功能分析或制度效益来判断；有些表现在精神层面，则只能通过观察或感受去主观评判。

4）现代化具有内在互动性与整体性。在社会或国家巨系统中，无论是要素子系统，还是制度子系统抑或是治理子系统，甚至是区位子系统与环境子系统，各个层面的子系统与大系统，子系统与子系统之间既相对独立，又密切关联；既互相影响，又彼此制约。简言之，现代化过程具有鲜明的互动性与整体性特点。以教育系统为例，教育现代化既与政治、经济、文化、科技等子系统的现代化密切相关，又与其内部的基础教育、中等教育、高等教育，以及升学考试等子系统的现代化互为影响，是一种复杂的局部与整体的发展关系。因此，探讨现代化问题不能孤立片面，而要统筹兼顾。

综上，所谓现代化是指由文艺复兴与工业革命推动的一系列包括社会结构、国家制度、工业生产、文化思想、科技水平、教育模式、价值观念，以及生活方式等在内的，由低级、传统形态向高级、先进形态逐渐普及化、持续化、全球化的历史发展过程。在很大程度上，其实质是“不断地摆脱传统、适应新环境、建立‘新传统’、再扬弃‘新传统’、奔向未来的生生不息的动态发展过程”[①]。从人类社会的发展史来看，它既是由发达国家创新引领的社会全方位变革的历史过程，又是由发展中国家和欠发达国家学习追赶发达国家的历史过程。

二、现代化与现代性的关系

研究现代化问题，有一个难以绕开的相关概念，即“现代性”。而探讨现代化与现代性之关系，又须从“现代”一词说起。有考证指出，“‘现代’一词源于公元 4 世纪出现的拉丁语单词‘modernus’，其主要用来指称当时已经基督化了的‘现今’，以区别古罗马异教的‘往古’”[②]。进入中世纪后，“现代”一词又被用于诠释《圣经》，指“耶稣的出现驱散了古代异教徒世界的黑暗，

① 高清海，余潇枫．“类哲学”与人的现代化［J］．中国社会科学，1999（1）：70-79.

② 谢立中．“现代性”及其相关概念词义辨析［J］．北京大学学报（哲学社会科学版），2001（5）：25-32.

为人类带来了光明”[①]。可见，“现代”一词在发展过程中逐渐拥有了两层含义：①指时间概念，意为“目前（the present）”“现在（right now）”“当前（recently）”等；②指特定的文化范畴，即与“古代”一词所代表的落后与陈旧相对应的先进和优越。[②]因此，“现代”一词不仅意味着与“过去”“古代”相对的历史分期，还具有丰富的时代内涵，蕴含着特定的时代信息及其价值优越性。

从构词法来看，“现代性”与“现代化”同根同源，皆是以“现代”为词根演化而来，因而，此三词在具体的发展与使用中关系密切而复杂，比较三词内涵的变化，大体经历了由模糊到混同再到区别化的过程。一般而言，学界普遍的用法或界定倾向是“将‘现代’看成一个比‘现代性’、‘现代化’更为一般的概念或术语，而将‘现代性’界定为‘现代时期’、‘现代状况’，将‘现代化’界定为实现‘现代性’的一种过程”[③]。由此观之，“现代化”是在“现代”的基础上赋予了其“过程”“趋势”等含义；而“现代性”则是在“现代”的基础上赋予了其“性质”“状态”等意蕴。基于广义与狭义的视角，谢立中教授认为，“现代”“现代性”“现代化”三者之间的内涵与关系大致如表 1-1 所示。

表 1-1 “现代”“现代性”“现代化”概念释义表

项目	现代	现代性	现代化
狭义	当前、时髦	新奇性、飞逝性	成为最新的东西
广义	自 17 世纪以来的	自 17 世纪以来的新文明	自 17 世纪以来的新文明的实现过程

资料来源：谢立中．“现代性”及其相关概念词义辨析［J］．北京大学学报（哲学社会科学版），2001（5）：25-32.

从学理的角度来看，“现代性”“现代化”具有同样复杂多样的理解与表述，在不同的学科领域里，其所指代的确切含义不尽相同。在文艺学者的眼里，“现代性”与审美密切相关，“意味着对审美的某种微妙的感觉”[④]。波德莱尔在《现

① 谢立中．“现代性”及其相关概念词义辨析［J］．北京大学学报（哲学社会科学版），2001（5）：25-32.

② 郭建锦．“现代性”的内涵及其相关概念辨析［J］．山西农业大学学报（社会科学版），2015，14（9）：951-958.

③ 谢立中．“现代性”及其相关概念词义辨析［J］．北京大学学报（哲学社会科学版），2001（5）：25-32.

④ 魏明超．现代性的内涵阐释［J］．长春师范学院学报（人文社会科学版），2009，28（3）：4-6.

代生活的画家》一文中认为，“现代性就是过渡、短暂、偶然，就是艺术的一半，另一半是永恒和不变”[①]。它可理解为人的某种体验或感知。在哲学家看来，现代性代表着某种精、气、神。例如，福柯认为，现代性是一种具有批判特征的态度与气质。[②]还有学者以黑格尔的《法权哲学》作为“现代性”文化理论的基础，认为“现代性”首先是指一个辩证的、矛盾的抽象体，这个抽象体在发展过程中会发生奇妙的倒转，即主体的不可遏止的客体化，要成为“现代性”的，便意味着要成为这样一个悲剧性的主体——它有许多面孔，但却有一个共同的名字，便是“浮士德”[③]。在心理学家看来，现代性意味着“成就取向人格”，其特点是具备成就动机和成就需欲。在经济学家看来，现代性是“指工业和服务业在社会中占有绝对的优势并起着主导的作用，可以用人均国民收入来衡量”[④]。在社会学家看来，现代性意味着某种社会结构、制度、模式抑或标准，如吉登斯认为，现代性指社会生活或组织模式，在 17 世纪的欧洲出现以后，不同程度地在世界范围内产生着影响。[⑤]哈贝马斯则把“现代性”视为“一项未完成的设计”，它“旨在用新的模式和标准来取代中世纪已经分崩离析的模式和标准，来建构一种新的社会知识和时代”[⑥]。

尽管人们对现代性的认识千差万别，但作为一个独立的术语，现代性有其自身独特的内涵与属性。罗荣渠教授认为，“现代性是社会在工业化推动下发生全面变革而形成的一种属性，这种属性是各发达国家在技术、政治、经济、社会发展等方面所具有的共同特征。这些特征包括民主化、法制化、工业化、都市化、均富化、福利化、社会阶层流动化、宗教世俗化、教育普及化、知识科学化、信息传播化以及人口控制化，等等”[⑦]。陈嘉明教授认为，现代性具有三个明显特征：首先，它标志着从传统到现代的转变，表现为与某些传统的断裂；其次，自由构成现代性的核心，人的各种权利的保障构成现代性的前提；最后，现代性表现为建立起竞争机制与合理的规范，即竞争的理性化过程。而所谓“理性化”又

---

① 夏尔・波德莱尔. 美学珍玩［M］. 郭宏安，译. 南京：译林出版社，2014：295.
② 米歇尔・福柯. 福柯集［M］. 上海：上海远东出版社，1998：536-537.
③ 韩毓海. 关于“现代性”与“现代化”［J］. 学术月刊，1994（6）：3-5.
④ 徐奉臻. 现代性与现代化辨析［J］. 学习与探索，1999（1）：92-95.
⑤ 吉登斯. 现代性的后果［M］. 田禾，译. 南京：译林出版社：2011：1.
⑥ 转引自陈嘉明. 现代性与后现代性十五讲［M］. 北京：北京大学出版社，2006：4.
⑦ 罗荣渠. 现代化新论：世界与中国的现代化进程［M］. 北京：北京大学出版社，1993：14.

指的是人与社会行为的契约化、规范化、程序化、专门化及制度化。[①]可见，现代性不是一种趋势或过程的表达，而是一种对特定时代的内在与外在的表现或状态特征的客观描述，体现了与传统性的某种对立。

总之，现代性与现代化在内涵上虽密切相关，但不可等同或混淆。如果说“现代性是现代化的结晶，是现代化过程与结果所形成的属性”[②]，那么，现代化则是现代性不断拓展与增长的过程。两者高度依存，可谓是“现代”的一体两面，即现代性为“现代”静态之特性，现代化为“现代”动态之过程。简言之，现代性是现代化的抽象表征，其核心是理性，包括价值理性和工具理性。

三、现代化理论的主要派系

“理论是道理的系统化，借助理论，我们为世界提供系统的解释，对世界获得系统的理解。”[③]现代化理论正是解释和理解现代世界与现代化问题的系统化道理（或“知识体系”）。由于解释或理解现代化的方法、立场、路径及视角的不同，现代化理论在发展过程中产生了不同的派系。有学者指出，自 20 世纪中叶现代化理论产生以来，先后出现了十大现代化理论：“经典现代化理论、依附理论、世界体系理论、后现代化理论、生态现代化理论、反思性现代化理论、多元现代性理论、全球化理论、第二次现代化理论和综合现代化理论。”[④]不过，随着对现代化研究的不断深入，特别是研究视角的不断转换，现代化理论远不止上述十种。为研究之便利，择其要而述之，根据不同理论的立论之基与共同归属，大致可将现代化理论分为三大派系，即经典现代化理论派系、高度现代化理论派系和马克思主义现代化理论派系。

（一）经典现代化理论派系

现代化理论是发展理论的一个重要流派，是第二次世界大战（以下简称“二

---

① 陈嘉明.“现代性”与“现代化”[J]. 厦门大学学报（哲学社会科学版），2003（5）：14-20.

② 陈嘉明.“现代性”与“现代化”[J]. 厦门大学学报（哲学社会科学版），2003（5）：14-20.

③ 陈嘉映. 常识与理论[J]. 南京大学学报（哲学·人文科学·社会科学版），2007，44（5）：61-68.

④ 何传启. 现代化研究的十种理论[J]. 理论与现代化，2016（1）：22-29.

战”）后三大重要事件的历史产物：①美国成为世界超级大国，开始主导和重构新的世界秩序；②世界共产主义联合运动的发展，特别是苏联在东欧、中国及朝鲜等范围内的势力扩张；③欧洲殖民体系在亚洲、非洲、拉丁美洲的崩溃，许多民族国家的产生导致第三世界的兴起，这些新诞生的民族国家试图寻找一种发展模式促进其经济发展和巩固政治独立。在这样的历史背景下，美国的政治精英开始鼓励本国的社会科学家研究第三世界国家，帮助并促进这些国家的经济发展和政治稳定，以避免这些新兴国家脱离美国（资本主义）阵营而进入苏联（共产主义）阵营。[①]因此，又可以说，现代化理论在本质上是世界政治格局博弈的产物。

所谓经典现代化理论，即 20 世纪五六十年代以美国学者为代表推动产生的，以西方资本主义国家为样板向第三世界国家推销的多种发展理论的总称。它是最早出现的现代化理论学派。从学理产生的角度来看，经典现代化理论以第三世界国家为主要研究对象，以“自由主义思想和实证主义传统”[②]为发展之基，特别是 19 世纪中期，孔德、圣西门、迪尔凯姆、韦伯等对现代社会问题的研究为经典现代化理论的产生奠定了发展基础。20 世纪 50 年代以后，随着二战后大批走向民族独立的国家加快经济、科技发展，努力赶上世界先进水平发展浪潮的兴起[③]，经典现代化理论得以应运而生。然而，在实践发展中，由于研究立场、方法及视角的不同，经典现代化理论又出现了经济学、政治学、社会学、人文心理学、制度学等不同的分支流派。因此，经典现代化理论“不是一个‘单一的’理论，而是不同领域的学者关于世界现代化研究的理论成果的统称”[④]。

基于经济学的经典现代化理论认为，经济现代化是国家现代化的核心，其关键在于保持经济持续增长，而工业化、城市化是现代化的主要特征。代表人物为华尔特·惠特曼·罗斯托和西蒙·史密斯·库兹涅茨等。其中，华尔特·惠特曼·罗斯托提出的经济成长阶段理论影响最大，他认为“根据技术发展和经济增长程度，人类社会可分为传统社会、起飞准备期、起飞、向成熟过

---

① So A Y. Social Change and Development: Modernization, Dependency, and World-System Theories [M]. Newbury Park: Sage Publications, 1990: 17.

② Billet B L. Modernization Theory and Economic Development: Discontent in the Developing World [M]. Westport: Praeger Publishers, 1993: 4.

③ 周毅. 西方现代化理论与中国现代化之路 [J]. 改革与理论，2003（1）：15-19.

④ 何传启. 现代化研究的三次浪潮 [J]. 科学决策，2004（3）：2-9.

渡、高额大众消费时代五个发展阶段，并且随着经济的增长，传统社会必然会走向现代社会”[①]。简言之，经济现代化理论学派强调的是国家现代化发展的经济基础，即物质基础。

基于政治学的经典现代化理论认为，政治现代化是国家现代化的核心，其关键是实现国家政治制度的现代化，也就是通过政治变革实现国家政治的民主化、自由化、分权化及秩序化，并且它是一个全球化、同质化、进步化和不可逆化的过程。[②]代表人物为萨缪尔·亨廷顿和加布里埃尔·阿尔蒙德等。他们系统阐述了政治现代化的过程与规律，主张“从政治结构的分化和政治参与的扩大来解释现代化”[③]。政治现代化理论学派强调的是国家现代化发展的政治基础，体现的是一种自上而下的推动国家现代化发展的思维模式。

基于社会学的经典现代化理论认为，现代化是社会“结构-功能”的巨大变迁，这种变迁意味着“社会结构的进步性分化和社会功能的专门化，而在分化过程中必然会带来破坏，产生冲突，社会整合便是对冲突、破坏的平衡，分化的程度和整合能力的强弱直接代表了社会的现代性程度”[④]。代表人物为塔尔科特·帕森斯，他认为，社会现代化变迁“源于新型经济、政治、文化要素的生成、发展及其对原结构功能的渗透、改造、替换，可视为社会（经济、政治、文化）范式的变革与适应性重组（整合）。由此，现代社会脱离了传统社会（由传统社会跃迁而致），极化为与传统的差异性对立”[⑤]。社会现代化理论学派强调的是国家现代化发展的社会基础，试图通过解构社会的构成与变迁来解释现代化的发展过程，体现的是社会进化论的思想。

基于人文心理学的经典现代化理论认为，人的现代化是国家现代化的核心，因为人类社会由传统社会进入现代社会的决定性因素是人，人的现代化程度决定着社会的现代化程度，而国家现代化的过程实质上是人的价值观、心理素质、行为特征的转变与培育的过程，其代表人物艾利克斯·英克尔斯在《人的现代化》

---

① 转引自谢立中，孙立平. 二十世纪西方现代化理论文选［M］. 上海：上海三联书店，2002：427.

② 周毅. 西方现代化理论与中国现代化之路［J］. 改革与理论，2003（1）：15-19.

③ 郃哈斯其木格. 经典现代化理论的局限性及其重要启示［J］. 内蒙古大学学报（哲学社会科学版），2009（2）：16-20.

④ 杨正喜. 经典现代化理论的源流与评估［J］. 社会，2004（11）：29-33.

⑤ 庞绍堂. 经典现代化理论的再认识［J］. 江海学刊，2005（2）：105-110，239.

一书中指出，“一个国家，只有当它的人民是现代人，它的国民从心理和行为上都转变为现代的人格，它的现代政治、经济和文化管理机构中的工作人员都获得了某种与现代化发展相适应的现代性，这样的国家才可真正称之为现代化的国家”[①]。总之，人文现代化理论学派强调的是现代化过程中人的“参与意识、开放意识、进取精神、创新精神、独立性与自主性”[②]的重要性。

基于制度比较研究的经典现代化理论，“运用定性与定量相结合的多变量分析方法”，“从人类历史发展演化的视角，对不同国家的现代化历程进行比较实证研究，提出了现代化发展模式多样性的观点”[③]，并以政治、经济、文化、科技等国家构成要素为主要指标构建现代化发展水平评估体系。其代表人物为西里尔·爱德华·布莱克、舒穆尔·N. 艾森斯塔特等，他们强调制度对国家现代化的作用，认为通过制度变革、制度学习、制度移植、制度模仿等可以促进国家的现代化发展。

此外，若“按照研究方法和特点划分，经典现代化理论还可分为结构功能学派、过程学派、行为学派、实证学派、综合学派（历史学派）和未来学派”[④]等六大学派。当然，不管是以学科或领域为本位，还是以方法或特点为视角，不同分支流派的经典现代化理论总体上反映了学者从不同角度对现代化规律的认识与论析。综合而论，经典现代化理论普遍认为，现代化是指自发达国家工业革命以来发生的深刻变化，这些变化包括从传统经济向现代经济、传统社会向现代社会、传统政治向现代政治、传统文明向现代文明等的一系列转变，它既发生在先进国家的社会变迁里，也发生在发展中国家追赶先进国家的过程中。[⑤]经典现代化理论的基本假设包括：①对立性，即传统与现代是两种社会样态，二者具有对立性，现代化就是从传统走向现代的过程；②趋同性，即工业化、城市化、理性化、民主化等是现代化的共同特性，尽管各民族国家的现代化道路不同，但世界的现代化发展方向是趋同的，最起码是类似的或相近的；③传播性（或扩散性），以发达国家为基点不断向发展中国家传播或扩散是全球现代化的形成机

---

① 转引自殷陆君. 人的现代化——心理·思想·态度·行业［M］. 成都：四川人民出版社，1985：8.

② 周毅. 西方现代化理论与中国现代化之路［J］. 改革与理论，2003（1）：15-19.

③ 周毅. 西方现代化理论与中国现代化之路［J］. 改革与理论，2003（1）：15-19.

④ 何传启. 世界现代化研究的三次浪潮［J］. 中国科学院院刊，2003（3）：185-190.

⑤ 何传启. 现代化研究的十种理论［J］. 理论与现代化，2016（1）：22-29.

制，这也是现代化的文化特征。[①]因此，广大发展中国家的现代化建设在很大程度上具有一定的模仿性。

然而，到 20 世纪 70 年代以后，随着世界格局的变化尤其是多极世界的形成，受经典现代化理论的根本思想及其研究立场、视角、方法等的局限，其理论缺陷与弊端逐渐显现出来，具体包括四个方面：①价值与立场的偏颇。经典现代化理论发源于西方，并服务于西方发达国家，如依附理论、世界体系理论所指出的，“经典现代化理论存在着明显的‘西方中心主义’特征”[②]，它以西方发达国家的价值观为根本价值，以西方发达国家的利益为基本立场，去评价、判断和引导发展中国家的现代化建设，忽视了广大发展中国家的多元价值存在和根本利益诉求。②单一化、绝对化的倾向。经典现代化理论的众多分支或流派，多以政治、经济、人文、制度等为本位视角，强调国家的某一或少数若干构成要素的特别重要性，进而演化出“政治决定论”“经济决定论”“文化决定论”“人本决定论”等发展理论断言，而在最根本的理论主张方面，更是“把西方国家现代化的具体道路与模式，作为全人类现代化的唯一道路与模式”[③]，存在着明显的单一化和绝对化的理论倾向。③解释张力的不足。立足于西方发达国家的经典现代化理论，以西方社会的现代性增长模式阐释世界的现代化过程，其分析视角因解释空间的狭窄而凸显其单一化，导致其不具有广泛的解释力。[④]同时，它把“现代化”等同于“西化”乃至“欧化”，“把西方发达国家的现状等同于非西方不发达国家的未来目标模式，以西方内源性现代化作为发展范式，企图让非西方不发达国家按照西方模式实现现代化，实现西方那样的现代化。它严重忽视了非西方国家的国情，没有认识到非西方国家的发展特点”[⑤]，这些都致使其在解释广大发展中国家的现代化进程时显得张力不够。④一元单线的历史发展观。受社会达尔文主义的影响，经典现代化理论对社会的发展持一元单线的历史发展观，认为“进化也发生在民族国家之中，每个国家都将沿着美国预先确定的阶段发

---

① 庞绍堂. 经典现代化理论的再认识［J］. 江海学刊，2005（2）：105-110，239.

② 俞思念，陈平其. 西方现代化理论的兴起与演变［J］. 学习与探索，2005（6）：131-134.

③ 周毅. 西方现代化理论与中国现代化之路［J］. 改革与理论，2003（1）：15-19.

④ 曹海林. 经典现代化理论的解释困境及其再反思［J］. 盐城工学院学报（社会科学版），2007（3）：13-17.

⑤ 俞思念，陈平其. 西方现代化理论的兴起与演变［J］. 学习与探索，2005（6）：131-134.

展”[①]，且传统社会和现代社会处在同一时间序列，两者是一种先后连续的关系，落后的传统社会通过发展可以追上先进的现代社会。而实际上，不同的国家有不同的自然条件、社会结构、文化传统，这就决定了不同国家的现代化变迁存在多种不同的路径，即世界的现代化发展存在着马克思所说的“多线发展图式”[②]，而不是仅存在以西方发达国家为中心的单线发展路径。

当然，经典现代化理论的贡献也是多方面的，主要包括：①它构建了一套完整的社会现代化概念体系，探讨了现代化、现代性、传统性、工业化等的基本内涵与特征，为现代化理论的深入发展奠定了学理基础；②它从多科学视角阐释了现代化的过程与动力，系统化地揭示了人类社会自 18 世纪以来所发生的深刻变化，从政治、经济、人文、制度等视角提出了多样化的现代化发展观点，为广大发展中国家的现代化建设提供了新的发展思路；③它总结了世界发达国家现代化的基本规律及其发展路径，如先工业化后民主化、先民主化后工业化等，概括了现代化发展的若干模式，包括“创新型、跟踪型、嫁接型和学习型”[③]等，这些为发展中国家提供了实现现代化的实践经验。总体而言，经典现代化理论较成功地解释了 18 世纪 60 年代至 20 世纪 60 年代发达工业国家的发展过程和发展中国家追赶发达国家工业化水平的过程[④]，并且为后续的现代化理论发展提供了深厚的理论基础和肥沃的思想土壤。

（二）高度现代化理论派系

理论思想是社会现实与时代精神的一种学术化反映。进入 20 世纪 70 年代以后，在政治领域，世界多极化逐渐形成，以西方国家为主导的世界霸权格局开始动摇；在经济领域，服务经济开始逐渐取代工业经济成为西方发达国家的主体经济；在文化领域，反思性文化、后现代主义和后现代论正悄然盛行；在社会领域，人们在后工业时代或后资本主义时代期望能够进入更高水平的现代化阶段。由于现实社会的重大变化以及新文化、新科技和新思想的出现，传统的经典现代

---

① Scott C V. Gender and Development：Rethinking Modernization and Dependency Theory［M］. Boulder：Lynne Rienner Publishers，1996：2.

② 转引自杨正喜. 经典现代化理论的源流与评估［J］. 社会，2004（11）：29-33.

③ 何传启. 世界现代化研究的三次浪潮［J］. 中国科学院院刊，2003（3）：185-190.

④ 何传启. 现代化研究的十种理论［J］. 理论与现代化，2016（1）：22-29.

化理论的现实解释力和建设指导力受到极大挑战，时代呼唤新的现代化理论。

所谓高度现代化理论，是“指在现代化研究领域或现代化理论系谱中出现的、与经典现代化理论的研究内容和取向有所区别的理论潮流”①。它是现代化理论研究的更高阶段或否定之否定阶段。何传启认为，现代化理论研究大致分为三个阶段：①经典现代化理论研究阶段（20 世纪 50—60 年代），现代化理论初步形成且学术地位得以确立；②后现代化研究阶段（20 世纪 70—80 年代），包括对经典现代化理论的批评和发展，以及后现代主义和后现代化理论的兴起；③新现代化研究阶段（20 世纪 80—90 年代），包括生态现代化理论、第二次现代化理论等。②沈杰也认为，现代化理论分为三个发展阶段：①产生阶段（20 世纪 50—60 年代），现代化理论在学术领域诞生并得到迅速发展；②修正阶段（20 世纪 60—70 年代），现代化理论接受批判并得以反思、修正与更新；③晚近探索阶段（20 世纪 70 年代以来），现代化理论针对新的社会发展问题做出新的探索。其中，前两个阶段重点关注的是发展中国家或地区的现代化进程，在广义上皆属于经典现代化理论，而第三个阶段重点关注的则是西方发达国家在实现了现代化目标之后的发展进程中所出现的新问题，是研究已实现了现代化的世界状况的理论。③因此，第三阶段的现代化理论便称为高度现代化理论。

高度现代化理论也并非专指某一种现代化理论，而是后现代化理论、自反性现代化理论、第二次现代化理论、后现代理论、生态现代化理论等多种非经典现代化理论或新现代化理论的统称。它既是对经典现代化理论的批判与超越，也是对现代化理论体系的一种深化与拓展。

后现代化理论，其实是“关于后工业社会、后现代主义和后现代化研究的一个思想集合”④，它与经典现代化理论的首要区别在于研究视野的不同，经典现代化理论关注的是工业化时代的发展问题，而后现代化理论关注的是后工业化时代的发展问题。后现代化理论认为，“人类社会存在三个阶段两个维度的发展，即从传统社会到现代社会（农业社会向工业社会）阶段发展的‘现代化’过程，从现代社会向后现代社会（工业社会向后工业社会）阶段发展的‘后现代化’过程”⑤。罗纳

---

① 沈杰. 高度现代化理论：现代化研究的新近探索［J］. 中国青年政治学院学报，2007（1）：53-59.

② 何传启. 世界现代化研究的三次浪潮［J］. 中国科学院院刊，2003（3）：185-190.

③ 沈杰. 高度现代化理论：现代化研究的新近探索［J］. 中国青年政治学院学报，2007（1）：53-59.

④ 何传启. 现代化研究的三次浪潮［J］. 科学决策，2004（3）：2-9.

⑤ 郭莲. 中国公众近十年价值观的变化——“后现代化理论”的验证研究［J］. 国家行政学院学报，2011（3）：27-31.

德·英格莱哈特曾指出，“现代化的基础核心是伴随工业化而产生的综合性社会变迁，它包括城市化、科学技术的广泛应用、快速增长的职业专门化、科层化的兴起、教育水平的提高等”[①]。但是“现代化不是历史的最终阶段”[②]，人类社会的发展变迁并不是线性的，“发达工业社会的现代化在发展到一定程度之后，近 20 年已经开始向新的方向，即‘后现代化’（post modernization）方向发展”[③]。因此，在后现代化理论看来，现代化和后现代化的社会核心发展目标不同，前者聚焦于社会财富的增长，后者则关注个人的幸福质量。可见，尽管后现代化是现代化的延续与发展，但其已由对“生存价值”的追求转向了对“幸福价值”[④]的追求，阐释的是一个更加发达与更高境界的社会景象。

自反性现代化理论[⑤]认为，现代化分为简单现代化和自反性现代化，前者是以传统社会为对象的现代化，后者是以工业社会为对象的现代化。在简单现代化阶段，资本极大地改变了世界，人们的经济生产、文化活动、日常生活等发生了天翻地覆的变化。然而，“现代性内部的断裂，使现代性从经典工业社会的轮廓中获得解放，并缔造了一种新的形态，即工业化的‘风险社会’”[⑥]。在“风险社会”中，风险产生的“逻辑”支配财富产生的“逻辑”，技术经济的进步给动植物和人类带来了不可逆转的威胁。而这种风险已不再局限于特定的地域或团体，而是呈现出全球化趋势，不仅跨越民族国家的边界，也模糊了生产和再生产的界限。在这个意义上，全球化趋势引发了全球性危害。它跨越国界，不为某个阶级专属，并带有新的社会动力和政治动力。[⑦]因此，自反性现代化理论“把整个现代化过程都纳入思考视域，把其结构性断裂解释为现代化自身的后果”[⑧]，其自

---

① Inglehart R. Modernization and Post Modernization：Cultural，Economic，and Political Change in 43 Societies［M］. New Jersey：Princeton university press，1977：24.

② Inglehart R. Modernization and Post Modernization：Cultural，Economic，and Political Change in 43 Societies［M］. New Jersey：Princeton university press，1977：5.

③ 吴鲁平. 西方发达国家青年价值结构的转型及其社会经济根源——英格莱哈特的“后现代化理论”［J］. 中国青年政治学院学报，2002（2）：14-21.

④ 吴鲁平. 青年研究的理论范式转型及其学科意义［J］. 中国青年政治学院学报，2014（2）：20-26.

⑤ 又称“反省现代化理论”“再现代化理论”。

⑥ 乌尔里希·贝克. 风险社会：新的现代性之路［M］. 张文杰，何博闻，译. 南京：译林出版社，2018：1.

⑦ 乌尔里希·贝克. 风险社会：新的现代性之路［M］. 张文杰，何博闻，译. 南京：译林出版社，2018：4-5.

⑧ 王俊杰. 自反性现代化理论考察［J］. 理论探索，2007（2）：18-21.

反性包含双重含义：一是自我反对，指以理性为核心的现代化所招致的却是非理性甚至反理性后果，不断消解自身存在的基础；二是自我反思，意为追求自知和确定性的理性对自身性质的反思，从而破坏了其获取某种确定性知识的可能。[①]总之，在自反性现代化理论看来，“工业现代化正处于全面的自我颠覆之中，早期现代性将被高级现代性所取代”[②]，而自反性现代化正是超越经典工业社会的一种新的现代化，它“意味着更多而非更少的现代性，是一种激进的现代性”[③]。在本质上，它是一种高一级的现代化对低一级的现代化的消解。

第二次现代化理论由我国学者何传启提出，他认为，“从 18 世纪到 21 世纪末，世界现代化过程可分为第一次现代化和第二次现代化两大阶段”[④]。第一次现代化是指从农业时代向工业时代、从农业经济向工业经济、从农业社会向工业社会、从农业文明向工业文明的转变过程，其特点是工业化、城市化、理性化、福利化、民主化、世俗化、流动化、法治化、分化与整合、信息传播和普及初等教育等。第二次现代化是指从工业时代向知识时代、从工业经济向知识经济、从工业社会向知识社会、从工业文明向知识文明的转变过程，其特点是知识化、信息化、生态化、个性化、智能化、创新化、全球化、网络化、多样化、学习终身化和普及高等教育等。如果说，第一次现代化的动力是资本、技术和民主，那么，第二次现代化的动力是知识创新、制度创新和专业人才。在第一次现代化过程中，经济发展是第一位的，主要在于满足人类物质追求和经济安全。在第二次现代化过程中，生活质量是第一位的，主要在于满足人类对幸福的追求和自我表现。[⑤]同时他还指出，两次现代化既是一种继承与发展的关系，又是一种消除和反向的关系，而两次现代化的协调发展则意味着综合现代化。不过，第二次现代化是尚未完成的现代化，并且它也不是历史的终结，随着时代的进步，还将会有新的现代化出现。

---

① 王俊杰. 自反性现代化理论考察［J］. 理论探索，2007（2）：18-21.

② 安然. 现代性的困惑与——突围评吉登斯、贝克的自反性现代化理论［J］. 内蒙古师范大学学报（哲学社会科学版），2007（1）：64-68.

③ 乌尔里希·贝克. 风险社会：新的现代性之路［M］. 张文杰，何博闻，译. 南京：译林出版社，2018：3.

④ 何传启. 第二次现代化——人类文明进程的启示［M］. 北京：高等教育出版社，1999：379.

⑤ 何传启. 现代化研究的三次浪潮［J］. 科学决策，2004（3）：2-9.

后现代理论，不同于后现代化理论，如果说后现代化理论是对现代化理论内部的批判与矫正，那么，后现代理论则是对现代化理论的彻底否定。它“从根本上质疑‘现代性’这个一切‘现代化理论’的核心概念，否定‘现代性’以及作为其基础的‘理性’作为人类最高价值的合法性，从而也就是对‘现代化’本身和一切‘现代化理论’的价值提出了质疑”[①]。这与后现代理论的认识论基础有关，后现代理论学家往往采取“视角主义的”“相对主义的”观点看待世界，并“把理性局限于抵制形而上学”[②]，认为理论充其量只是提供了关于对象的局部性观点，且所有关于世界的认知性再现都受到历史和语言的限制。因而，后现代理论排斥现代理论所推崇的宏观观点，一致性观念，因果观念，以及理性的、统一的主体，赞成微观理论、多样性、多元性、片断性和不确定性，以及被社会和语言非中心化了的碎裂主体。[③]当然，后现代理论也清醒地认识到，以（工具）理性为基础的现代化社会，除了增强了人们对经济、政治等的控制能力，给人类社会带来了巨大的物质财富外，也造成了人性的淡漠与虚空，破坏了人类赖以生存的自然环境和生态平衡。此外，后现代理论还认识到，一旦“科学、理性取代传统和宗教成了唯一的、不可反抗的合法性准则，因而也就成了支配-被支配关系的新的基础”[④]。说到底，后现代理论是对“理性至上”“科学万能”等现代理论价值基础的反抗与反思，其目的在于“推动一种建立在比单一理性更为宽广的多元基础之上的文明——‘后现代世界’的出现”[⑤]。如同道格拉斯·凯尔纳所提醒的那样，“不要只注意‘后’（post）这个字样所包含的表示某种旧事物终结的否定性的含义，同时也应该对它所包含的另一种启示录式的含义——新东西的诞生——引起注意”[⑥]。

不难发现，高度现代化理论派系的兴起有三个基础条件。①社会面临转型。工业社会的现代化发展到一定程度后，出现了新的社会发展问题，而更高现代化

---

① 谢立中. 现代化理论的过去与现在［J］. 社会科学研究，1998（1）：67-73.

② 尹树广，南丽军. 面对后现代理论，走出评价中的误区［J］. 哲学动态，1996（1）：27-30.

③ 道格拉斯·凯尔纳，斯蒂文·贝斯特. 后现代理论：批判性的质疑［M］. 张志斌，译. 北京：中央编译出版社，2011：8.

④ 谢立中. 现代化理论的过去与现在［J］. 社会科学研究，1998（1）：67-73.

⑤ 谢立中. 现代化理论的过去与现在［J］. 社会科学研究，1998（1）：67-73.

⑥ 道格拉斯·凯尔纳，斯蒂文·贝斯特. 后现代理论：批判性的质疑［M］. 张志斌，译. 北京：中央编译出版社，2011：5.

阶段的社会发展需要新的理论指引。②经典现代化理论“乏力”。面对现代化新阶段的社会发展问题和新的社会建设诉求，经典现代化理论的解释力与指导力出现瓶颈。③新文化、新思潮、新理念的出现，为高度现代化理论的产生完成了知识积累与思想准备。如果前两点是高度现代化理论产生的社会条件或硬条件，那么第三点则是高度现代化理论产生的文化条件或软条件。

总之，高度现代化理论是工业社会（现代化）发展到一定阶段的综合产物，它既是“对晚近西方发达社会发展进程中出现的新状况、新问题和新趋势的一种理论反映，也是对后现代主义及其有关社会思潮的一种积极回应，更是对经典现代化理论的一种超越、深化与拓展”[①]。尽管高度现代化理论仍处于探索与发展阶段，其理论体系也不够系统、完整和成熟，但它更多地从批判立场、反省视角、未来态势、新质增长、社会重构等方面阐释人类社会的发展变迁趋势。因此，其积极贡献，不仅在于它较好地廓清了后工业时代现代化政治、经济、文化、科技、教育、价值观等社会特征，还在于它从人类生存本质的视角探求了人类现代化发展的阶段性目标与终极目标，为现代我们正确处理人与自然、人与科技、人与人等主客观世界的深刻矛盾做出了积极思考。此外，它还为我们提供了前瞻性、多样性的思维与视角来理解正在经历的和即将到来的未来世界。

（三）马克思主义现代化理论派系

人类社会迄今为止的现代化道路[②]有两条：“①资本主义的现代化道路；②社会主义的现代化道路。”[③]前者是以美国为代表的西方发达国家的现代化道路，经典现代化理论和高度现代化理论是其主要理论成果；后者是以苏联和中国为代表的社会主义国家的现代化道路，马克思主义现代化理论是其主要理论成果。然而，马克思并没有直接提出过现代化理论，因此，在西方现代化理论系统中，马克思关于社会现代化的理论长期处于边缘位置。实际上，马克思在其众多著作尤其是《资本论》中，对 19 世纪中期资本主义国家的社会发展问题进行了深刻的

---

① 沈杰. 高度现代化理论：现代化研究的新近探索［J］. 中国青年政治学院学报，2007（1）：53-59.

② 罗荣渠教授认为，若按照社会经济形态来划分，现代化的道路实际上有三条，即资本主义现代化道路、社会主义现代化道路和混合型现代化道路。

③ 谢永宽，范铁中. 论中国现代化理论与实践模式的变迁——马克思主义中国化视角［J］. 重庆大学学报（社会科学版），2011（4）：140-146.

批判与反思，他以生产方式和生产关系的转变为标准的关于人类社会历史阶段的判断与划分，以及对现代工业社会的形成、性质及其未来发展方向的洞见，在本质上都可以称之为现代化理论。所谓马克思主义现代化理论是对以马克思、恩格斯、列宁、斯大林、毛泽东、邓小平等为代表的马克思主义者，关于社会主义现代化理论的统称。它是以马克思主义哲学为根本思想，以唯物辩证法为根本方法，以社会主义国家的现代化建设为研究对象的系列化、传承化的现代化理论流派。同时，它也是世界现代化理论和发展理论的重要组成部分。

马克思、恩格斯是马克思主义现代化理论的奠基人和开创者，关于现代社会的发展问题是马克思主义社会发展理论的核心部分。①关于现代社会的发展动力。马克思、恩格斯高度重视“经济因素在社会变迁中的基础作用”[①]，甚至把“大工业代表的生产力作为历史进步的客观尺度”[②]。他们在考察 19 世纪东西方社会的物质基础时，认为在当时的历史条件下，“亚洲摆脱闭关自守的国家建立现代工业的现实道路，只能是‘西方化’或‘欧洲化’”，究其原因，在于他们看到了“西方殖民主义扩张所代表的现代工业生产方式的强大力量，也即他们深刻认识到现代社会发展的根本力量是现代生产力”[③]。②关于现代社会的形成过程。马克思、恩格斯指出，“从十六世纪以来世界逐步进入‘历史发展的一个新阶段’，从私有制到‘现代私有制’，从中世纪手工业者到‘现代工人’，从历史上‘自然形成的等级资本’到‘现代意义上的资本’，从中世纪国家到‘现代国家’等等，于是开始形成‘历史中的资产阶级时期’。这个时期的历史使命是为未来的新世界创造物质基础”[④]。而这个未来的新世界是资产阶级社会之后的社会主义社会和共产主义社会。③关于现代社会的发展特征。一是变动不居。马克思、恩格斯对现代社会的特征曾如此描述：“生产的不断变革，一切社会状况不停的动荡，永远的不安定和变动，这就是资产阶级时代不同于过去一切时代的地方。一切固定的僵化的关系以及与之相适应的素被尊崇的观念和见解都被消除了，一切新形成的关系

---

① 俞思念，李彦辉. 马克思主义现代化理论在中国的发展［J］. 马克思主义研究，2006（4）：71-75.

② 张盾. 重新辨析马克思创立历史唯物主义的理论本意——评后现代理论对马克思“生产”概念的批判［J］. 哲学研究，2005（6）：12-19，127.

③ 罗荣渠. 建立马克思主义的现代化理论的初步探索［J］. 中国社会科学，1988（1）：39-64.

④ 罗荣渠. 建立马克思主义的现代化理论的初步探索［J］. 中国社会科学，1988（1）：39-64.

等不到固定下来就陈旧了。”[①]这正是现代社会日新月异、变幻莫测的典型特征。二是普遍联系。在《资本论·第一卷》的序言中，马克思指出，“工业较发达的国家向工业较不发达的国家所显示的，只是后者未来的景象”[②]。可见，以资本、科技为先锋的现代世界早就冲破了人类社会的地理与空间界限，发达的工业国家和欠发达的非工业国家早就紧密地联系在一起，并且迟早会出现相同或类似的景象。④关于现代化社会的发展规律。罗荣渠教授指出，马克思的历史发展观是一元多线式的而不是一元单线式的[③]，按照社会进步与经济发展的中轴原理，社会的发展并非只有同一模式，也即不同国家的现代化存在不同的道路，并非像经典现代化理论所认为的只有“唯美”模式。⑤关于社会主义国家的现代化建设。一是认为“排除民族压迫是一切健康和自由的发展的基本条件”[④]，强调民族独立是国家现代化建设的先决条件；二是认为“工业化是促使封建生产方式向资本主义生产方式过渡的一个主要因素”[⑤]，指明工业化是国家现代化的基础；三是“把科学看成是历史的有力的杠杆，看成是最高意义上的革命力量”[⑥]，突出科学技术在国家现代化建设中的关键性。[⑦]马克思、恩格斯的这些思想，不仅开创了马克思主义现代化理论学派，而且有力地指导了第三世界国家尤其是社会主义国家的现代化实践。

列宁、斯大林是马克思主义在俄国和苏联的继承者与实践者，对马克思主义现代化理论具有重要的创新性贡献。列宁的主要贡献表现在两个方面。①开辟了马克思主义现代化理论研究的新方向。较之于早期马克思主义社会发展理论重点关注资本主义社会的瓦解或崩溃，列宁则将视野移向了国际资本主义的发展。他在《俄国资本主义的发展》中指出，“资本主义生产的规律，是生产方式的经常

---

① Marx K. Manifesto Of The Communist Party［EB/OL］.（1996-10-12）［2018-09-16］. http://ebookcentral.proquest. com/lib/wmichlib-ebooks/reader. action?docID=3314977&query=manifesto+of+ the+communist+party.

② 中共中央马克思恩格斯列宁斯大林著作编译局，译. 马克思恩格斯全集·第 23 卷［M］. 北京：人民出版社，1979：8.

③ 罗荣渠. 论一元多线历史发展观［J］. 历史研究，1989（1）：3-20.

④ 中共中央马克思恩格斯列宁斯大林著作编译局，译. 马克思恩格斯全集·第 35 卷［M］. 北京：人民出版社，1971：261.

⑤ 中共中央马克思恩格斯列宁斯大林著作编译局，译. 马克思恩格斯全集·第 25 卷［M］. 北京：人民出版社，1974：372.

⑥ 中共中央马克思恩格斯列宁斯大林著作编译局，译. 马克思恩格斯全集·第 19 卷［M］. 北京：人民出版社，1963：372.

⑦ 李强，张国镛. 马克思主义现代化理论与中国现代化建设［J］. 马克思主义与现实，2007（2）：170-172.

改造和生产规模的无限扩大”，他肯定了资本主义制度的历史进步作用，并认为“政治经济学决不是研究‘生产’，而是研究人们在生产上的社会关系、生产的社会制度”①。列宁的这一观点为深化和拓展马克思主义现代化研究指明了新方向。②为社会主义的工业化发展开辟了道路。列宁在俄国当时的经济、文化等全面落后于西欧国家的情况下，指出“国家面临的重大任务是建设社会主义的物质基础，这个基础就是能同时改造农业的大机器工业，就是工业化”，而要尽快实现工业化则必须效仿西方主义。②此外，他还认为，“共产主义就是苏维埃政权加全国电气化。只有当国家实现了电气化，为工业、农业和运输业打下了现代化大工业的技术基础的时候，我们才能得到最后的胜利”③。列宁的这些认识对社会主义的工业化发展具有重要启示。

作为列宁的继任者，斯大林在社会主义现代化理论建设方面既有传承也有创新。在传承方面，斯大林继承了列宁关于通过经济革命和文化革命来实现社会主义工业化和现代化的观点，他明确指出，“布尔什维克不需要背弃列宁主义的实现现代化的布尔什维主义”④。在创新方面，斯大林探索出了一条国际化的社会主义现代化建设道路，即“斯大林模式”。其理论要点有四个：“①以全民所有制为特点、以中央指令计划为方法、优先发展重工业的苏联发展模式；②殖民地附属国的发展模式是在社会主义国家援助下走非资本主义发展道路；③两种社会制度的并存使发展的外部环境变成两个完全对立的经济、政治、思想体系的殊死斗争；④当代世界发展的中心内容是在全世界范围内从资本主义向社会主义的过渡。”⑤然而，尽管“斯大林模式”极大地推动了当时社会主义阵营国家的现代化建设，但其“定于一尊”的弊端，导致“苏联在现代化过程中，其政治极权主义和社会多元主义的矛盾限制、影响了苏联制度的创新”⑥，也致使马克思主义现代化理论在后来一个较长时期内趋于僵化。

---

① 转引自罗荣渠. 建立马克思主义的现代化理论的初步探索［J］. 中国社会科学，1988（1）：39-64.

② 转引自罗荣渠. 建立马克思主义的现代化理论的初步探索［J］. 中国社会科学，1988（1）：39-64.

③ 中共中央马克思恩格斯列宁斯大林著作编译局，编. 列宁选集·第 4 卷［M］. 北京：人民出版社，1995：364.

④ 斯蒂芬·F. 科恩. 布哈林政治传记（1888—1938）——布哈林与布尔什维克革命［M］. 徐葵，等译. 北京：东方出版社，1988：187.

⑤ 转引自罗荣渠. 建立马克思主义的现代化理论的初步探索［J］. 中国社会科学，1988（1）：39-64.

⑥ 王鹏. 西方苏联学研究中的范式及范式转换［J］. 当代世界社会主义问题，1999（2）：57-62.

在社会主义阵营里，中国在苏联解体之后依然保持蓬勃发展，这与毛泽东、周恩来、邓小平等一批中华人民共和国国家领导人对社会主义现代化理论的卓越贡献密不可分。毛泽东是把马克思主义现代化理论与中国现代化实践相结合的主要推动者，其贡献主要体现在四个方面：①指明了民族独立和人民的自由解放是中国现代化的社会前提；②确立了工业在国民经济中的主导地位，并把工业化作为中国社会主义现代化的必要过程；③突出了科学技术的重要性，把发展科技作为实现现代化的关键所在；④提出了中国特色的现代化道路，从意识形态上打破了"苏联模式"被简单国际化的局面。[①]周恩来对马克思主义现代化理论的中国化做出了重要贡献。他不仅第一个明确提出"四个现代化"[②]的宏伟目标，还基本廓清了"四个现代化"之间的关系问题，尤其是指出"科学是关系我们的国防、经济和文化各方面的有决定性的因素"[③]。总体而言，毛泽东、周恩来将马克思主义现代化理论与中国实际相结合，"从'工业化'到'建设现代化工业国'、从'完整的工业体系'到'独立的国民经济体系'、从'四化'概念的提出到完整表述及其推进的阶段化设想"[④]，不仅推动了近代以来中国现代化的实质性发展进程，而且创造性地确立了中国特色现代化建设之路，使中国社会主义现代化理论趋于科学化、规范化及系统化。

如果说毛泽东时代解决了民族解放、国家独立与社会主义道路选择等国家存亡及其性质问题，那么邓小平时代则解决了"什么是社会主义和如何建设社会主义"这两个关乎国家发展的根本问题。邓小平坚持以马克思主义、毛泽东思想为指导，以中国社会主义现代化实践为基础，吸收借鉴西方现代化理论的合理性因子，极大地推进了中国社会主义现代化理论建设与实践进程，具体表现在九个方面：①明确提出"发展才是硬道理"，使发展成为中国现代化的主旋律；②巩固了科学技术现代化是中国社会主义现代化的关键条件这一基本认识；③确定了改

---

① 李强，邓湖川. 毛泽东对马克思主义现代化理论的运用和发展［J］. 西南大学学报（社会科学版），2008（6）：104-107.

② "四个现代化"，第一次是由周恩来于 1954 年 9 月，在第一届全国人民代表大会第一次会议的《政府工作报告》中提出的，当时是指"工业、农业、交通运输和国防"四个现代化。后来，于 1975 年 1 月 13 日，在第四届全国人民代表大会第一次会议的《政府工作报告》中重申四个现代化目标时，修正为"农业、工业、国防和科学技术"四个现代化。

③ 中共中央文献编辑委员会，编. 周恩来选集·下卷［M］. 北京：人民出版社，1984：181.

④ 陈答才. 论周恩来对中国现代化理论与实践的贡献［J］. 陕西师范大学学报（哲学社会科学版），2011（4）：154-162.

革开放是中国社会主义现代化的发展动力；④坚决反对“西化”，主张“自力更生”，走中国特色的现代化发展道路[①]；⑤确立了中国现代化的社会主义价值取向和基本模式，即“中国式的现代化”，它不同于苏联模式，也不同于欧美模式，而是“以社会主义的方式实现现代化”[②]；⑥推动发展中国社会主义市场经济，重建了国际政治经济新秩序，使中国成为世界格局中的重要“一极”；⑦确立了现代化进程中的整体协调发展观，强调物质文明和精神文明两手抓，两手都要硬；⑧肯定了人的现代化之于国家现代化的决定性作用，提出了培养“有理想、有道德、有文化、有纪律”的“四有”新人的教育目标[③]；⑨重视制度现代化建设，包括民主政治制度、市场经济制度、法治制度等。邓小平的这些现代化理论既有历史传承，又有国外借鉴，更有时代超越，形成了涵盖社会主义现代化政治、经济、文化、科技、教育等主要领域，涉及社会主义现代化价值、目标、条件、制度、方式、方法、特征等多个方面，创造性地构造了较为完备的中国特色社会现代化理论体系，为后来江泽民的“三个代表”重要思想和胡锦涛的“科学发展观”的提出奠定了理论与思想基础。

习近平现代化理论与马克思、恩格斯、毛泽东、邓小平等现代化理论思想是一脉相承又与时俱进的关系，它反映了中国特色社会主义现代化理论与实践建设的新理念、新思想及新境界。自党的十八届三中全会以来，习近平先后提出了一系列重要的社会主义现代化理论思想。在宏观构想层面，包括五个方面：①国家治理现代化，即推动国家治理体系和治理能力现代化，它被誉为中国特色社会主义的“第五个现代化”，不仅丰富了中国社会主义现代化的基本内涵，而且提升了中国社会主义现代化的目标层次。②中国梦，即实现“国家富强、民族振兴、人民幸福”的中华民族伟大复兴梦，它指明了中国社会主义现代化的根本目标。③“四个全面”战略布局，即协调推进“全面建成小康社会、全面深化改革、全面推进依法治国、全面从严治党”[④]，它是推动中国改革开放和社会主义现代化建设的基本指南。④五大发展理念，即“坚定不移贯彻创新、协调、绿色、开

---

① 李政敏. 邓小平对西方现代化理论的批判与借鉴［J］. 陕西师范大学学报（哲学社会科学版），2006（S1）：15-17.

② 赵蕾. 邓小平现代化理论的中国特性和世界历史意义［J］. 中山大学学报论丛，2002（2）：34-37.

③ 杨正喜. 邓小平对现代化理论的超越［J］. 毛泽东思想研究，2002（3）：56-59.

④ 习总书记首谈“四个全面”意味着什么［EB/OL］.（2014-12-16）［2018-05-31］. http://www.xinhuanet.com/politics/2014-12/16/c_1113661816.htm.

放、共享的发展理念”，这是对社会主义现代化的科学发展观与整体发展观的一次跃升。⑤新时代，即中国特色社会主义新时代，它“意味着中国特色社会主义道路、理论、制度、文化不断发展，拓展了发展中国家走向现代化的途径……为解决人类问题贡献了中国智慧和中国方案”①。在中微观实践层面，也包括五个方面：①进一步凸显人的中心位置，认为人民是历史的创造者，是决定党和国家前途命运的根本力量，体现了以人民为中心的发展思想。②推动人类经济学走向成熟，“以‘十大经济关系’与‘五大内外互通’描绘了现代化经济体系，并以人类命运共同体理论丰富了世界市场概念，将马克思主义政治经济学推向新的高度”②。③将依法治国推向新阶段，提出“全面依法治国是中国特色社会主义的本质要求和重要保障……完善以宪法为核心的中国特色社会主义法律体系，建设中国特色社会主义法治体系”③。④注重生态文明建设，把环境治理作为现代化建设的重要工程，指出“绝不能以牺牲生态环境为代价换取经济的一时发展”④。⑤重视教育现代化，强调教育综合改革，大力提升全民教育水平。总之，习近平现代化理论涉及中国现代化理论与实践建设的诸多方面，内容宏富，思想完整，代表了中国特色社会主义现代化理论的新水平、新高度，也意味着中国特色社会主义现代化理论渐入成熟阶段。

综上分析，一方面，由于中西方各国的历史传统、文化思维、社会基础不尽相同，中西方各国的现代化必然呈现出不同的路径、模式与特色；另一方面，不管是传统的经典现代化理论，还是发展中的高等现代化理论，抑或是探索中的马克思主义现代化理论，既皆存在自身的局限与不足，又多处于摸索与完善阶段。可以说，世界上还没有一种可以“放之四海而皆准”的现代化理论。恰如有学者指出，“多元现代性概念的出现，对欧洲中心主义的观

---

① 习近平. 决胜全面建成小康社会 夺取新时代中国特色社会主义伟大胜利——在中国共产党第十九次全国代表大会上的报告［EB/OL］.（2017-10-18）［2018-05-31］. http://www.xinhuanet.com/2017-10/27/c_1121867529.htm.

② 李才元. 论习近平经济思想及其历史贡献［J］. 湖南工业大学学报（社会科学版），2018，23（1）：8-13.

③ 习近平. 决胜全面建成小康社会 夺取新时代中国特色社会主义伟大胜利——在中国共产党第十九次全国代表大会上的报告［EB/OL］.（2017-10-18）［2018-05-31］. http://www.xinhuanet.com/2017-10/27/c_1121867529.htm.

④ 生态环境保护多重要，听习近平怎么说［EB/OL］.（2018-05-17）［2018-05-31］. http://www.xinhuanet.com/politics/xxjxs/2018-05/17/c_1122844380.htm.

念和传统的融合理论的单线性思想提出重大挑战，并导致需要重新认识当代政治和社会发展的不同轨迹。可以说，现代性的形式是如此的多样化，并且依赖于文化和历史情况，以至于这个词本身必须用复数形式来表达”[①]。可见，我们很难透过某一派系或若干流派的现代化理论来准确把握现代化的全部历史本质与时代诉求，而只有实事求是、求同存异、取长补短、互相借鉴，方能揭示世界现代化的基本规律与趋势。

然而，“整个现代化的进程始终是一个充满矛盾的不平衡的发展过程。现代性带来的危机将随着现代化进程而增长，但现代化是人类通向一个生产力高度发展与人的全面发展的更高社会所必经的一个大过渡阶段”[②]。当前，中国正处于全面转型与实现现代化的关键阶段，我们只有“借鉴西方发达国家的成功经验与历史教训，吸收西方现代化理论的合理成分，自觉认识、把握并遵循现代化的普遍原则和要求，同时结合中国社会实际，在本国历史、文化、社会的脉络中构建‘现代’和‘现代化’的概念、命题及其分析框架”[③]，才能比较客观、科学、公正地探求中国现代化或中国某一方面的现代化之路。

最后，需要指出的是，理论是以理智的形式去观看存在的，从而得出系统的深刻道理。[④]正如亚里士多德所说：人在本质上有理论的倾向，理论的观看是人的特征之一。[⑤]高考制度是我国教育系统的枢纽性制度，因此，高考制度现代化建设事关国家现代化全局。本书基于对经典现代化理论、高度现代化理论以及马克思主义现代化理论的综合探析，以美国“高考”制度现代化为个案，旨在透过历史与现实的国际比较，取长补短、彼此互鉴，以期客观、理性以及理论化地审视和探究高考制度现代化的内涵、历程及其转型与构建等问题，为推动新时代高考改革提供理论依据和实践建议。

---

① Fourie E. A future for the theory of multiple modernities：Insights from the new modernization theory［J］. Social Science Information，2012，51（1）：52-69.

② 罗荣渠. “现代化”的历史定位与对现代世界发展的再认识［J］. 历史研究，1994（3）：153-165.

③ 吴额布力图. 当代西方现代化理论及其启示［J］. 内蒙古民族大学学报，2009，15（3）：77-79.

④ 金生鈜. 教育研究的逻辑［M］. 北京：教育科学出版社，2015：139.

⑤ 转引自金生鈜. 教育研究的逻辑［M］. 北京：教育科学出版社，2015：139.

第二节 高考制度、教育与国家治理现代化

在国家系统中，高考、教育与国家治理密不可分：高考是选才之器，教育是育才之途，而国家治理唯在人才。因此，国家历来高度重视高考改革和教育改革，并把推进考试招生制度现代化和教育现代化作为国家治理体系和治理能力现代化的重要组成部分。基于系统协调的发展观，厘清高考制度现代化、教育制度现代化以及国家治理现代化三者之间的关系，是探讨高考制度现代化转型与构建的理论前提。

一、高考制度现代化与教育制度现代化

考试与教育自古就是一对孪生兄弟，相伴而生，如影随形。一般而言，哪里有考试，哪里就有一定形式的教育存在；哪里有教育，哪里就有一定形式的考试存在。究其缘由，在于二者的功能和目标具有极强的相互依赖性。首先，考试本身即一种教育。不仅考试的内容包含着一定的知识、价值、能力与方法等教育目标要素，而且考试的形式对应试者的毅力、恒心、心理与情感等要求亦是教育成效的一种体现。正因如此，科举考试被认为是中国古代的一种重要的高等教育形式或高等教育制度。而当代的自学考试也被认为是一种重要的教育存在。潘懋元先生认为，“高等教育自学考试是中国一种很好的适应现代社会发展需要的教育形式”[①]。其次，考试隶属于教育。尤其对于教育考试而言，考试的目的在于服务教育，考试围绕教育需求而设，可以是水平测试，用于检测或评估教育教学效果；也可以是选拔考试，为更高一级的教育合理选拔新生。最后，教育需要考试。教育的目的在于产出人才，而如何评判人才则需要通过考试的手段进行甄别。同时，考试具备教育检测与反馈功能，教育需要通过考试促进、优化教育教

① 郑若玲. 坚持考试改革考试——潘懋元先生访谈录［J］. 湖北招生考试，2002（2）：3.

学和引导、改进学生学习，因此，教育离不开考试。当然，应该看到的是，考试与教育虽然关系密切，但也相对独立，是各有自身的规定性、结构性、功能性及特殊性的运行体系，是两个相对独立的制度系统。

2014 年，《国务院关于深化考试招生制度改革的实施意见》颁布，该意见明确指出，考试招生制度是国家基本教育制度。这表明不仅学术探讨层面，而且国家治理层面也视考试为一种教育制度。高考作为目前中国最为重要的考试招生制度，与中国教育的关系不仅符合考试与教育的一般关系特点，而且还具有更明显的依赖性、制约性与矛盾性。“作为一种制度，高考所对应的不仅是基础教育的终结性检查，也是高等教育的入门资格，其自身和各方面结构关系的优化程度，不仅影响考试本身的合理与公平，也对此前的基础教育和此后的高等教育有着极为重要的引导和影响作用。”①正是高考制度具有影响整个教育系统的枢纽作用，在高考建制以来的 60 余年，“从考试科目的调整到考试形式的多样，从命题方式的多元到录取通道的多元，从考查知识到考查能力的转变等一系列改革，其重要动因之一就是来自于基础教育与高等教育的双重压力。一方面，基础教育要求高考能在减轻学习负担的同时正确引导学生全面而个性地发展；一方面，高等教育要求高考能够科学选拔、合理分流，满足不同类型、层次的高校选拔适才适所的新生”②。

高考与教育之间的矛盾关系，源于高考的高竞争性与高利害性所形成的强大的考试指挥棒的作用，以至于高考成为左右教育改革的“牛鼻子”。因此，关于高考改革、存废的各种舆论不绝于耳。有人认为，考什么就学什么，不考什么就不学什么，因此造成一些中学只抓智育且片面追求升学率，学生文理偏科，负担难以减轻，影响学生求异思维和个性的发展，学校办不出特色等严重的教育问题。③有人认为，“高考不改革，教育无宁日”。有人甚至提出“废除高考”。有人主张高考不必搞“大手术”④。有人认为，“提高考试质

① 程方平. 推进高考改革，完善教育及人才选拔制度——对改革开放 30 年教育考试改革的回顾［J］. 教育与考试，2008（6）：21-27.

② 李木洲. 高考改革的历史反思［M］. 武汉：华中师范大学出版社，2016：330.

③ 刘海峰. 高考改革的教育与社会视角［J］. 高等教育研究，2002（5）：33-38.

④ 袁新文. 高考制度必须完善，但不能轻言废除［N］. 人民日报，2007-03-29（11）.

量是保证教学质量的前提”[①]。当然，也有学者认为，应该客观看待高考的“指挥棒效应”。潘懋元先生就指出，“考试‘指挥棒’是客观存在的事实，也是教学过程中必不可少的环节，不能因此抵触和否认考试的作用，更不能消极对待。相反，应该积极、恰当地利用考试‘指挥棒’来促进教学改革和提升教育质量”[②]。可以说，高考一直处在教育改革的风口浪尖。究其缘由，高考与教育之间的矛盾症结“在于高考与教育之间的彼此依赖关系，即高考的考试内容基本以基础教育的教育内容为纲，而人们对学校教育的评价又主要来自于高考的升学率”[③]。因此，改善高考与教育之间的矛盾关系，使二者各行其道、和谐共融，关键在于改变高考与教育之间的这种彼此强依赖关系以及合理发挥高考指挥棒的作用。

有研究指出，“科举改革事关中国近代高等教育变革之全局，科举存废成为新旧高等教育转化的关键所在。废除科举后，中国高等教育近代化遂取得了突破性进展：新学制迅速推广，近代高等教育行政管理体制基本形成，留学教育迅速发展，高等教育培养目标和课程结构发生巨大变化”[④]，而“从学校和学生数量增长、教育体系建立、课程改革实施、人才选拔标准转变等方面来看，清末 7 年的高等教育改革成果远远超过前两个阶段，并为民国初年高等教育的改革发展铺平道路”[⑤]。从历史经验来看，考试如同教育的“心脏”，不仅关乎教育改革的成败，而且关乎教育全局的发展方向，对教育发展具有不可替代的作用。鉴古知今，当今高考事关“全部学校教育，既决定着高等教育的基础，又左右着普通教育的发展方向”[⑥]。正如教育部部长陈宝生所言，“因为高考改了，高中的课程体系、办学方式、考试、考核等，和高考相关的一套系统，整个都得改”，“我们希望通过建立分类考试、综合评价、多元录取的考试招生制度体系，搭建一个各个学段，各类教育，能够互通互认、互相转换的终生学习立交桥”[⑦]。因此，深化

---

① 康勇. 提高考试质量是保证教学质量的前提［J］. 陕西师范大学学报（哲学社会科学版），2003（S1）：229-230.

② 潘懋元. 我对招生考试的基本看法［J］. 湖北招生考试，2002（4）：6.

③ 李木洲. 高考改革的历史反思［M］. 武汉：华中师范大学出版社，2016：330-331.

④ 郑若玲. 废科举的教育影响［J］. 复旦教育论坛，2005（2）：17-20.

⑤ 张亚群. 科举革废与中国高等教育近代化的特征分析［J］. 集美大学教育学报，2000（4）：1-4.

⑥ 廖平胜. 试论高考中送才与选才的衔接［J］. 华中师院学报，1984（1）：73-79.

⑦ 陈宝生. 高考改革［J］. 教师教育论坛，2017（4）：65.

高考制度改革，推动高考制度现代化，是开辟我国学校教育新局面的突破口，也是实现教育现代化的关键所在。总之，高考制度与教育制度之间的这种隶属、依赖、促进、制约、矛盾以及相对独立的复杂关系，决定了高考制度现代化既是中国教育现代化的重要组成部分，又是实现中国教育现代化的先决条件。

二、高考制度现代化与国家治理现代化

从考试的起源来看，考试与国家治理的关系十分密切，或者可以说，在很大程度上，考试的产生源于国家治理的需要。杨学为先生在《考试的起源（上）》一文中提出了一个深刻的问题——“人类社会为什么要有考试？”经过考证指出，“中国关于考试最早的记载，见于《史记》《尚书》尧试舜、试鲧的传说”。而“尧之所以必须‘试舜’、‘试鲧’，是要通过在实践中‘试用’的办法，‘考察’他们是否具备社会公务人员、治水者所必备的品德、智慧、能力——‘贤与能’”[①]。当然，早期的“试用”“考察”皆属于广义上的考试，而非狭义上的纸笔测验。可见，考试在其诞生之时，便具备甄别、选拔“劳心者”“治人者”，即贤者与能者的功用，故而考试与国家治理是一种供需关系。

从中国古代考试发展史来看，不管是秦汉时期的军功制、征辟制与察举制，还是魏晋南北朝时期的九品中正制，抑或是自隋朝已经盛行 1300 年之久的科举制，其主要功能皆是为国家（或统治阶级）选拔治世之才或官僚人才。据五代的王定保《唐摭言·卷一》记载：“私幸端门，见新进士缀行而出，喜曰：‘天下英雄入吾彀中矣！’”这是关于唐太宗李世民与科举考试的一次轶事，它形象而生动地描述了科举考试具备“牢笼天下士子、英才”之功能。古之帝王，皆知“得人才者，得天下”的道理，甚至出现皇帝亲自鼓励士子投考的事迹。宋真宗赵恒所作的《劝学诗》，便是著名一例。其曰：“富家不用买良田，书中自有千钟粟。安居不用架高堂，书中自有黄金屋。出门莫恨无人随，书中车马多如簇。娶妻莫恨无良媒，书中自有颜如玉。男儿若遂平生志，六经勤向窗前读。”[②]而正是科举考试具有的这种“朝为田舍郎，暮登天子堂”魅

① 杨学为. 考试的起源（上）[J]. 教育测量与评价（理论版），2008（7）：58-61，53.
② 转引自任永和. 古代劝学佳句集锦——任永和书[M]. 济南：齐鲁书社，2014：35.

力，鼓励了一代又一代士子埋首苦读，应考入仕，并渐使中国形成了根深蒂固的“学而优则仕”的文化传统。

从古代考试的内容来看，其依然与国家治理具有直接的联系。譬如，“策”“对策”“射策”“策问”等是古代荐举吏民并由皇帝亲自主持的一种重要考试形式，其内容多为国家朝政大事。汉文帝曾将自己在执政中遇到的问题，概括为“四阙”，即“朕之不德，吏之不平，政之不宣，民之不宁”，并将其作为试题，要求考生“悉陈其志”“著之于篇”。汉武帝为求强国之策，曾诏曰：“今朕获奉宗庙，夙兴以求，夜寐以思，若涉渊水，未知所济。猗与伟与！何行而可以章先帝之洪业休德，上参尧舜，下配三王？”[①]而中国科举史上最后一科乡试有两道这样的题目：“1.编书、出版报纸、杂志时，文章应平和、真实。如果文章攻击政府政策，就是在阻碍国家和平，那么就是在煽动反叛。请提出一条法律建议以阻止这一状况发生，稳定民众思想，以建立国家秩序。2.邮政服务正在极大扩展。有多少邮路，就要多少官员吗？是否应该扩展和改进管理来保证邮政活力？”[②]可见，古代考试的题目或内容也大多直接与国家治理密切相关。

当今，高考是我国影响最大的教育考试，它继承并发扬了古代科举考试的精神内核，即公开招考、公平竞争、科学选才、择优录取。从高考的功能来看，在国家公务员考试和领导干部选拔考试还未推行之前，高考其实一直扮演着为国家选拔干部的重要角色，只不过它还需要经过高校培养这一环节。譬如，为纪念高考恢复 40 周年，有 1979 级的考生在采访中回忆自己当时的高考情形时，这样说道：“做老师的说，你要读出去，改变你的身份。由农民变成了工人，由农村户口变成了商品粮户口。并且国家会安排你固定的工作，我们那个时候提出来，如果你想改变自己的命运就要努力学习，由穿草鞋变成穿皮鞋。”[③]无疑，在高考实行“定向招生，定向分配”的政策下，通过高考接受完高等教育的大学生由国家负责分配工作，进而可以获得一份“铁饭碗”的工作。而到 20 世纪 90 年代初，“大学生仍被视为天之骄子，高考依然神圣无比，对人生前途影响很大，高考的

---

① 转引自杨学为. 考试的起源（上）[J]. 教育测量与评价（理论版），2008（7）：58-61，53.

② 刘海峰. 中国科举史上的最后一科乡试[J]. 厦门大学学报（哲学社会科学版），2003（5）：21-26，41.

③ 廖佳欣，魏伟. 由“穿草鞋变成穿皮鞋”高考改变了他们的生活[EB/OL].（2017-06-07）[2018-06-01]. http://www.sohu.com/a/146998424_239121.

成败意味着命运的转折"[①]。可见，高考在相当长的一段时期内，扮演着古代科举考试的角色，被国人视为实现阶层向上流动的主渠道。

比较而言，在古代，人们求学的目的是通过科举考试走进官场，进而改变自己的身份和地位，也即"读书—科考—入仕"三部曲。如今的高考，自 20 世纪 90 年代末实行高校招生并轨改革后，由"双包"（包学费、包分配）进入了"双自"（自己交费、自主择业）时代，高考随之失去了"瞬间"改变个体命运的功能。特别是在社会主义市场经济的冲击下，高考改变命运的显著功能被弱化，以至于现今求学的目的大多变成了找个适才适性的工作，即演变为"读书—高考—好工作"的新三部曲。然而，尽管高考在改变个体命运的表象方面发生了较大变化，但其本质功能并未衰退，即提升人的能力与素养进而影响人的发展方向与机会的功能没变，它依然是大多数国人通过公平竞争改变自身境遇或实现个人理想的重要途径。[②]可见，虽然时代在变，考试的功能也在不断扩展，由最初较为单纯的甄别选拔功能发展到后来附加了政治、教育、文化、经济等功能，但是考试作为选拔人才，特别是将优秀人才输入国家治理系统的功能没变。

根据以上分析，高考制度现代化与国家治理现代化之间的关系已一目了然。①高考制度关乎国家人才培养战略。高考的基本职能是为高校选拔新生，考试形式、考试内容、考试方法、录取标准、名额配置、安全保障等的设计不仅影响着人才选拔的公正与效率，而且深刻地影响着人才的智能结构、素养水平，以及高等教育阶段的培养成效，对国家人才培养战略具有重要的促进或制约作用。②高考制度影响国家教育大计。高考"上连高等教育，下引基础教育"，具有极强的考试指挥棒的作用。高考制度的合理设计，可有效引导基础教育和高等教育的育人方向，高考制度长期以来的各项改革无不与打破"应试教育""一考定终身"密切相关，究其根本，在于高考牵动着整个教育，关乎人才培养质量。③高考制度事关国家治理。一方面，作为分配高等教育资源的主要途径，高考制度关系万千考生及其家庭的切身利益，其公平性是国家教育公平和社会公平的重要标尺，与国家的长治久安、和谐稳定密切相关；另一方面，作为人才选拔的重要手段，高考制度是把握和调节人才规格与结构的重要关口，其选才的精准性、适合性、

---

① 牛志勇. [悦读]20 世纪八九十年代，高考进入多元化改革时期从"铁饭碗"到自主择业学子求学路更宽阔 [EB/OL]. (2017-06-01) [2018-06-01]. http://www.21xc.com/content/201706/01/c376878.html.

② 李木洲. 高考改革为减负带来正能量 [N]. 中国教育报，2015-04-08（6）.

双赢性都影响着国家未来治理人才的质量。此外，除选才功能外，高考还兼具教育、政治、文化、经济等多重社会功能，从多方面直接或间接地影响着国家的治理状态以及未来的治理水平。

总之，作为推动和完善国家治理现代化的重要制度，考试不仅对推进政治、经济、文化、教育、科技等的发展具有深刻影响，还以其特有的社会功能对国家治理的民主化、法制化、文明化及科学化产生直接或间接的促进作用。[①]阿尔伯特·朗就曾指出，“考试是一种推进社会事业的良好法则，为现代国家治理不可或缺”[②]。高考是当今中国最为重要、规模最大、影响最深远的考试，其现代化与国家治理现代化息息相关。从高考与现代化之间的逻辑关系来看，其焦点集中于人才，因为人才是实现现代化的关键，而高考则是服务于人才选拔与培养的重要枢纽。恰如杨学为先生所指出的，“现代化的核心就是人用智力，通过科技创新，制造机器，使用新动力，代替人力、畜力，提高生产力”，所以，“重视知识、重视人才，就成为发展生产力、实现现代化的关键”，而“高考的任务是选拔优秀新生到高等学校深造，尊重知识，启发智力，培养人才。因此，高考是实现现代化的重要工作”[③]。概而言之，高考制度与国家治理现代化之间是一种部分与整体、促进与制约的多重互动关系，高考制度关系到国家现代化的核心要件——人才的培养成效。因此，新时代推进国家治理体系和治理能力现代化必须高度重视高考制度现代化。

三、高考、教育、国家现代化之间的关系

从国家视野来看，考试和教育同政治、经济、文化等一样皆属于国家治理的重要领域，考试和教育满足人民和国家发展需要的程度，体现着国家治理水平和治理能力的高低。从系统视角来看，考试和教育自成小系统，是国家治理系统的重要组成部分，发挥着不可或缺的人才选拔与培养的作用，不断优化考试和教育系统是提升和巩固国家治理水平与治理能力的重要途径。事实上，中国是考试的

---

① 杨继龙. 论考试与国家治理现代化［J］. 中国考试（上半月），2016（6）：48-54.

② Albert R L. 新法考试［M］. 浦漪人，黄明宗，编译. 南京：正中书局，1935：32.

③ 杨学为. 从废科举到恢复高考——现代化视野下的科举与考试变迁［J］. 中国考试，2017（1）：25-31.

发源地，是“世界上最早将考试用于教育和教育评价的国家，也是最早将考试用于官员选拔的国家”[①]。可以说，在我国，考试、教育与国家三者自古以来就有着难以割裂的密切关联。

考试与教育都有着重要的双重功能，一方面，它们具有促进个人或人类发展的本职功能；另一方面，它们具有为国家发展与治理选拔和培养人才的政治功能。实际上，自国家诞生以来，凡是正规的考试和教育无不体现一定的国家意志和政治意识，也就是说，考试和教育必须服从或服务于国家治理。正如有学者指出的，“凡成文法规性考试的创建与实施，都是国家意志的体现，是强化国家行政治国效能的需要，它既表现为一种社会行为，同时也是一种行政或政治行为，并多以行政法规或法律予以规范”[②]。教育也是一样，从国家基本法到相关教育法律法规皆明确规定了各级各类教育的性质、目标及其基本功能，即必须符合国家的性质与国家发展的人才需求。因此，有学者在系统考察我国高考发展历史后总结到，“凡是强调经济建设，就重视文化科学的作用，高考也受到重视；凡是强调阶级斗争，突出政治，就贬低文化科学的作用，高考就受到攻击，甚至被取消”[③]。可见，在一定程度上，考试和教育皆是国家治理的工具，同时这两种工具又可以形塑国家治理样态，提高国家治理水平。

事实上，国家治理意志不仅规定着考试与教育的基本性质、方向及其发展，还直接影响着与考试和教育相关的资源分布。有研究指出，“高等教育资源地域配置的首要因素，首先体现在地域政治地位与区域高等教育资源的分布上。一般来说区域政治地位越高其高等教育资源就越丰富”[④]。如“新中国成立时划定六大行政区域，各区域的中心省区和设立的三大直辖市其高等教育资源都很丰富。北京作为全国的首都，高等教育资源之丰富一直首屈一指。其次，政治影响还体现在高等教育资源分布的内部差异上，越是高层次的高等教育资源其地域分布越受到政治力量的影响，而地方因素的作用力度也就越弱”[⑤]。可见，国家治理理念是高等教育资源区域配置不均衡的主要原因，同时也意味着要解决高等教育资源

---

① 杨学为. 中国高考史述论（1949—1999）[M]. 武汉：湖北人民出版社，2007：4.

② 廖平胜. 考试学原理 [M]. 武汉：华中师范大学出版社，2003：153.

③ 为之. 中国高考与社会、经济的关系 [J]. 中国考试，1997（1）：42-44.

④ 吴宣德. 中国区域教育发展概论 [M]. 武汉：湖北教育出版社，2003：186.

⑤ 贾云鹏. 我国高等教育资源地域分布的现状、特点及成因 [J]. 江苏高教，2009（2）：48-50.

分布不均的问题必须依靠国家治理理念的现代化转变。

当然，考试和教育又都对国家治理具有某种程度的反作用。以高考为例，“在全国采用相同的考试内容、考试形式和考试时间，使全国各地统一意志、统一步调、统一行动，有利于各地文化的交流融合”①，而通过高考“政策、法规、标准、内容等，推行主流价值，体现国家意志，也可促使民众与政府在意志指向上趋同”②，这些对维护多民族国家的统一和社会稳定具有重要的意识形态作用。然而，作为国家治理制度的重要组成部分，高考制度和教育制度皆不可能独立于国家政治制度之外，而只能受制于政治体制。③因此，高考制度和教育制度的改革必须拥有适宜的国家治理环境，特别是民主、公开、透明的行政体制改革运行机制。④此外，从本质上讲，考试的出现是人类理性发展与理性需要的结果，对促进教育理性、政治理性以及国家治理理性都具有重要的作用。正如有学者从国家建构的视角指出，“科举制的发展充分说明政治理性的不断发展，也说明传统国家建构与现代国家建构的内在关联：在传统国家建构过程中，政治理性不断发展，并催生了现代国家的建构。现代国家建构首先需要建构国家的政治理性，现代国家建构也是国家理性化的过程”⑤。换言之，推进国家治理现代化，关键是要提高国家治理的科学化水平。国家治理的科学化水平有治理理念、治理方式方法、治理制度体系三个基本维度。⑥而考试和教育对提高国家治理的科学化水平的三个维度的反作用是深远的，也是多方面的，更是不可回避的。

综上，高考、教育与国家三者之间是一种作用与反作用、相对独立又互为影响的有机关系，其互动逻辑是：国家治理需要治理人才，如何培养和遴选治理人才决定着治理是否为良政。良政需要优良的教育制度和科学的考选制度，而优良的教育制度和科学的考选制度又需要良政的培育。⑦因此，只有基于国家治理理念不断优化高考制度和教育制度，以现代化的高考和教育促进国家治理现代化，才能最终促进国家的良治。简言之，作为我国人才选拔培养的核心枢纽，高考现

---

① 刘海峰. 为什么要坚持统一高考［J］. 上海高教研究，1997（5）：44-46.
② 杨学为. 中国高考史述论（1949—1999）［M］. 武汉：湖北人民出版社，2007：2.
③ 胡向东. 民国时期中国考试制度的转型与重构［M］. 武汉：湖北人民出版社，2008：290.
④ 李木洲. 高考改革的历史反思［M］. 武汉：华中师范大学出版社，2016：330-333.
⑤ 鲁子问. 国家建构视野中的考试［J］. 社会主义研究，2007（4）：114-117.
⑥ 杨继龙. 论考试与国家治理现代化［J］. 中国考试（上半月），2016（6）：48-54.
⑦ 鲁子问. 国家治理视野的考选制度改革［J］. 当代世界与社会主义，2009（2）：154-157.

代化在国家现代化的进程中具有举足轻重的地位，推进高考制度现代化建设，不仅是我国考试招生制度现代化和教育现代化的必由之路，也是推进国家治理体系和治理能力现代化的重要一环。它深刻影响着中国未来的人才培养模式、现代化进程，以及国家综合创新能力和国际竞争力，具有迫切的现实性和时代性。[①]总之，高考制度现代化既是教育制度现代化和国家治理现代化的重要组成部分，又是推进教育现代化和国家治理现代化的关键所在。

第三节　高考制度现代化的基本内涵[②]

厘清高考制度现代化的内涵，是科学构建高考制度现代化理论和加快推动高考制度现代化进程的基本前提。从高考制度现代化这一概念的结构及意蕴来看，它至少涉及三个主要相关概念，即高考制度、现代化及现代性。其中，高考制度特指普通高等院校本科、专科考试招生制度；现代化是指“现代性在物质的、制度的、观念的三个层面的增加和扩展”[③]，在很大程度上表现为一种在知识、观念、科技及制度等方面合时代的、不可逆转的进步性；现代性则“主要指的是大约自 17 世纪以来依照‘启蒙思想家’们提出的自由、平等、理性、进步等基本原则而首先在西方产生和建构起来然后逐渐扩散到世界其他地方的一种社会文化模式”[④]。因此，结合我国高考制度的历史变迁及世界发达国家高校招生制度的共性与发展趋势，所谓“高考制度现代化”即高考制度现代性不断增长、扩展及实现的历史过程，具体包括高考制度理念、形态及技术的现代化。

① 李木洲. 高考制度现代化：内涵、特征与目标［J］. 教育研究，2016，37（7）：105-110.

② 本部分刊载于李木洲. 高考制度现代化：内涵、特征与目标［J］. 教育研究，2016，37（7）：105-110，略有删改。

③ 尹保云. 什么是现代化——概念与范式的探讨［M］. 北京：人民出版社，2001：5.

④ 谢立中，阮新邦. 现代性、后现代性社会理论：诠释与评论［M］. 北京：北京大学出版社，2004：2.

一、高考制度理念的现代化

高考制度理念即指导或影响高考制度发展的看法或思想，它有两个层面的含义：①政府（教育主管部门）改革高考制度的指导思想及价值取向；②大众对高考制度及其改革的价值判断和目标追求。二者之间彼此影响，是一种呼应与互动的关系，只有积极地回应与良性的互动才有利于高考制度的现代化建设，反之亦然。因此，高考制度理念的现代化，在政府层面，表现为推动高考制度趋于科学、公平、正义、民主、法治、高效等方面的具体举措与成效，以及回应民众在上述诉求方面的态度和行动方式，它往往对高考制度的改革和发展起着引领与决定作用；在大众层面，表现为追求高考制度科学、公平、正义、民主、法治等的呼声以及抗议、抵制高考制度不公的意识及舆论等，它在很大程度上影响着高考制度改革的总体进程。简言之，高考制度理念的现代化是高考制度理念现代性增长的具体表现，是从传统的、集中式的、从上到下的制度设计理念向现代的、民主式的、重视民众诉求的制度设计理念的转向。这种转向与国家民主政治的发展、经济的快速增长、多元文化的形成，以及公民意识与维权意识的增强密切相关。或者可以说，它是政治、经济、文化乃至法治等的发展在高考领域的思想反映。

二、高考制度形态的现代化

所谓高考制度形态是指高考制度这一社会现象存在的形式与状态，包括高考制度发挥功能的结构形式和高考制度在物质、文化及技术层面的表现状态。若以制度的形式及实施机制为标准，可将高考制度分为“正式高考制度”“非正式高考制度”两种形态。正式高考制度形态又包括三个子制度：①高考测评制度，是高校招生过程中关于各类考试、考查的规则体系，包括考试形式、测评内容（科目设置等）、命题方式及评价标准等；②高考录取制度，是关于高校与考生之间选择与被选择的有关规定，主要包括招生体制、名额配置、录取方式、录取技术及志愿填报等；③高考管理制度，是关于测评、录取等招生过程中的一系列维护公平、正义的各项规则，包括考试机构的设置与运行、加分政策、保送生政策、“异地高考”政策、自主招生政策及阳光工程等。非正式高考制度是指对人们的高考行为产生非强制性约束的，存在于社会大众之中的关于高考的各种文化、风俗、习惯等，其形态表现主要包括高考心理、高考习俗、高考舆论及高考惯例等。如果说高考制度现代性是高考制度现代化的内在本质，那么高考制度形态则是高考制度现代化的外在表现。

三、高考制度技术的现代化

高考制度技术不仅包括运用于高考活动中的计算机、网络等现代信息技术，还包括高考试题、题型及试卷的设计技术。因此，高考制度技术现代化就是高考活动赖以进行的物质条件和命题技术的现代性增长的过程。自高考建制以来，一方面，从高考报名、志愿填报、阅卷、计分、登分到保送生、自主招生的信息公开与公示等都打破了传统的大多依靠人工操作的局面，基本实现了数据化、网络化及信息化等，从形式上极大地促进了高考制度物质技术的现代化进程；另一方面，试卷如何体现能力（素质）考查的指导思想与试卷本身的设计密切相关，因而试卷的设计、试题的质量一直是高考改革的重要内容之一。为改变长期以来高考试题“使用前缺乏试测及各项统计分析指标，导致试题水平不够稳定，时有过难或过易的现象，题型也较为简单，覆盖面窄等”[①]问题。1985 年，国家教委在广东省率先试行了数学、英语试题的标准化考试改革，并随后逐渐在全国推行，使高考各环节包括测试目的、命题、施测、评分、计分、分数解释等误差，都按照系统的科学程序组织得到了严格控制，在很大程度上解决了高考命题长期存在的经验性、随意性较大等问题。可以说，随着高考考查能力（素质）指导思想的形成，以及现代考试技术的引入与发展，高考试题与试卷的设计基本沿着由简单到复杂，由单一到多样，由经验化到科学化、规范化的现代化发展路径演进。

① 张耀萍. 高考形式与内容改革研究［M］. 武汉：华中师范大学出版社，2016：52.

第二章

高考制度的现代化历程

制度学理论认为，新制度的诞生有两种主要途径：一是伴随时代变迁通过不断修正和演化而逐渐形成的；二是根据目的或需要通过人为设计而形成的。通过前者产生的制度称为内生制度，通过后者产生的制度称为外生制度。[①]从高考制度的产生来看，它根植于中国古代的科举考试制度，承袭发展于民国时期的高校考试招生制度，有着漫长悠久的传承发展演化史。因此，高考制度属于中国的内生制度。探明高考制度的创立、发展、断续、变革及转型，对于全面、客观地认识高考制度现代化具有重要的历史意义。

① 柯武刚，史漫飞. 制度经济学：社会秩序与公共政策［M］. 韩朝华，译，北京：商务印书馆，2000：36-37.

第一节　高考制度现代化的历史探源

中国有着悠久的考试历史和深厚的考试文化底蕴，是名副其实的考试大国，中国社会也有“考试社会”之称。综观中国现代的教育考试、人事考试、公务员考试、职业资格考试以及领导干部选拔考试等各类考试，不管是考试的目的与宗旨，还是考试的方式与方法，抑或是考试的设计与精神，大多都能从中找到古代考试的影子。作为当今最受国家重视和社会关注的教育考试，高考也并非无根之木、无源之水。它与古代的科举考试和近代民国的高校招生考试都有密切的历史关联，是一脉相承、与时俱进和发展创新的制度演化结果，此三者可谓是“考试家族”的“近亲”。

一、异质同构：科举[①]与高考的历史关联

科举是中国古代文人的进阶之道；高考是当今中国学子的分流之制。虽前者旨在选官，后者意在育人，但从考试形式、选拔方式、名额分配、革废历程及其作用影响来看，尤其是二者对考试分数（成绩）的看重与运用并无二致。正如刘海峰教授所言：“科举有如古代的高考，高考有如现代的科举。”[②]正是科举与高考有着多方面的惊人的相似之处，要探清高考改革中的诸如考试统一与分散、考试公平与区域公平、考试存变与废止等带有根本性和规律性的问题，只有将其放到考试选拔人才的历史长河之中考察，才能看得更为清晰、透彻。

（一）考试之旨：选官与选生

作为选拔人才的一种重要方式，考试一般会涉及三个基本问题：①为谁选拔

① 为行文方便，全书中的“科举考试”“科举”“科考”不做统一表述.

② 刘海峰. 科举研究与高考改革［J］. 厦门大学学报（哲学社会科学版），2007（5）：64-71.

人才，即主考或考试组织者是谁；②怎样选拔人才，即运用什么考试方式和方法；③为何选拔人才，即选拔人才的目的是什么，又要发挥怎样的功能。

关于第一个问题，科举与高考的主考或考试组织者都是国家政府机构。科举最初由吏部考功员外郎主持，后唐玄宗于开元二十四年（公元 736 年）改由礼部侍郎主持，并一直沿用至清末。自 1952 年建制以来，高考一直由教育部统筹主持，具体则由教育部考试中心负责。由此来看，二者的主考或组织者均是主要负责教育事务的国家机构，可谓主考“相同”。

关于第二个问题，科举与高考的考试方式和方法大致一样，都是以纸笔测验为主要方法，“采用公开考试、择优录取的公平竞争方式，以考试成绩作为取舍的依据，只认成绩不认人，在分数面前人人平等”①。

关于第三个问题，也即选拔之旨，科举与高考大不相同。科举是“自隋以后各个封建王朝设科考试以选拔官吏的制度安排”②，其因“分科举士”而得名，因此，科举考试的目的是“开仕进之路，伫贤隽之人”③，即通过开放考试的形式笼络人才，为封建统治阶级选拔官吏，以维护其政治统治。而高考则是“随着现代教育制度的确立而出现的”④，目的是为高等教育机构——大学选拔新生，即通过公平考试的方式，对人才进行合理选拔与分流，以为各行各业培养高级的专门人才。

因此，科举与高考虽然同为国家考试，且考试方式和方法大体相似，但其考试的目的则大相径庭。科举考试属于典型的大规模政治性考试，通过公开竞争的方式，一方面实现对平民阶层的牢笼，另一方面实现对权贵阶层势力的抑制，从而达到平衡、维护与稳固统治的目的。高考则属于典型的大规模教育考试，通过公开竞争的方式，实现对稀缺高等教育资源的合理分配，一方面担负着培养社会所需的各级各类专门人才的任务；另一方面又发挥着提高全体国民素养的作用。总之，从考试之旨来看，二者实乃形似而神非。

① 刘海峰. 高考存废与科举存废［J］. 高等教育研究，2000（2）：39-42.
② 冯用军. 多学科视野的科举学研究——大规模考试视角［M］. 昆明：云南人民出版社，2010：4.
③ 出自（宋）王钦若.《册府元龟》卷四十九.
④ 高军峰，姚润田. 新中国高考史［M］. 福州：福建人民出版社，2009：1.

（二）考试结构：获分与录取

结构是指组成整体的各部分的搭配和安排。考试是一种规范化、程序化的人才甄别与选拔活动，一般是由功能不同的环节按照一定的逻辑顺序严密进行的，正是这些有机相连的不同环节构成了整个考试过程。因此，构成考试过程的各个环节及其衔接设置即考试结构。科考与高考在形式上同为大规模纸笔测验考试，在考试结构上具有极其相似性，主要运行逻辑都是“考试—获分—录取”，即以成绩高低定去留。

具体而言，作为封建政府官员选拔制度，科举最为核心的是“科考—获分—入仕”，即通过科举考试获得一定的成绩，再以成绩高低作为录用依据取得相应官职的入仕资格[①]，从而实现统治阶级成员的更续。作为当代高校人才选拔制度，高考最为核心的是“高考—获分—入学”，即通过高考获得一定的分数，再以分数高低作为竞争依据取得大学入学资格，以实现高等教育资源的合理分配。[②]因此，科举与高考的制度运行逻辑在本质上是相同的，都以考试成绩的高低为根本依据确定人才的录取与否。

不同的是，高考属于为考生接受高等教育而举行的特定选拔考试，虽有学术型与技能型之分，但没有考试层级之别。而科举考试则有层级结构，即它是由童生试、乡试、会试、殿试等一系列具有资格遴选性质的考试组成的，只有通过前一级的考试并获得相应身份，才能参加后一级的考试以获得更高的身份。当然，科举考试的层级结构是在历代发展过程中逐渐形成的。隋唐时期，只有中央一级的考试，殿试也是在武则天之后才逐渐成为定制的。宋代确定了地方、中央、皇帝三级考试制度，即州试、省试、殿试三级。直到明清时期，科举考试才渐趋定型，最终形成了从小试、岁科试到乡试、会试、殿试的梯级考试结构。[③]因此，科举考试并不是一次性选拔考试，而是多次性的递进式考试。

综上可知，科举与高考实为“异质同构”，即科举旨在选官，高考旨在选生；前者直接服务于政府，后者直接服务于教育。换言之，科举属于人事考试，

---

① 杨学为. 从废科举到恢复高考——现代化视野下的科举与考试变迁［J］. 中国考试，2017（1）：25-31.

② 李木洲. 高考改革的历史反思［M］. 武汉：华中师范大学出版社，2016：47.

③ 王日根. 中国科举考试与社会影响［M］. 长沙：岳麓书社，2007：67-71.

高考属于教育考试，二者的考试性质迥异。然而，从科举与高考的制度运行逻辑来看，则两者皆以考试成绩的高低定去留，二者的结构并无二致。

（三）历史关联：传承与发展

中国是考试的发源地。中国这一地位的确立，与盛行 1300 年之久的科举考试直接相关。可以说，科举考试是世界上规范化、程序化、制度化考试的缘起与典范。其为其他各国开展以纸笔测验为主要环节的各类考试树立了标杆，起到了借鉴与参考作用。正如孙中山先生在考察欧美各国考试制度后指出，“现在各国的考试制度，差不多都是学英国的。穷源溯流，英国的考试制度原来是从我们中国学过去的。所以中国的考试制度，就是世界中最古最好的制度”①。

当然，中国的科举考试制度也并非无根之木、无源之水，而是历经了从制度萌芽到制度发展再到制度推行及衰亡的过程。有研究认为，如果严格意义上的科举制以隋代设立进士科为标志，那么“广义的科举却始于汉代，而其渊源还可以上溯至先秦时期的乡举里选”②。自秦以降，随着朝代的更迭，尤其是统治阶层、官僚制度、经济基础、社会文化等选人、用人环境的变化，我国先后出现了察举制、征辟制、九品中正制等具有深远影响的选才制度。然而，在特殊的政治、经济、文化背景下，在高利害、高竞争的压力下，主观化、质化的人才选拔制度难以抵挡人情、关系、血缘等复杂的人性劣根性的侵袭，往往致使人才选拔沦为某些阶级牟取暴利的专利，致使“上品无寒门，下品无世族”等历史悲剧轮回上演。而为适应政治发展，避免悲剧重演，体现社会公平正义，人才选拔的天平不断向量化、客观化、单一化的笔试方式倾斜，以逐渐达到摒除质化、主观化、综合化的考察及实际操作、口试等多元评价干扰因素的目的。③科举制正是适应与满足这一趋势的必然产物。因此，“以程文高下定去留”的科举制的产生，实质上是人们追求选才公平、规范、客观、效率的结果。可见，科举制的诞生历经了一个漫长的萌芽阶段，跨越了一个由量变到质变的过程。

对于科举考试制度的发展，素有“始于隋、兴于唐、发展于宋、完备于明

---

① 孙中山. 孙中山选集（第 2 版）[M]. 北京：人民出版社，1981：485.
② 刘海峰，李兵. 中国科举史 [M]. 上海：东方出版中心，2004：1.
③ 李木洲. 高考改革的历史反思 [M]. 武汉：华中师范大学出版社，2016：80.

清”之说，尽管其在清末以废止而告终，但在一千多年的发展过程中，尤其是到清代，科举考试形成了一套完备的规范化、程序化、制度化的操作流程，其严密之程度足以令今人叹为观止。李世愉和胡平的研究指出，清朝统治者为牢笼士人，巩固统治，汲取了历代科举之教训，“使科举制度达到最完善的程度”，主要表现在以下四个方面。①丰富科举名目，增加入仕机会，即除常科外，还恢复制科，广开恩科，建立宗室科目，设立翻译科、明通榜等。②注重区域公平，采取分省定额制。会试采取分省取士制度，以确保各省士子都有登科机会；乡试实行编号制度，分别规定取中名额，以使偏僻之乡及少数民族子弟都有中式者。③完善科场条例，保障科举公平。严格规范从童生试到乡试、会试的资格审查、考官选派、出题、阅卷、录取等诸多环节，推行审音、考差、搜落卷、官卷、磨勘、复试、朝考等各项制度，并完善历代的搜检、回避、阅卷等制度，以加大对整个考试过程的监管力度。④强化科举功能，出台“人性化”政策。关照边远小省，放宽土司科举政策；推行落第政策，尽力安置、安抚乡试、会试落第者，如发领落卷、恩赏老年落第者、推行举人大挑等；资助科考者，如举人盘费、考官路费、科场支出等各项开支，均有定制可循。[①]可见，尽管科举制废止于清末，但科举制发展到清代，其考试严密性、操作公平性及制度功能性均已达到历史最高水平，其制度体系已极尽缜密与完善，实为集历代科举之大成。

今之高考，笔者认为在本质上是对古代科举考试的一种传承与发展。恰如郑若玲教授所指出的，“现代高考作为一种与古代科举有着基本相同的精神实质的大规模竞争性考试，在改革发展过程中遭遇的许多困惑与难题与科举有着惊人的相似，它甚至被比喻为‘现代科举’”[②]。更有学者指出，“作为科举考试制度在现代社会的延续，现代高考制度在精神实质、考试形式和影响作用等方面对科举考试制度具有明显的继承性”[③]。可见，科举与高考之间确实具有某些历史关联，至少在考试主体、考试功能、考试精神、考试程序等方面具有较为显著的共同性。

就共同性而言，有以下四个方面。①考试主体相同。科考与高考都是由政府组织实施的大规模考试，都是典型的国家考试，由政府统一组织命题、实施考

① 李世愉，胡平. 中国科举制度通史·清代卷［M］. 上海：上海人民出版社，2015：2.
② 郑若玲. 科举、高考与社会之关系研究［M］. 武汉：华中师范大学出版社，2007：76.
③ 吴超雅. 21 世纪以来我国“科举与高考”研究述评［J］. 教育与考试，2016（4）：28-32.

试、阅卷复核、信息公开、成绩运用，以及安全保障与作弊处理等。②考试功能类似。科考与高考都是高竞争、高利害、高风险的优胜劣汰式考试，对促进社会阶层流动、维护民族团结和区域稳定具有重要的作用。③考试精神一致。科考与高考虽然时代背景大不相同，但二者都秉持公开、公平、公正、科学、竞争的选才理念，即传统的“不论出身背景，只论分数高低”，“学而优则进，考而优则强”等基本认知与观念。可以说，考试作为人才选拔手段能够长盛不衰的根本原因正是有这种精神所在。④考试程序相似。科举与高考从试题的命制到组织施考再到结果公布都遵循着一套严密的考试程序，以至于“科举考试所实行的编号、闭卷、密封、监考、回避、入闱、复查等办法还为现代高考所沿用”[①]。

就不同之处而言，主要有以下两点。①考试对象有所不同。从科考和高考的应试者年龄来看，科考除极少数时期有特别的年龄限制以外，大多数时期都没有任何关于年龄的限制，从孩童到成年再到老年皆可自由报考。当然，受封建社会思想禁锢的影响，女性和“娼、优、皂、隶”等当时社会的特殊群体没有参加科考的资格。当今之高考，没有性别限制，女性和男性具有同等的考试权利，且考试对象多为正值青年的高中毕业生，以及具有同等学力资格的社会人员，这无疑是社会进步的结果。从应试者的受教育情况来看，不管是科考者还是高考者，两者都必须达到一定的教育程度，否则没有参考资格，这又是两者的相似之处。②考试目的迥异。科考的目的，于国家而言在于选拔国家官吏，于个人而言在于“读书—科考—入仕”；高考的目的，于国家而言在于为高校选拔新生，于个人而言在于“读书—高考—接受高等教育”。或者说，科考与高考选拔人才的出口不同，前者直接或经吏部考察后进入国家统治阶级行列；后者则为接受高等教育的基本门槛，还需要进一步学习方能走向社会。此外，由于考试的时代背景不同，且考试目的迥异，科考与高考在考试内容、题型结构、阅卷方法、报考条件等方面也存在较大差异。

因此，若抛开时代背景和历史局限等客观因素，科考与高考之间最大的差异在于考试的直接目的不同，而在考试主体、考试程序、考试功能、考试精神等方面并无显著差别。或者说，在考试性质上，科考与高考是同大于异，且从长远目标上看，二者几乎是殊途同归，尤其是在特殊年代，如在高考建制初期，或者说

① 刘海峰. 高考存废与科举存废［J］. 高等教育研究，2000（2）：39-42.

在我国公务员制度尚未建立之前[①]，高考在很大程度上扮演着选拔和培养国家干部的角色，这与科考选拔国家官吏几乎无差异。另外，从科考与高考对促进国家安定、社会流动、民族团结、教育发展及社会公平等方面所发挥的功能或作用来看，其本质差异不大，甚至极其相似。这也是高考被人们喻为“现代之科举”，或者古代科举之复活的深层原因。

二、高考前探：民国高校考试招生制度

1912 年中华民国成立，尽管民国时期政局动荡，军阀割据，但民国政府在接收、改造清末新式学堂的基础上，还是增设、开办了一大批近代高校。截至 1949 年，全国有各类高校 200 余所[②]，仅国立大学就多达 32 所[③]，是中国近代自洋务运动以来高等教育发展的又一个高潮。全国高校数量和高校招生人数的增加在客观上促进了高校考试招生制度的发展。事实上，中国高校考试招生制度现代化的萌芽正始于清末新式大学堂的考试招生。1905 年，随着科举制的终结和西方殖民入侵开始的“西学东渐”，各类新式大学堂开始蓬勃发展。而与此同时，“西方大学自主招生的入学考试制度也被直接移植到中国的新式大学中”[④]。因此，民国时期大学的考试招生制度的发展，其实是从沿袭清末新式大学堂的考试招生制度开始的。

纵观民国时期高校考试招生制度的发展变迁，大致历经了四个阶段。

1）单独招考阶段（1912—1936 年）。民国初年，“各高校性质、层次和规模差异显著，很难用同一标准招考学生，且中等学校毕业生数量不足，高校只有多途并举才能招到足够学生”[⑤]，因此，高校基本沿用清末新式大学堂的单独招考方式。此阶段，高校享有较大的自主权，民国政府教育部仅制定有关的招生原则进行协调。在考试科目上，各级各类学校并无统一标准，如“高等专门学校，除

---

① 1993 年 8 月 14 日，国务院颁发《国家公务员暂行条例》，标志着我国公务员制度正式诞生。

② 张建中. 民国时期中国高校发展路向的转变及其启示——以高校数量、分布和类型为中心［J］. 湖南师范大学教育科学学报，2015，14（3）：104-109.

③ 李木洲，刘海峰. 民国时期国立大学的设立与分布［J］. 高等教育研究，2014（4）：79-85.

④ 刘海峰等. 中国考试发展史［M］. 武汉：华中师范大学出版社，2002：330.

⑤ 刘海峰等. 中国考试发展史［M］. 武汉：华中师范大学出版社，2002：227.

国文、外文、数学为必考科目，多数学校还从本校的专业要求出发，设置相关考试科目。同一所学校举办预科和本科等多层次的入学考试，考试科目也不一样”[①]。不过，高校单独招考，校际间缺乏必要的统筹与协调，导致高等教育产生严重问题。1928 年，全国高校在校生为 25 198 人，文理科学生数分别占 73%和 27%；1930 年，全国高校在校生为 37 566 人，文理科学生数分别占 75%和25[②]；1931 年，全国高校在校生为 44 167 人，文理科学生数分别占 74.5%和25.5%，由此导致了实科人才缺乏，文科毕业生大量失业的现象。[③]为解决文理科结构失衡问题，1933 年，高校开始实行“比例招生法”，“要求设有文、实两类学院的大学，文科类学院所招新生数额，连同转学生在内，不得超过实科类学院新生数额”[④]。1935 年，高校又实行“实际名额控制法”[⑤]，规定大学文科类学院招收新生须以学系为单位。此法较好地平衡了文理科学生数失衡的问题，到1937 年，全国高校的文理生比例基本持平。

2）联合招考阶段（1937—1939 年）。1937 年，“南京国民政府为加强对高校的控制，巩固其中央集权，决定取消大学单独招考，实行全国统一招考，令国立中央大学、武汉大学、浙江大学、北京大学、清华大学等校试办联合招生，以作为实现全国统一招考的过渡及实验”[⑥]，但后因“七七事变”，遂决定由中央大学、浙江大学、武汉大学三校先行实施联合考试招生。此次联考，“考试科目统一，文科考中国文学、外国文学、哲学、心理学、历史、地理以及考生报考系科的科目；理工科考数学、物理、化学、生物以及考生报考系科的科目；师范生考国语、英语、史地、公民训育、算术、理化、教育等科目”[⑦]。1938 年，国民政府匆匆实施全国统一招考计划，但实际上该计划并未得到有效实施，而只是区域性统考，同时也有少数高校联合招考。同年“教育部在武昌等十二地设立招生

---

① 张亚群. 从单独招考到统一招考——民国时期高校招生考试变革的启示［J］. 中国教师，2005（6）：24-26.

② 房列曙. 中国历史上的人才选拔制度（下）［M］. 北京：人民出版社，2005：597.

③ 张亚群. 从单独招考到统一招考——民国时期高校招生考试变革的启示［J］. 中国教师，2005（6）：24-26.

④ 教育部教育年鉴编纂委员会. 第二次中国教育年鉴［G］. 上海：商务印书馆，1948：530.

⑤ 高耀明. 民国时期高校招生制度述略［J］. 教师教育研究，1997（4）：69-74.

⑥ 李木洲，刘海峰. 大学联考何去何从［J］. 国家教育行政学院学报，2011（9）：51-54.

⑦ 杨学为，王奇生，李里峰等. 中国考试通史（卷四）［M］. 北京：首都师范大学出版社，2001：321.

区，各招生区设立招生委员会”，并由“各处招生委员会聘定命题委员若干人，依照教育部规定标准命题，聘定阅卷委员若干人，分科阅卷，成绩送教育部，由教育部决定各处取录学生人数”[①]。因此，1938 年，虽名义上实行了统一招考，但实际上是多个区域性联考而已，不过作为过渡，它为后来短暂的全国统考奠定了基础。

3）统一招考阶段（1940 年）。基于国民政府 1937 年的全国统考计划，以及 1938 年、1939 年的联合招考和分区统考经验，尽管抗日战争已经爆发，但国民政府教育部依然于 1940 年设立了全国统一招生委员会[②]，并发布《教育部公立各院校统一招生委员会章程》，该章程规定了统一招生委员会的 7 项职责：①订定招生规章；②规定命题阅卷及取录标准；③制定及颁发试题；④复核考试成绩；⑤决定及分配取录学生；⑥研究招生改进事项；⑦教育部交议有关招生事宜。[③]该章程的发布对中国高校招考制度具有里程碑式的重大意义，它是近代以来中国高校实施全国统一招考的第一次制度化设计，意味着“统考”由实验探索阶段进入制度实施阶段，可以说是一次重大的近代教育考试制度创新，是从古代科举考试的全国统考到近代高校招生全国统考的一次制度“跨界”“跨时空”演化。当然，这个过程更多的只是统考形式上继承与延续，因为其考试的性质已经发生了翻天覆地的变化。从考试的情况来看，“1940 年参加统考招生的国立、省立大学及独立学院共 41 所，设有 16 个考区、18 个招生处。应考人数 18 151 名，录取人数 7 024 名”[④]。后因抗战进入白热化阶段，全国统一招考仅于 1940 年当年实施过一次。客观而论，尽管此次统考未包含私立高校，但其对于促进招考区域公平和提升生源质量仍有一定的积极作用，并为中华人民共和国统一高考制度的建立做出了有益的历史尝试。

4）多元招考阶段（1941—1949 年）。任何制度的有效实施，都依赖于一定的制度环境。类似于全国统考这样的制度，国家的政局安定和有效治理是其实施

---

① 高耀明. 民国时期高校招生制度述略［J］. 教师教育研究，1997（4）：69-74.

② 房列曙. 民国时期高校考试制度的历史考察［J］. 安徽师范大学学报（人文社会科学版），2004，32（3）：363-368.

③ 教育部公立各院校统一招生委员会章程［J］. 教育通讯，1940，3（21）：14-16.

④ 张亚群. 从单独招考到统一招考——民国时期高校招生考试变革的启示［J］. 中国教师，2005（6）：24-26.

的基本前提条件。1941 年，中国抗战进入相持阶段，不仅中央政令难以通达，且由于地方政府财力、人力的紧缺以及区域间的交通不便，国民政府不得不中断全国统考，而“采取变通之法，厘定联合招生、委托招生、单独招生、成绩审查及保送免试等 5 种招生方式供各高校酌情采择。这种多元招生方式一直持续到1949 年。期间，全国分重庆、成都、昆明、贵阳、西北、粤桂、浙赣、福建、湖南、湖北 10 个联考区”[①]。考试皆“由各考区召集学校校长，组织联合招生委员会，主持招生各项事宜”[②]。多元招考虽为无奈之举，但其不仅丰富了高校考试招生的办法，也为现代化高校招生录取的多元化改革做出了积极的历史探索。

此外，民国时期高校招考制度的现代化发展或现代性增长，不仅表现在招考形式的联合化、统一化及多元化等创新发展方面，还表现在招考内容和试题设计从传统到现代的过渡性转变方面。正如有研究指出，民国时期的高校招考试题基本“确立了以知识考查为核心的命题思想，但是靠个体主观经验命题，尚缺乏标准化的科学程序，虽注重综合素养的考核，但题型单调，题量稀少，然而受测验运动的影响，其已实现了初步的科学化”[③]。总之，民国时期高校考试招生制度的现代性演化是中国教育考试制度发展史上不可磨灭的重要一环，其曲折、创新甚至无奈的果断尝试，可谓是我国教育考试制度的一次历史性飞跃，极大地推进了我国高校考试招生制度的现代化进程。

三、高考诞生：统一高考制度的创立

1949 年 10 月 1 日，中华人民共和国的成立结束了自清末至民国以来的战争不断、政局不稳、社会动荡的纷乱局面。民族的解放和国家的统一，为全国统一高考制度的创立创造了有利的制度条件。可以说，“统一高考制度的建立绝非一日之功，而是从民国时期的统一招考、联合招考和过渡时期的联合招考制度一步步发展而来”[④]。它符合内生制度诞生的基本规律，即由量变到质变的逐渐演

① 李木洲，刘海峰. 大学联考何去何从［J］. 国家教育行政学院学报，2011（9）：51-54.

② 杨学为，王奇生，李里峰等. 中国考试通史（卷四）［M］. 北京：首都师范大学出版社，2001：327.

③ 李涛. 民国时期高校招考试题的初步科学化［J］. 河北师范大学学报（教育科学版），2018（1）：44-50.

④ 刘海峰，李立峰. 高考改革与政治经济的关系［J］. 教育发展研究，2002（6）：34-38.

化，是一个经验积累和不断调适的制度变迁过程。因此，如果说民国时期高校考试招生制度的探索与实践为中华人民共和国统一高考制度的创立奠定了良好的历史基础和文化底蕴，那么 1949—1951 年的过渡时期则是中华人民共和国统一高考制度创立的准备与形成阶段。

1949 年，为保证国家教育发展的连续性，在“维护现状，立即开学”①和“维护原校，逐步改善”②的原则下，高校招生基本沿袭了民国时期单独招考的办法，由高校自行决定招生计划、招生条件、考试命题、考试组织及录取工作。而“为了减轻各高校在外地招生的工作量，以及能为外地考生就近考试提供方便”③，北京大学、清华大学、南开大学、北京师范大学及北洋大学采取了“非实质性的联合招生”④形式，因为它们仍旧单独命题、阅卷和录取，只是在报名、考试等程序方面互予便利而已。不过，上海市率先成立了“上海市大学、专科学校统一招生委员会，采用统一招生考试的办法，交通大学、上海法学院、上海商学院等 16 所高校于当年 8 月 11 日使用统一试卷同时进行考试”⑤。因此，在 1949 年，全国绝大多数高校仍是以单独招考的方式完成招生的。然而，尽管单独招考避免了国家教育发展的“断裂”，但单独招考的弊端也十分明显。尤其是“高校招生不平衡，条件好的高校一、二次可以招满，条件弱的高校十数次也难以招满，且由于重复报考、重复录取，造成报到率严重失调，最高的只有 75%，最低的仅 20%”⑥。可见，单独招考不仅招生效率低，而且造成了较大的人力、物力的浪费。

1950 年，全国教育形势开始发生重大变化。同年 6 月，教育部召开第一次全国高等教育会议，教育部部长马叙伦在会上指出，“我们要在统一的方针下，按照必要和可能，初步调整全国公、私立高等学校或其某些院系，以便更好地配

① 1949 年 9 月 29 日中国人民政治协商会议第一次全体会议通过. 中国人民政治协商会议共同纲领//中国人权研究会. 中国人权年鉴［M］. 北京：当代世界出版社，2000：92.

② 该原则是于 1949 年 12 月 23 日由教育部第一次全国教育工作会议提出。

③ 大塚丰. 现代中国高等教育的形成［M］. 黄福涛，译. 北京：北京师范大学出版社，1998：251.

④ 李三青. 从单独招考到统一招考——1949—1952 年我国高校招考形式的演变［J］. 教育与考试，2007（4）：45-48.

⑤ 刘海峰. 在理想与现实之间——三论坚持统一高考［J］. 高等教育研究，1998（2）：66-70.

⑥《中国教育年鉴》编辑部. 中国教育年鉴（1949—1981）［Z］. 北京：中国大百科全书出版社，1984：337.

合国家建设的需要”[①]。由此开启了中华人民共和国第一次高等院校改革——院系大调整。一方面应国家高等教育发展形势的需要；另一方面为改变单独招考的不合理状态，教育部发布了中华人民共和国第一个高校招生考试文件——《关于高等学校一九五〇年度暑期招考新生的规定》，该规定指出，本年度高等学校招生，由各大行政区分别在适当地点定期实行全部或局部的联合或统一招生，并允许各校自行招生，招生名额由各大行政区负责审核。[②]考试科目为“国文、外国语（英语或俄语）、政治常识、数学、中外历史、中外地理、物理、化学。除各系科共同必考科目之外，各校还可根据系科之性质，分别加试一些科目”[③]。当年，“全国 193 所高等学校中，有东北、华北、华东三大区 73 所学校联合招生考试。大部分一次招足，平均报到率达 50%”[④]，基本实现了该规定的预期目的，同时也凸显了联合招考的优越性[⑤]。然而，该年“招考规定的主要意向是促进高等学校招生的统一性和规范化，并无出台严格的规定与具体操作方案，因而出现了既有校际的联合，又有大区的统一，还有学校的单独招生，体现了过渡时期招生形式的复杂多样性和政策的不稳定性”[⑥]。

1951 年，全国高校招考的联合性或统一性得到明显加强。教育部在其发布的《关于高等学校一九五一年度暑期招考新生的规定》提出，为进一步改正由各校自行招生产生的混乱状态，各大行政区可根据该地区的具体情况，分别在适当地点，争取实行全部高等学校统一或联合招生，全国统一考试日期；高等学校至其他地区招生时，应取得该大行政区教育部（文教部）的同意，并尽量争取互相委托的办法进行招生。[⑦]而为切实保障各大行政区的统一招考工作，各大行政区皆成立了统一招生委员会，华东区还制定了统一招生委员会组织细则。[⑧]据统计，当年“全国 214 所高校中参加统一招考的学校达 149 所，比例高达 69.6%，

---

① 马叙伦部长在第一次全国高等教育会议上的开幕词//何东昌. 中华人民共和国重要教育文献（1949—1997）[M]. 海口：海南出版社，1998：26.

② 教育部. 关于高等学校一九五〇年度暑期招考新生的规定 [N]. 人民日报，1950-05-29（1）.

③ 刘海峰. 在理想与现实之间——三论坚持统一高考 [J]. 高等教育研究，1998（2）：66-70.

④ 杨学为，于信凤. 中国考试通史（卷五）[M]. 北京：首都师范大学出版社，2004：41.

⑤ 李木洲. 高考改革的历史反思 [M]. 武汉：华中师范大学出版社，2016：51.

⑥ 刘海峰. 1952—2012：高考建制的花甲记忆 [J]. 高等教育研究，2012（6）：78-84.

⑦ 教育部. 关于高等学校一九五一年度暑期招考新生的规定 [N]. 人民日报，1951-05-09（1）.

⑧ 刘海峰. 1952—2012：高考建制的花甲记忆 [J]. 高等教育研究，2012（6）：78-84.

比 1950 年的 36%翻了将近一番”[①]。“高校录取新生的报到率也达到 90%以上。”[②]然而，“各大行政区的生源与高校招生数不平衡，且没有出台跨区调剂的计划，出现西北地区高校半数缺额，东北地区又到华北地区补招的情况”[③]。由此，进一步扩大统考范围、加强统考程度，以及合理规划各大行政区之间的生源调配成为高校招考改革的基本共识。

1952 年，首先，随着国家发展战略的实施，高校亟须培养大批各级各类适应工业化发展的高级专门人才。其次，全国高校招生规模进一步扩大，由于高校院系大调整的深化落实，调整后的招生单位可招收增加几乎一倍的新生数量。[④]最后，经过 1949—1951 年的高校单独招考、高校联合招考、区域联考，以及大区统考等实践探索，客观上需要提高高校人才选拔培养的效率，理论上又积累了比较丰富的大规模统考的经验，意识上也形成了统一招考的基本共识，可以说，实施全国高校统一招考的条件已然成熟。1952 年 4 月 30 日，教育部发布《关于一九五二年暑期全国高等学校招生计划及其实施问题的指示》，该指示提出，“为统一计划、统筹办理全国高等学校的招生工作，坚决克服以往招生中的混乱现象，凡以高中毕业学生或相当于以上程度的青年作为招生对象的大学、独立学院、专科学校、专修班、训练班，其招生名额均包括于全国高等学校招生计划之中”[⑤]。1952 年 6 月 6 日，教育部又在其发布的《关于高等学校学生转学问题的指示》强调：“自 1952 年暑期起，各高等学校一律废止以往一般性的招收转学生办法，今后对于学生转学问题应严肃处理”[⑥]，以进一步加强人才培养的计划性，杜绝乱招乱拉行为。1952 年 6 月 12 日，教育部发布了标志全国统一高考制度正式诞生的历史性文件——《关于全国高等学校一九五二年暑期招考新生的规定》。该规定明确指出，“中央成立全国高等学校招生委员会。各大行政区教育部在各该部的直接领导下组织大行政区的招生委员会；招生委员会设专门机构，负责办理本区高等学校招生及与外区招生委员会联系事宜。全国高等学校，除个别学校经中央教育部批准外，一律参加各区统一招

① 刘海峰等. 中国考试发展史［M］. 武汉：华中师范大学出版社，2002：333.

② 李三青. 从单独招考到统一招考——1949—1952 年我国高校招考形式的演变［J］. 教育与考试，2007（4）：45-48.

③ 李木洲. 高考改革的历史反思［M］. 武汉：华中师范大学出版社，2016：51.

④ 毛礼锐，沈灌群. 中国教育通史・第 6 卷［M］. 济南：山东教育出版社，2005：64.

⑤ 转引自杨学为. 高考文献・上（1949—1976）［G］. 北京：高等教育出版社，2003：7.

⑥ 转引自杨学为. 高考文献・上（1949—1976）［G］. 北京：高等教育出版社，2003：10.

生”[①]。此外，1952 年 7 月，教育部还发布《关于实现一九五二年培养国家建设干部计划的指示》，该指示再次指出，“各地高等学校和中等学校严格地实行统一招生，是实现今年培养国家建设干部计划的关键”[②]。该指示进一步将实行全国统一高考上升到政治任务的高度。

1952 年，全国统一高考制度创立，教育部部长马叙伦如此描述：“所谓统一，是指统一的计划，统一的组织领导，统一的报考，统一的录取调配。即全国高等学校的招生名额，均由中央高等教育部、中央教育部根据国家培养干部数额、类别统一规定；招生的组织领导是全国统一的，中央有全国高等学校招生委员会，各大行政区、各主要省市有招生工作委员会，组织领导这一工作的进行；投考学生在统一的日期报名，根据统一的试题考试，根据统一的原则录取入学。”[③]例如，当年的考试科目统一为“政治常识、国文、外国文、中外史地、数学、物理、化学、生物……但录取时，以上八科成绩分三类按不同比例计分：文法财经各系：政治常识、国文、外国文、中外史地占分数的 60%，数学、物理、化学、生物占 40%；理工农医各系，上述百分比相反；音体美各系，以上两部分各占 30%，术科成绩占 40%。全国统考于 8 月 15、16、17 日三天举行”[④]。简言之，从组织领导、报考条件、考试科目、考试命题、参考答案、评分标准、招生日期、政治审查标准、健康检查标准，以及录取原则等考试招生各环节“无一不是统一的”。“各地区只是依据教育部制定的统一招生方针、政策、办法分别办理具体事宜而已，国家与地方在考试决策上完全是一种制定与执行的关系。”[⑤]

总结 1952 年统一高考制度的建立，它是外部因素、内部因素和历史因素共同作用的结果。就外部因素而言，中华人民共和国成立初期的政治、经济、教育等发展的特殊需要为统一高考制度的建立提供了良好的制度环境，作为激活国家重新焕发生命活力的突破口，高校招考能快速选拔、培养、补充各类人力资源，而统一高考则具备这样高效的优越性。就内部因素而言，统一高考制度是大规模

---

① 教育部. 关于全国高等学校一九五二年暑期招考新生的规定［N］. 人民日报，1952-06-13（1）.

② 转引自杨学为. 高考文献·上（1949—1976）［G］. 北京：高等教育出版社，2003：12.

③ 马叙伦部长在全国高等学校招生委员会上的讲话（1953 年 7 月 2 日）//杨学为. 中国考试史文献集成（第八卷）［M］. 北京：高等教育出版社，2003：36.

④ 杨学为. 高考四十年（一）（1952—1991）［J］. 中国考试（高考版），1997（1）：6-11.

⑤ 刘海峰等. 中国考试发展史［M］. 武汉：华中师范大学出版社，2002：335-336.

考试自身发展规律的产物，即追求效益性、公平性、科学性及权威性的必然结果。就历史因素而言，它是由民国时期的高校联合招考、全国统一招考及过渡时期的大区联合招考制度逐步发展而来的。同时，中国悠久的科举考试所形成的独特考试文化，为广大国民接受和认同统一高考制度奠定了潜在而深厚的心理与文化基础。总之，“1952 年统一高考制度的建立，是中国招生考试制度的一大创举，也是中国新旧高校招生制度的分水岭，构建了此后中国高校考试招生制度的基本结构，在中国考试史及中国教育考试史上具有划时代的意义”①。

最后，制度化是高考制度现代化的首要标志。从制度演化的角度来看，古代的科举制度是当代高考制度的原初制度，高考制度在很大程度上继承了科举制度的基本设计，包括笔试与面试形式、防作弊措施、适用于大规模人才选拔，以及追求公平而科学的选才精神等。只是高考的选才目的和对应试者考察的知识结构与能力要素不同而已，它是考试制度与时俱进演化的必然结果。清末，清政府虽发布了《奏定学堂章程》等教育文件，但这些文件对高校招生并未做详细规定，还没有形成制度化的定式。“直到民国初年，教育部公布了《大学令》、《大学规程》、《专门学校令》、《公立私立专门学校规程》，我国才正式建立高校招生制度。”②因此，民国高校招生考试的制度化是我国高考制度现代化的初级阶段，它实现了由传统考试向现代考试的基本转化。而 1952 年，中华人民共和国创立的全国统一高考制度则极大地推动了高考制度现代化的历史进程，使高考制度的计划性、统一性、规范性、科学性、组织性、公平性、效率性等现代性因素得到了迅速发展与增强。

第二节　高考制度现代化的发展与断续

我国高考制度的现代化并非线性发展、一帆风顺的，而是经历了一个跌宕起伏的过程，尤其是 20 世纪 50 年代初到 70 年代末。1952 年，统一高考制度的建

① 李木洲. 高考改革的历史反思［M］. 武汉：华中师范大学出版社，2016：52-53.
② 高耀明. 民国时期高校招生制度述略［J］. 教师教育研究，1997（4）：69-74.

立，标志着中国进入“高考时代”，也意味着高考制度现代化的正式起航。1952—1965 年是高考制度现代化快速发展的第一个阶段，该阶段“逐步建立健全了统一招生制度的各项政策、办法”；1966—1976 年，高考制度受到“文化大革命”的影响，“1971 年前停止招生，1972 年后废除考试，实行推荐”①，高考制度的现代化进程不仅受阻，甚至出现了历史倒退。直到 1977 年高考制度得以恢复，才重新开启了高考制度的现代化进程。

一、高考制度现代化的早期发展

经过 1949—1952 年的平稳过渡，中华人民共和国的各项事业全面转入有计划、有步骤、制度化的发展阶段。以 1953 年实施的“一五”②计划为起点，中国开始进入以五年为一个发展周期的计划经济时代。“一五”“二五”的基本任务是以实现社会主义工业化为中心，建立并巩固社会主义工业化的发展基础，改造经济所有制，发展运输业、商业、农业、手工业、国防，加强人才培养与科学研究，满足人民的基本物质和文化生活需要。③为适应中华人民共和国成立初期迫切发展生产力的需求，培养合格的社会主义建设者是教育事业的根本任务与基本使命。而通过完善全国统一高考制度，发展教育事业，提高高等教育质量，则是一个重要的关口。因此，在国家发展战略人才紧缺的“一五”“二五”期间，作为选拔培养各级各类高级专门人才的高考制度，进入了一个相对平稳而快速发展的阶段。这一阶段主要实现了高考制度的初步完善，包括各项统一招考政策的出台和具体办法的完善。

（一）统考地位的确立

长期单独招考的历史惯性，加之统一高考制度最初统得过死，导致 1953—1957 年几乎每年高考前都会展开一场“独统之争”④，“争论的核心是在统一招

① 杨学为. 论高考改革［J］. 中国高教研究，1989（3）：9-14.

② “一五”是 1953—1957 年，“二五”是 1958—1962 年，“三五”是 1966—1970 年。

③ 第一个五年计划（1953—1957）简介［EB/OL］.（2006-03-28）［2018-06-15］. http://www.China.com.cn/ch-15/15/k.htm.

④ “独统之争”指关于全国统一招生好还是高校单独招生好的争论。

生、考试的前提下，如何体现学校、系科及考生的特点”[①]。但是，“受 1957 年反右运动的影响，1958 年变全国统考为分省市组织考试，并在录取时强调考生的政治表现。然而，这一做法严重降低了新生的质量，1959 年又不得不恢复了全国统一高考”[②]。而之后除“文化大革命”期间以外，统一高考的权威地位始终未变。

（二）体检制度的建立

据统计，1952 年暑期开学前，新生因患严重疾病不能学习者，约占录取新生总数的 2%。而中国矿业学院，因患肺病、高血压、心脏病等不适于在该校学习者占到录取学生总数的 10%。[③]针对这一情况，卫生部、高等教育部、教育部联合发布了《关于一九五三年高等学校招生健康检查办法的联合通知》，该通知的发布标志着高考体检制度的建立。1954 年，《全国高等学校招生健康检查办法》发布，该办法制定了结核病、心脏病等特殊疾病鉴定标准，编制了健康检查记录表、健康检查结果报表，以及身高体重报表等，逐步形成了一套规范化的高考体检制度。

（三）分科考试的形成

1952—1953 年，统考科目未分文理科，统一为政治常识、国文、外国语（俄语或英语）、中外史地、数学、物理、化学、生物，报考体育、音乐、美术等系科的考生加试相关科目。1954 年，统考科目分成两类：一类为理、工、农、林及卫生等；一类为文史、政法、财经、体育、艺术等。1955 年，统考科目调整为三类：工、理（包括师范的理科）类；医、农林类；文、史、政法（包括师范的文、史、政治、教育各类专业）、财经类。1956 年，统考科目仍分三类，但为理工类、农林医类、文史政法类。1964 年，为提高效率，教育部又将考试科目简化为文史类和理工农医类两大类。[④]自此直到 2014 年再次试点回归“不分文

---

① 杨学为. 高考四十年（一）（1952—1991）[J]. 中国考试（高考版），1997（1）：6-11.

② 刘海峰. 在理想与现实之间——三论坚持统一高考 [J]. 高等教育研究，1998（2）：66-70.

③ 卫生部、高等教育部、教育部. 关于一九五三年高等学校招生健康检查办法的联合通知//杨学为. 高考文献・上（1949—1976）[G]. 北京：高等教育出版社，2003：14.

④ 李木洲，张悦. 高考文理不分的历史逻辑与现实意蕴 [J]. 湖北大学学报（哲学社会科学版），2017（4）：104-110.

理”，其间基本保持了科目两分的做法。

（四）录取制度的优化

1952 年，考生录取办法是：“根据国家招生计划，参考考生志愿，统一审查录取；志愿相同者以分数高低为序，先定系科，后定学校；合乎录取标准，但分数较低，则参考其志愿、地区与分数适当进行分配。”①1955 年，录取办法则改变了“以往录取过程中的呆板作风，对政治和健康条件合格、考试成绩稍低于录取标准的考生，遇有学校缺额时，可录取为试读生。试读期满，经考试合格者可转为正式生”②。这一变通既扩大了部分高校的生源基数，也增加了部分考生的受教育机会。此外，还加强了对录取环节的复查工作，如对“健康复查不合格者，取消其入学资格，亦不保留学籍”③。这些规则的调整，较大地增强了录取制度的灵活性与规范性。

（五）志愿填报的改进

为了结合考生志愿录取，减少统一分配的人数，1955 年，考生志愿增加为 7 个，每个专业或专业类志愿又可报 3 所学校。1956 年，针对志愿填报选择过多的弊端，专业或专业类志愿改为 3 个，每个专业或专业类志愿含 3 个学校志愿，另可报 2 个专业类、6 所学校作为参考志愿，并不采取统一分配的办法。经过优化，第一批志愿录取者达 84.05%，第二批志愿录取者达 8.15%，统一分配下降到 7.8%。1957 年，则不再按专业类，而只按系或专业报志愿，12 个专业志愿，含 12 个学校志愿。④

（六）审查制度的简化

审查制度是国家安全的必要保证。以往不分专业、系科的普遍“严审”，既不利于普通专业人才的培养，又不利于营造积极向学的社会风气，故而高等教育

① 杨学为. 中国高考史述论（1949—1999）[M]. 武汉：湖北人民出版社，2007：12.

② 刘海峰等. 高校招生考试制度改革研究 [M]. 北京：经济科学出版社，2009：28.

③ 高等教育部，教育部. 关于全国高等学校一九五五年暑期招考新生的规定 [N]. 人民日报，1955-06-09（2）.

④ 杨学为，于信凤. 中国考试通史（卷五）[M]. 北京：首都师范大学出版社，2004：49-50.

部、教育部逐渐采取了重点审查的策略，对重要系科、军事、国防工业、外交等专业的高考政治审查制度也进行了系列简化调整。例如，1957 年，高等教育部、教育部规定将高中毕业生分为可入机密专业、可入一般专业和不宜录取三类，招生机构只需重点复审第一、第三两类。①高考审查制度的这种科学简化，不仅提高了审查效率，还做到了重点保护的效果。

此外，1952—1965 年，高校招生除发布年度招生规定外，还出台了如《全国高等学校一九五六年暑期统一组织机构和工作细则》（高等教育部学生管理司 1956 年发布）、《全国高等学校一九五七年招生经费开支的几项规定》（高等教育部 1957 年发布）、《全国高等学校一九五七年录取新生赴校路费补助办法》（高等教育部 1957 年发布）、《全国高等学校一九五七年统一招生录取新生办法》（高等教育部 1957 年发布）、《全国高等学校招生健康检查办法》（教育部、卫生部 1958 年发布）、《关于对一九五九年报考高等学校的考生进行政治审查的通知》（教育部、公安部、内务部、国务院人事局 1959 年发布）、《关于高等学校录取新生的学业标准的通知》（教育部 1963 年发布）等系列与高校招考相关的配套文件。而为了体现部分专业院校或系科的办学特殊性，还形成了艺术院校（系、科）每年单独发布招生规定的惯例，较好地处理了高考人才选拔与高等教育中的个性与共性的矛盾问题。总之，通过新制度的创建和新办法、新举措的实施，统一高考制度经过第一阶段的发展完善，其制度的结构与功能已趋于成熟，其制度的科学性、规范性、合理性、权威性等也得到了极大增强，较好地实现了高考制度的初级（或简单）现代化。

二、高考制度现代化的历史中断

制度的发展与存废决定于制度环境。20 世纪 50 年代中期以后，随着“冷战”的加剧，出现了“波茨南事件”“匈牙利事件”，这些事件造成社会主义阵营思想的极大混乱，也深刻地影响了当时中国的政治局势。1956 年 9 月，中国共产党第八次全国代表大会提出，生产资料私有制的社会革命已基本胜利，无产阶级同资产阶级之间的矛盾已基本解决，国内的主要矛盾已经是人民对于建立先进

① 李木洲. 高考改革的历史反思［M］. 武汉：华中师范大学出版社，2016：53-55.

的工业国的要求同落后的农业国的现实之间的矛盾，已经是人民对于经济文化迅速发展的需要同当前经济文化不能满足人民需要的状况之间的矛盾，并指明归根到底是“先进的社会主义制度同落后的社会生产力之间的矛盾”。然而，遗憾的是，1957 年八届三中全会改变了党的八大关于我国主要矛盾的判断，认为我国社会的主要矛盾是无产阶级和资产阶级之间的矛盾、社会主义道路和资本主义道路之间的矛盾。这样的认识无疑对之后一段时间党发展生产力的主要任务造成了干扰。1958 年 5 月，中共八大二次会议提出了“两个剥削阶级”的观点，制定了社会主义建设总路线，不久发动了“大跃进”，建立人民公社。其间虽经贯彻“调整、巩固、充实、提高”的“八字方针”，强调要正确处理政治与业务的关系，但 1962 年又“重提阶级斗争”，使“左倾”错误逐步发展，并最终于 1966 年 5 月以《五·一六通知》为标志，开始了长达 11 年的“文化大革命”。[①]它摧毁了高考制度赖以发展的外在环境。由于高考制度的特殊影响力，它成为这场政治风暴的突破口。

当然，除了“政治”这个主要因素外，此阶段的高考也有其自身的问题，特别是“片面追求升学率”、“考试作弊”和“干部子女走后门”等现象的出现，使高考成为众矢之的。1952—1954 年，高考录取率分别为 90.35%、77.88%、73.78%；而 1955—1957 年，高考录取率分别为 55.92%、51.13%、41.89%；1958—1960 年，高考录取率有所回升，分别为 96.9%、83.72%、88.73%；而 1961 年，该录取率则下降到 45.44%；1962 年更是达到谷底，仅为 27.43%；1963—1965 年虽略有上升，但依然较低，分别为 33.36%、42.12%、46.92%。[②]有趣的是，关于“负担重、学习紧张”之类的呼声基本随着录取率的波动而起伏，凡是录取率较高的年份就没有相关的呼声；凡是录取率较低的年份，相关呼声就会出现。无疑，高考的形象和关于高考的舆论，也是影响高考制度发展甚至其存废的重要因素。

1966 年 6 月 13 日，《中共中央、国务院关于高等学校招生工作推迟半年进行的通知》指出，“高等学校招生考试办法，解放以来虽然不断地有所改进，但是基本上没有跳出资产阶级考试制度的框框，不利于贯彻执行党中央和毛主席提出的教育

---

① 杨学为. 中国高考史述论（1949—1999）[M]. 武汉：湖北人民出版社，2007：61.

② 杨学为. 高考四十年（一）（1952—1991）[J]. 中国考试（高考版），1997（1）：6-11.

方针，不利于更多地吸收工农兵革命青年进入高等学校，必须彻底改革”，并指出这个决定“一方面使高等学校和高中有足够的时间彻底搞好文化革命，另一方面使实行新的招生办法有充分的时间作好一切准备”[①]。由此，高考制度被迫卷入政治风浪。1966 年 6 月 18 日，《人民日报》发表的社论指出，招生考试制度“不是无产阶级政治挂帅，而是资产阶级政治挂帅，分数挂帅”，它“会把大量优秀的工人、贫下中农、革命干部、革命军人和革命烈士的子女，排斥于学校大门之外，为资产阶级造就他们的接班人……鼓励青年走资产阶级个人奋斗、追逐个人名利的白专道路”[②]。1966 年 7 月 24 日，中共中央、国务院发布《关于改革高等学校招生工作的通知》，正式宣布“从今年起，高等学校招生，取消考试，采取推荐与选拔相结合的办法”，“必须坚持政治第一的原则，贯彻执行党的阶级路线”[③]。自此，高校停止招生不是半年，而是六年。

1970 年 6 月 27 日，中共中央转批了《北京大学、清华大学关于招生（试点）的请示报告》，该报告提出，“为了进一步贯彻无产阶级教育路线，遵照毛主席关于‘走上海机床厂从工人中培养技术人员的道路，要从有实践经验的工人农民中间选拔学生，到学校学几年以后，又回到生产实践中去’的伟大教导，于今年上半年开始招生”[④]。招生办法是：“废除修正主义的招生考试制度，实行群众推荐、领导批准和学校复审相结合的办法。”[⑤]“这是‘文化大革命’中，停止招生后，第一个试点招生的文件。此次只有部分学校招生共 41 870 人。”[⑥]而正式全面开始恢复高校招生，则是在 1972 年，其依据是 1971 年 4 月 15 日到 7 月 31 日由“四人帮”控制召开的全国教育工作会议“纪要”。不过，所谓的恢复招生依然存在严重问题。其一，唯成分论。政审严格，有些地方要查“内外三代”“八大父母”“三代赤贫”，社会关系中不能有任何“分子”。1972 年，北京 11 所

---

① 中共中央，国务院. 中共中央、国务院关于高等学校招生工作推迟半年进行的通知（1966 年 6 月 13 日）//何东昌. 中华人民共和国重要教育文献（1949—1997）[M]. 海口：海南出版社，1998：1402.

② 《人民日报》社论. 彻底搞好文化革命彻底改革教育制度 [N]. 人民日报，1966-06-18（1）.

③ 杨学为. 高考文献・上（1949—1976）[G]. 北京：高等教育出版社，2003：627.

④ 中共中央. 中共中央关于北京大学、清华大学招生（试点）的请示报告的批示（1970 年 6 月 27 日）//陈大白. 北京高等教育文献资料选编（1949—1976）[M]. 北京：首都师范大学出版社，2002：934.

⑤ 中共中央. 中共中央关于北京大学、清华大学招生（试点）的请示报告的批示（1970 年 6 月 27 日）//陈大白. 北京高等教育文献资料选编（1949—1976）[M]. 北京：首都师范大学出版社，2002：935.

⑥ 杨学为. 高考四十年（一）（1952—1991）[J]. 中国考试（高考版），1997（1）：6-11.

院校新生中，“可以教育好的子女”仅占 0.13%，吉林省按 1%下达指标，却只招收了 0.34%。其二，新生质量低。因取消考试，对新生文化程度难以检测，虽规定“相当于初中以上文化程度”，但实际上有些并不达标。如上海交通大学要给新生补小数、分数，补课时许多学生甚至不能理解为什么 1/2>1/4。其三，“后门成风”。按照招生办法，“群众推荐”大多是形式，“领导批准”变成了“走后门”。如 1972 年，清华大学招生 2000 人，发现并制止的“后门”就有 242 起。[①]

1973 年 4 月，国务院批准国务院科教组《关于高等学校一九七三年招生工作的意见》，根据周恩来关于加强基础理论的指示精神，该意见强调要“全面掌握入学条件，保证学生质量，特别是文化质量”，但后受政治形势影响，“文化考查”变成了“调查访问，座谈讨论”，该意见基本“流产”。[②]1974 年 12 月，国务院科教组、农林部、辽宁省委联合召开“学习辽宁朝阳农学院教育革命经验现场会”，开始推广“朝农经验”，要求破除“旧大学的观念”，树立“无产阶级大学的标准”——“大学就是大家都来学”，在本质上开始取消大学。1975 年，在“四人帮”的操纵下，辽宁又开始着手推广“三来三去”[③]的经验，并宣称“三来三去”意义重大：①“拆除了‘读书做官’的阶梯，摧毁了将学校与经济基础隔绝起来的高墙”，学员既是学校的学生，又依然是原工厂、公社的工人、农民；②“对‘知识私有’、‘技术垄断’和等级观念的有力批判，是限制资产阶级法权、缩小三大差别的实际步骤”；③“有利于培养一支同党内资产阶级进行斗争的新部队”，“这是挖产生走资派的根基，造就与党内资产阶级进行斗争的新人的一项重要措施”[④]。然而，如杨学为先生所指出的，“‘四人帮’谴责三大差别、谴责‘资产阶级权利’。鼓吹用消灭知识，消灭文化的办法，来消灭三大差别，消灭‘资产阶级权利’。但是，马克思主义从来不认为奴隶制比原始共产主义落后，更不主张用倒退的办法去消灭阶级。‘四人帮’颂扬无知，颂扬愚昧，他们推行的‘三来三去’，是继宣扬‘白卷’是‘真正的又红又专’之后，在更大规模上的愚民政策”[⑤]。《吕氏春秋·博志》有言：“极则必反”。1976 年 10 月，伴

---

① 杨学为. 高考四十年（一）（1952—1991）[J]. 中国考试（高考版），1997（1）：6-11.

② 杨学为. 高考四十年 [J]. 中国考试，1998（1）：5-9，24.

③ “三来三去”即“社来社去”“厂来厂去”“哪来哪去”。

④ 杨学为，于信凤. 中国考试通史（卷五）[M]. 北京：首都师范大学出版社，2004：91-106.

⑤ 杨学为. 高考四十年 [J]. 中国考试，1998（1）：5-9，24.

随“四人帮”的倒台，“文化大革命”宣告结束，对高考制度的“颠覆性折腾”也才算告终。

1952—1965 年已得到初步完善的高考制度，受政治形势的影响，其权威性几乎被全盘否定，其规范性由主观性所取代，其科学性由政治性所取代。可以说，高考制度此前已获得的全部现代性的增长与扩展皆被取消，是考试制度现代化的历史倒退。不过，正如马克思所说，“否定的否定——发展的螺旋式”①。或许，正是“文化大革命”期间对考试招生制度的极度否定，反而证明了在社会主义初级阶段，在需要专业分化和社会分工的历史阶段，考试作为衡量与选拔人才工具的不可或缺性。换言之，“文化大革命”以否定的方式肯定了考试招生制度之于教育现代化和国家现代化的重要性。

三、高考制度现代化的历史延续

在阶级社会里，政治是影响国家与社会发展的首要因素。如同高考被停废是因政治混乱所致一样，高考制度的恢复也是因政治上的拨乱反正。1977 年 7 月 17 日，中共十届三中全会通过《关于恢复邓小平同志职务的决议》，决定恢复邓小平同志中共中央委员，中央政治局委员、常委，中共中央副主席，中共中央军委副主席，国务院副总理，中国人民解放军总参谋长的职务。复出后，面对“中国向何处去”的问题，邓小平同志以他的远见卓识、丰富政治经验、高超领导艺术，强调实事求是是毛泽东思想的精髓，旗帜鲜明地反对“两个凡是”的错误观点，支持和领导开展真理标准问题的讨论，推动进行各方面的拨乱反正。②而在拨乱反正中影响最大、最重要的事件就是恢复高考，它不仅成了推翻“两个凡是”“两个估计”的突破口，还“成了在十一届三中全会之前思想解放的先声”③。

根据恢复高考决策的亲历者刘道玉先生的回忆，1977 年 8 月 4—8 日，邓小平主持了在北京召开的科学与教育工作座谈会，“科学院选派了 17 名科学家，教

---

① 中共中央马克思恩格斯列宁斯大林著作编译局，编. 马克思恩格斯选集 · 第三卷［M］. 北京：人民出版社，1972：521.

② 周锟. 历史转折：邓小平与十一届三中全会［EB/OL］.（2014-03-11）［2017-06-27］. http://dangshi.people.com.cn/n/2014/0311/c85037-24600741.html.

③ 杨学为. 中国考试改革研究［M］. 北京：北京大学出版社，2001：122.

育部选派了16名，总共33人前往。再加上副总理方毅，科学院副院长李昌，教育部部长刘西尧和常务副部长雍文涛，以及各有关方面负责人，总共70多人参加会议”①。会议第三天，也即8月6日，来自武汉大学的代表查全性率先针对高校招生问题发言：“招生是保证大学教育质量的第一关，它的作用，就像工厂原材料的检验一样，不合格的原材料，就不可能生产出合格的产品。当前新生的质量没有保证，部分原因是因为中小学的教育质量不高，而主要问题还是招生制度。不是没有合格的人才可以招收，而是现行制度招不到合格的人才。如果我们改进了招生制度，每年从600多万高中毕业生和大量的知识青年、青年工人中招收20多万合格的学生是完全可能的。”接着，他又针对当时招生制度的弊端补充道：“‘自愿报名，基层推荐，领导批准，学校复审’十六字招生方针，埋没人才，卡了工农兵子弟，助长不正之风，严重影响中小学生和教师的积极性！如果不推倒这个方针，大学招生质量就得不到保证，也不能在广大青少年中造成良好的读书风尚。”②查全性的发言得到众多与会代表的赞同。邓小平当场表态说：“今年就要下决心恢复从高中毕业生中直接招考学生，不要再搞群众推荐。从高中直接招生，我看可能是早出人才、早出成果的一个好办法。”③

笔者认为，邓小平主导推动恢复高考的真正目的在于促进国家的现代化建设。早在1977年5月24日，他在关于“尊重知识，尊重人才”的谈话中就提出，“我们要实现现代化，关键是科学技术要能上去。发展科学技术，不抓教育不行。靠空讲不能实现现代化，必须有知识，有人才”，“抓科技必须同时抓教育”，“要经过严格考试，把最优秀的人集中在重点中学和大学”。在同年8月的“北京科教座谈会”开始之时，他又明确地说：“我们国家要赶上世界先进水平，从何着手呢？我看，要从科学和教育着手。”而在同年的8月13日—9月25日第二次重新召开的招生会上，他再次强调：“不抓科学、教育，四个现代化就没有希望，就成为一句空话。”④正因为邓小平认识到，若不以恢复高考为突破口，

---

① 刘道玉. 恢复高考40年：回顾与展望［J］. 同舟共济，2017（8）：24-26.

② 转引自李萌. 高考恢复第一人查全性：我只是说了几句真话（原标题：“60年口述经济史：1977年恢复高考”）［EB/OL］.（2017-06-05）［2018-06-09］. http://mini.eastday.com/mobile/170605102714427.html.

③ 邓小平. 关于科学和教育工作的几点意见//邓小平. 邓小平文选·第二卷［M］. 北京：人民出版社，1983：52.

④ 邓小平. 关于科学和教育工作的几点意见//邓小平. 邓小平文选·第二卷［M］. 北京：人民出版社，1983：48.

就抓不好教育与科学研究工作，也就更不可能搞好国家的现代化建设。因此，在第二次重新召开的招生会上，他力排众议，“经过 45 天的激烈争论，终于彻底粉碎了‘两个估计’的精神枷锁，冲破了‘两个凡是’的思想束缚，确立了‘废除推荐，恢复高考’，为‘四化’培养高级专门人才的正确方针”[①]。其实，会议期间（9 月 19 日），邓小平与教育部主要负责同志谈“教育战线的拨乱反正问题”时，还曾批评教育部：“你们的思想没有解放出来。你们管教育的不为广大知识分子说话，还背着‘两个估计’的包袱。”[②]并且他还亲自修改教育部起草的招生文件，明确指出，“招生主要抓住两条：第一条是本人表现好，第二条是择优录取”[③]。就这样，在邓小平的主导下，经过与学者专家及教育部门同志的密集会议讨论，恢复高考作为振兴教育和建设“四化”的关键举措被提上日程。

1977 年 10 月 12 日，国务院批转了教育部《关于一九七七年高等学校招生工作的意见》，标志着中断的高考制度被正式恢复。该意见确定的招生办法是：“自愿报名，统一考试，地市初选，学校录取，省、市、区批准”，“试题由省、市、区命制，县（区）统一组织考试，地、市招生委员会组织评卷”，“录取在省、市、区招生委员会领导下，学校参考本人志愿，德、智、体全面衡量，择优确定录取名单，由省、市、区招生委员会批准后签发入学通知书。招生时间推迟到四季度，新生于 1978 年 2 月底前入学”[④]。同年 10 月 21 日，《人民日报》刊发了文章《高等学校招生进行重大改革》和社论《搞好大学招生是全国人民的希望》，这两篇文章如同一声惊雷，唤醒了无数压抑、沉睡已久的渴望知识的青年学子。当年冬天高考，全国报考人数为 570 万，经考试录取 27 万，录取率为 4.7%。[⑤]

恢复高考，虽然“只选拔了几十万人，却调动了几千万人”[⑥]，不仅“解放了 800 多万滞留在农村的知识青年，而且极大地扭转了学校风气和社

---

① 李木洲. 高考改革的历史反思［M］. 武汉：华中师范大学出版社，2016：62.

② 于光远. 我忆邓小平［M］. 杭州：浙江人民出版社，2018：155.

③ 邓小平. 教育战线的拨乱反正问题//邓小平. 邓小平文选·第二卷（第 2 版）［M］. 北京：人民出版社，1994：69.

④ 教育部. 关于一九七七年高等学校招生工作的意见//何东昌. 中华人民共和国重要教育文献（1949—1997）［M］. 海口：海南出版社，1998：1580.

⑤ 《中国考试》杂志社组. 恢复高考 30 年·下·高考文集［M］. 北京：中国传媒大学出版社，2007：913.

⑥ 刘海峰. 而立之年论高考［J］. 东南学术，2007（4）：6-10.

会风气”[①]；不仅以最快的速度营造了尊重知识和人才的教育氛围，而且以最有效的方式促进国家进入了正常的发展轨道，重新开启了国家现代化建设的伟大征程。同时，高考制度自身不仅得以延续，而且迎来了现代化的新机遇。

第三节　高考制度现代化的变革与转型

1978 年 12 月 18 日，在邓小平的领导下，十一届三中全会召开，该会议“开始全面认真纠正‘文化大革命’中及其以前的‘左’倾错误，坚决批判了‘两个凡是’的错误方针，充分肯定了必须完整、准确地掌握毛泽东思想的科学体系，高度评价了关于真理标准问题的讨论……果断停止使用‘以阶级斗争为纲’的口号，作出了把党和国家工作中心转移到经济建设上来、实行改革开放的历史性决策”[②]。它标志着中国开始全面进入政治、经济、文化、教育、科技等现代化建设的快车道。作为一项基本教育制度，高考制度伴随国家政治经济体制改革的步伐，也进入了频密改革期，高考制度的现代化也迎来了由量变到质变的历史转折点。

一、高考制度现代化的再出发

1977 年，统一高考在中断后得以恢复，但恢复当年因时间仓促，条件准备不够充分，且思想意识上的拨乱反正尚未彻底完成，故而未能一步到位地恢复到被停废前的制度水平。根据《关于一九七七年高等学校招生工作的意见》，1977 年的高考采取“两条腿走路”的方针，招生对象主要为具有 2 年以上实践经验的工农兵，同时也招收应届高中毕业生；招生原则是“德、智、体全面衡量”；政

① 刘道玉. 刍议恢复统一高考的得失与对策［J］. 教育与考试，2017（3）：5-11.
② 胡锦涛. 在纪念党的十一届三中全会召开 30 周年大会上的讲话［J］. 求是，2008（24）：3-16.

治审查方面，虽不唯成分论，但工农及其子女有优先权；文化考查采取口试、笔试等多种形式，提倡开卷考试，独立完成；文化考查成绩既要反对忽视文化的倾向，也要防止“智育第一”“分数挂帅”。[①]因此，1977 年的高考虽恢复了考试招生的办法，但仍保留了部分“文化大革命”期间的招生做法，具有明显的制度衔接的痕迹与制度过渡的复杂性。

为进一步解放思想，促进教育振兴，加快“四个现代化”建设人才的培养，1978 年 4 月 22 日，邓小平在全国教育工作会议上指出，“考试是检查学习情况和教学效果的一种重要方法，如同检验产品质量是保证工厂生产水平的必要制度一样，当然也不能迷信考试，把它当做检查学习效果的唯一方法，要认真研究、试验，改进考试的内容和形式，使它的作用完善起来”[②]。在邓小平的直接推动下，全面恢复、改进与完善高考制度的步伐加快。1978 年，恢复高考后的首次全国统一命题实现，且分为文、理两科进行考试。同时，还有一些制度创新的做法。①为“切实保证全国重点院校的新生质量，实行了全国统一试题、统一重点院校的录取标准，考生报考志愿分别按重点院校和其他院校两栏填写，每栏可至少填写五个学校，每个学校可填写两个系科（专业）”。②可打破常规选人才，“在各省（市、区）举办的高中应届毕业生和在校生的学科学习竞赛中，成绩特别优秀的青年，综合学习、政审、体检等情况，可不参加统一高考，由省（市、区）招生委员会参照志愿，分配入有关院校”。③“艺术、体育院校或专业提前单独招生，具体办法分别由文化部、国家体委会同教育部制订。”[③]另外，还开始接受华侨、港澳学生回内地升学。这种急剧的扩招不仅导致了录取率的大幅波动，还引起了人们对高考供需矛盾的关注。

1979 年的高考的主要变化包括七个方面。①强化统考形式。由教育部统一命题，各省（自治区、直辖市）组织考试、评卷；统考科目分为文史类与理工农医类，前者考政治、语文、数学、历史、地理、外语，后者考政治、语文、数学、物理、化学、外语。另外，统考时间为 7 月 7—9 日。但边疆民族自治区用

---

① 关于一九七七年高等学校招生工作的意见//杨学为. 高考文献·下（1977—1999）[G]. 北京：高等教育出版社，2003：18-21.

② 邓小平. 邓小平文选·第二卷（第 2 版）[M]. 北京：人民出版社，1994：105.

③ 关于一九七八年高等学校招生工作的意见//杨学为. 高考文献·下（1977—1999）[G]. 北京：高等教育出版社，2003：105.

本民族语言授课的高校和专业，可不参加全国统一招生，由自治区单独命题、考试、录取。②巩固招生质量。为确保重点院校的新生质量，教育部仍统一划定重点院校录取新生的分数标准，且外语成绩按10%计入总分，但对一般院校不做要求。录取时分批次进行，重点院校优先第一批录取，一般院校第二批录取。③放宽预选制度。统考前是否进行预选及预选办法，均由各省（自治区、直辖市）自行决定，且未被预选上的青年，也允许参加全国统考。④恢复助学金制度。1979年招收的新生，工龄满5年的职工，恢复职工助学金制度，不再由原单位照发工资。⑤开始注重区域公平。面向本省（自治区、直辖市）招生的院校，对教育基础比较薄弱的县（没有考生进入最低录取分数线的），可低于最低录取分数线，择优录取若干名。⑥加强防作弊措施。为杜绝徇私舞弊和“走后门”等不正之风，教育部加强了举报处理和考核复查等环节的工作。⑦招生既注重务实，又有一定的灵活性。如报考煤炭、地质、石油等艰苦专业或院校的考生不足计划招生人数时，录取分数可适当降低。[①]

为改进招生工作，1980年，国家又对高考做出了部分调整。①完善预选制度。为了更准确地选拔人才，减少统考工作量，节约人力、物力、财力，考生多的省（自治区、直辖市），可结合高中毕业考试或其他办法进行预选，具体办法由该省（自治区、直辖市）自行确定。②外语考试成绩比重加大。当年的外语考试分英、俄、日、法、德、西班牙六个语种，由考生任选一种，外语分数按30%计入总分，但专科学校招生仍可作为参考分。③加强少数民族招生政策照顾。确定部分全国重点高校举办少数民族班，适当降低分数，招收边疆、山区、牧区等少数民族聚居地区的少数民族考生。此外，1980年，国家取消了考生查阅试卷的规定，并且考试成绩只通知考生本人，不再张贴公布，这便保护了学生的隐私。1981年的高考变化不大，主要是农医院校和有关专业开始加考生物。[②]

1981年，按照高考“有利于选拔人才，有利于促进中学教育，有利于安定团结，并注意节约”的原则，教育部做出了如下调整：①坚持高考预选制度，决定逐步扩大实行预选的范围，统考前进行预选的省、自治区，由1980年的7个

---

① 关于一九七九年高等学校招生工作的意见//杨学为. 高考文献·下（1977—1999）[G]. 北京：高等教育出版社，2003：112-115.

② 一九八〇年高等学校招生工作的规定//杨学为. 高考文献·下（1977—1999）[G]. 北京：高等教育出版社，2003：126-130.

增至 13 个。[①]同时，要求高中开始建立学生档案制度，并规定达到国家体育锻炼标准的，同等条件下优先录取。②增加高校择生权，允许高校在一个分数段内对考生的德、智、体全面考核、择优录取。③取消对考生划分密级的规定，但机密、绝密专业招生，仍由高校根据有关政策和考生情况决定。④对基础科目成绩做出基本要求。考生的语文和数学成绩（外语专业考生的语文成绩）有一门达不到要求的，录取时随下一个分数段分发档案。报考外语院校、系（科）、专业的考生，开始增加口试，数学成绩作为参考分，但从 1983 年开始，数学成绩将全部计入总分。⑤加大外语成绩的分量。外语计分比例由 1980 年的 30%曾至 50%计入总分，但专科学校招生是否计入总分由各省（自治区、直辖市）决定。另外，生物成绩按 30%开始计入总分。[②]⑥命题的改进。1981 年起，教育部考试中心停止编发高考复习大纲，高考命题严格限制在中学教学大纲和统编教材的范围之内，注重对“双基”[③]的考查。此外，1981 年，国家还完善了华侨青年回国及港澳台青年回内地（大陆）报考高等学校的政策，对统考科目也做了明确规定。[④]

1982 年的高考基本维持了 1981 年的做法，主要是按照国务院国发〔1980〕98 号文件中“逐年提高外语计分比例”的要求，当年“外语成绩，本科按 70%计入总分，从 1983 年起，100%计入总分”。但报考专科学校考生的外语成绩是否计入总分仍由各省（自治区、直辖市）确定。另外，当年的生物成绩满分设定为 50 分。同时还强调从当年起，“体育院校或系科招生要注重文化课的考试成绩。对于文化成绩过低的考生，即使本科成绩突出，也不能录取”[⑤]。此外，值得指出的是，为提高高考制度的科学性，合理推进高考改革，1982 年 3 月 22 日，《教育部学生管理司关于开展高考研究的通报》发布，该通报首次明确提出“要加强关于高考的科学研究工作，并以科学研究的成果作为改进工作、制定招

---

① 教育部关于一九八二年高等学校招生工作的请示//杨学为. 高考文献·下（1977—1999）[G]. 北京：高等教育出版社，2003：154.

② 教育部关于一九八一年全国高等学校招生工作会议的报告//杨学为. 高考文献·下（1977—1999）[G]. 北京：高等教育出版社，2003：135-136.

③ “双基”是指学校教学内容中的基础知识和基本技能。

④ 教育部、国务院侨办关于华侨青年回国和港澳地区、台湾省青年回内地报考高等学校的通知//杨学为. 高考文献·下（1977—1999）[G]. 北京：高等教育出版社，2003：133.

⑤ 教育部关于一九八二年高等学校招生工作的请示//杨学为. 高考文献·下（1977—1999）[G]. 北京：高等教育出版社，2003：155-156.

生政策的依据，积极稳妥地改进现行的招生制度与考试办法”[①]。该通报还提列了系列具体的研究选题，包括古代、近代、中华人民共和国成立以来的考选制度，尤其是高考的预选、命题、科目、志愿填报、新技术应用、招生考试办法，以及国外考试基本理论等。由此，开启了通过科学研究推进高考制度改革的历史进程。

纵观 1977—1982 年的高考制度，以 1981 年教育部首次提出高考要改革为标志，1977—1980 年为高考制度拨乱反正与全面恢复阶段[②]，1981—1982 年为高考制度改革酝酿与初步实施阶段。总之，根据国家“由乱而治”的政治形势与过渡的需要，高考制度在 1977—1982 年，不仅完成了高校考试招生领域的拨乱反正任务，彻底肃清了“文化大革命”时期留下的思想后遗症，而且统一高考制度全面恢复到了其被停废之前的制度水平，甚至在预选制度、科目设置、志愿填报、高考命题、区域公平、录取政策、艺体招考、禁止舞弊等方面还有一定的改进与完善，使高考制度在权威性、科学性、规范性、公平性等现代性方面得到了增强，为进入全面改革开放阶段的高考制度现代化变革奠定了良好的再出发基础。

二、高考制度现代化的频密变革

1982 年 9 月 1 日，邓小平在中共第十二次全国代表大会开幕词中再次明确提出，要“把马克思主义的普遍真理同我国的具体实际结合起来，走自己的道路，建设有中国特色的社会主义”[③]。同年 9 月 18 日，邓小平在同朝鲜领导人金日成谈话时指出，“从 1981 年算起，二十年工农业年总产值翻两番的‘十二大’奋斗目标”，其“关键是搞好教育和科学工作”[④]。邓小平的这些讲话，不仅明确了中国未来的发展目标与方向，也确定了实现现代化阶段性目标的基本路径，即推动教育与科技发展。1983 年后，“随着国内政治形势

---

① 教育部学生管理司关于开展高考研究的通报//杨学为. 高考文献·下（1977—1999）[G]. 北京：高等教育出版社，2003：150-152.

② 杨学为. 论高考改革 [J]. 中国高教研究，1989（3）：9-14.

③ 邓小平. 邓小平文选·第三卷 [M]. 北京：人民出版社，1993：2-3.

④ 邓小平. 邓小平文选·第三卷 [M]. 北京：人民出版社，1993：9.

的继续好转，国家经济、文化、教育等各领域重新焕发出蓬勃生机。在国家整体战略做出全面改革开放的背景下，加之考试招生制度自身局限与弊端的不断暴露，统一高考制度的改革也提上了议事日程”[①]。

1983 年 1 月，在昆明召开的全国全日制高等学校招生工作会议的议题即“着重讨论高考招生制度的改革问题”。该会议遵照胡耀邦关于改革要“从实际出发，全面而系统地改，坚决而有秩序地改”的总方针，认为“高考招生制度的改革要有利于高校选拔和培养人才；有利于促进中、小学教育的发展与提高；有利于社会的安定团结，促进社会主义精神文明的建设；有利于学生毕业后输送到各条战线、各个地区，在国家现代化建设中发挥作用”。要本着“思想更解放一点，改革更大胆一点，工作更扎实一点”的精神，“从招生工作实际出发，积极地、有步骤地进行。看准了的事情，今年就要果断地改”[②]。经讨论，该会议确定了四项高考改革内容：①加强人才的预测和规划，调整年度招生总数和各科类的比例及本、专科的比例，逐步解决招生与需要脱节、“产”“销”不对路的矛盾；②打开人才通向农村的路子，把招生来源地区和毕业生分配去向适当结合起来，实行定向招生和定向分配；③打通培养单位和用人单位直接联系的渠道，采取合同制委托培养人才的办法，将其作为国家培养人才计划的补充；④改进录取方法，解决“按分数排队，按分数段录取，高等学校选择余地很小”的问题，按多于录取数 20%的比例提供考生档案材料，进一步贯彻德、智、体全面考核，择优录取的原则。[③]可以说，自 1983 年起，伴随国家政治经济体制的全面、深化改革的大节奏、大步伐，高考制度也进入了频密变革的现代化大发展阶段。

据统计，自 20 世纪 80 年代到 21 世纪头 10 年，高考制度的改革（含地方试点试验）起码有 25 次（种）之多。按照这些改革成果的现况，又可将其分为“四大类”[④]，具体如表 2-1 所示。

---

① 李木洲. 高考改革的历史反思［M］. 武汉：华中师范大学出版社，2016：65.

② 关于一九八三年全国全日制高等学校招生工作会议的报告//杨学为. 高考文献・下（1977—1999）［G］. 北京：高等教育出版社，2003：169.

③ 关于一九八三年全国全日制高等学校招生工作会议的报告//杨学为. 高考文献・下（1977—1999）［G］. 北京：高等教育出版社，2003：168-170.

④ 周珣，原春琳. 高考 30 年风雨：我们见证的改革和试验［N］. 中国青年报，2007-6-27（7）.

表 2-1 1983—2009 年高考改革主要项目

改革成果现况	实施年份	改革项目
那些留下的、我们至今享受成果的改革项目（9 个）	1984	特殊专业（艺术类等）招生实行“统考 + 单考”模式
	1985	高考标准化
	1994	招生并轨与自费上学和自主择业
	1999	高考网上录取
		高校扩招
		“3+X”高考科目设置
	2000	高考外语加试听力
	2001	取消考生年龄与婚姻限制
	2003	高考时间的调整
那些消逝的成为历史与过程的改革项目（6 个）	1981	文理分科的“6 + 7”考试模式
	1977	高考预选制度
	1991	“三南”（湖南、云南和海南）方案
	1983	高中毕业会考制度（现已基本转制）
	1992	会考基础上的高考“3 + 2”科目设置
	2005	大学联考联盟
那些曲折和反复的、从终点又绕回原点的改革项目（5 个）	1984	保送生制度
	2000	春季高考（现仅上海实行）
	1985	高考标准分记分办法
	2002	广西本专科分类考试
	2009	中学校长实名推荐制
那些指向未来的、还在尝试中的改革项目（5 个）	1993	自主招生制度
	2002	分省命题（实际上，1985 年上海是自主命题）
	2005	高职高专单独招考
	2006	复旦大学和上海交通大学实行的面试录取
	2007	新课程高考方案

（一）9 个我们至今享受成果的改革项目

1. 特殊专业（艺术类等）招生实行“统考+单考”模式

该模式于 1984 年开始实施。其中，“统考”即文化考试参加全国高等学校文史类统一考试，考试科目为政治、语文、外语、历史、地理、数学（数学做参考分）；“单考”即各艺术院校单独组织的专业测试。不过，根据《2009 年普通高等学校艺术类专业招生办法》，艺术类专业招生政策经调整后，基本形成了“文化统一高考+省级专业统考+院校专项测试”的三级考试录取模式。[①]

2. 高考标准化改革

1985 年，广东率先试行英语、数学两个科目的标准化考试；1986 年，广东、山东、辽宁、广西四省（自治区）联合试验标准化考试，1987 年，参与标准化考试的省（自治区、直辖市）增至 7 个，1988 年，参与标准化考试的省（自治区、直辖市）增至 16 个。根据 1988 年国家教委颁发的《普通高等学校招生全国统一考试标准化实施规划》，从 1991 年起，高考科目皆实行标准化考试。[②]通过标准化考试改革，高考实现了命题、评阅、考务管理、分数解释等的标准化操作，极大地增强了高考制度的科学性与可控性。

3. 招生并轨与自费上学和自主择业

1993 年，《中国教育改革和发展纲要》发布，该纲要提出要“改变全部按国家统一计划招生的体制，实行国家任务计划和调节性计划相结合”，“改革学生上大学由国家包下来的做法，逐步实行收费制度”，“改革高等毕业生‘统包统分’和‘包当干部’的就业制度，实行少数毕业生由国家安排就业，多数由学生‘自主择业’的就业制度”。1994 年，37 所重点院校试点招生收费并轨制。1997 年，全国高校招生并轨完成，实现了我国高校招生体制由国家“双包”（包上学、包分配）到“双自”（自费上学、自主择业）的转型，体现了高等教育的非义务性，适应了社会主义市场经济体制下的劳动人事需求。

---

① 教育部. 2009 年普通高等学校艺术类专业招生办法［EB/OL］.（2008-11-20）［2018-06-16］. http://gaokao.chsi.com.cn/gkxx/yszy/zc/200811/20081120/10255988-1.html.

② 郭鹏. 1985：高考标准化改革启幕［J］. 民生周刊，2017（11）：30-31.

4. 高考网上录取

为顺应科学技术和经济社会的发展要求，按照“学校负责，招办监督”[①]的录取工作体制，在天津、广西试点网上录取的基础上，1999 年，教育部决定“将计算机网上远程录取的试点工作扩展到天津、广西、北京、上海、重庆、辽宁、湖北、四川、云南 9 个省市区，涉及高等院校达 195 所”[②]。高考网上录取不仅有利于节约招生成本，还有利于减少人为因素的影响，更有利于进一步促进招生公平与公正。

5. 高校扩招

1998 年，《面向 21 世纪教育振兴行动计划》出台，该行动计划提出要扩大高校办学自主权，使更多的高中毕业生有接受高等教育的机会，按照招生增量主要用于地方发展高等职业教育的方针，适当扩大高校招生名额。1999 年，“全国普通高等学校本专科计划招生 130 万人，比 1998 年增加 22 万人，增长近 20%”[③]。2000—2012 年每年的录取人数分别为 180 万、260 万、320 万、382 万、420 万、504 万、530 万、567 万、599 万、629 万、657 万、675 万、685 万。而 2010 年我国高等教育毛入学率就已达到 26.5%，意味着我国的高等教育进入了大众化阶段。[④]然而，伴随录取人数的急剧增长，高等教育质量问题逐渐凸显。2012 年，《教育部关于全面提高高等教育质量的若干意见》发布，该意见指出，要“稳定规模，保持公办普通高校本科招生规模相对稳定”。至此，持续 13 年的高校扩招总体得到控制。

6.“3＋X”高考科目设置

为加强创新型人才培养，1998 年，教育部提出高考科目将实行“3＋X”方案，1999 年，该方案正式推行，到 2001 年，教育部经研究，同意天津、内蒙古、辽宁、黑龙江、上海、安徽、福建、河南、湖北、湖南、海南、四川、陕西

---

① 教育部高校学生司. 普通高校招生计算机网上录取工作试行办法［J］. 中国高校招生，2000（3）：14-15.

② 教育部. 1999 年教育大事记［EB/OL］.（2015-06-01）［2018-06-16］. http://old.moe.gov.cn/publicfiles/business/htmlfiles/moe/moe_163/200408/3460.html.

③ 教育部. 1999 年教育大事记［EB/OL］.（2015-06-01）［2018-06-16］. http://old.moe.gov.cn/publicfiles/business/htmlfiles/moe/moe_163/200408/3460.html.

④ 袁贵仁. 新时期我国教育改革发展的形势与任务［J］. 中国发展观察，2011（6）：4-10.

等 13 个省（自治区、直辖市）实行了该方案。其中，“3”是指语文、数学、外语三个必考科目；“X”是指根据考生意愿，自主从政治、历史、地理、物理、化学、生物六科中，任选高校确定的 1—2 个科目为选考或选考“综合考试”（文综、理综）。考生根据所报志愿学校的要求，决定考试科目，考试科目越多，可选报的志愿也越多。

7. 高考外语加试听力

1999 年，《教育部关于进一步深化普通高等学校招生考试制度改革的意见》发布，该意见提出在“3+X”科目设置方案中，英语要逐渐增加听力测试。教育部颁布的《2000 年普通高等学校招生工作规定》提出有条件的地方外语开始进行听力测试，到 2001 年基本实现了外语听力测试的普及化。此项改革极大地促进了中学外语教学的改革。

8. 取消考生年龄与婚姻限制

根据《2001 年普通高等学校招生工作规定》，凡遵守宪法和法律，身体健康，且具有高级中等教育毕业或具有同等学力的中国公民皆可报考，该规定取消了自高考建制以来对高考报名年龄与婚姻条件的限制，体现了考试人性化和终身教育的基本理念。

9. 高考时间的调整

自 1952 年统一高考制度建立，高考时间因各种原因历经多次调整变化。1952—1965 年，各地高考时间不尽相同；1966—1972 年，高考招生中断；1973 年，高考的笔试时间为 7 月 15—16 日，面试时间为 7 月 18—19 日，有的则在 7 月 27—28 日；1977 年，考试时间采取因地制宜的办法，主要有 12 月 6—8 日、12 月 11—12 日、12 月 17—18 日、12 月 20—22 日等；1978 年，高考时间为 7 月 20—23 日；1979—1982 年，高考时间为 7 月 7—9 日；1983 年，高考时间为 7 月 15—17 日；1984—2002 年，高考时间为 7 月 7—9 日；2003—2015 年，高考时间为 6 月 7—9 日；2016 年—2019 年，高考时间定为 6 月 7—8 日；2020 年比较特殊，受新冠肺炎疫情影响，高考延期一个月举行，时间定为 7 月 7—8 日（表 2-2）。将高考时间定在 6 月改变了高考“黑色七月”之说，体现了高考改革的人性化倾向。

表 2-2　高考建制以来统一考试时间调整表

高考年份	高考时间
1952	8 月 15—17 日
1953	8 月 20—22 日
1954	8 月 15—17 日
1955—1957	7 月 15—17 日
1958	7 月 18—20 日
1959—1960	7 月 20—23 日
1961—1964	7 月 15—17 日
1965	7 月 10—12 日
1973	7 月 15—16 日（笔试） 7 月 18—19 日（面试）
1977	12 月 6—8 日、11—12 日、17—18 日、20—22 日
1978	7 月 20—23 日
1979—1982	7 月 7—9 日
1983	7 月 15—17 日
1984—2002	7 月 7—9 日
2003—2015	6 月 7—9 日
2016—2019	6 月 7—8 日
2020 年	7 月 7—8 日（因新冠肺炎疫情临时调整）

（二）6 个消逝的成为历史与过程的改革项目

1. 文理分科的“6＋7”考试模式

根据《一九八一年高等学校招生工作的规定》，在 1980 年“6＋6”考试模式的基础上，理工农医类专业加考生物，因此演变为 1981 年的“6＋7”考试模式，即高考分两类考试科目：一类是文史类，考政治、语文、数学、历史、地理、外语 6 门；一类是理工农医类，考政治、语文、数学、物理、化学、生物、外语 7 门。其中，外语包含英、俄、日、法、德、西班牙 6 个语种，由考生任选其中一种。[①]该考试模式后被 1999 年推行的“3＋X”科目设置模式所取代，完成了高考科目过渡与探索的历史任务。

① 一九八一年高等学校招生工作的规定//杨学为. 高考文献・下（1977—1999）[G]. 北京：高等教育出版社，2003：138.

2. 高考预选制度

1977 年恢复高考后，黑龙江省率先试行了预选制度。1979 年的《关于一九七九年高等学校招生工作的意见》指出："考生较多的省（市、区），在全国统考前是否进行预选，可根据实际情况自行决定。"[①]1980 年的《一九八〇年高等学校招生工作的规定》则提出："考生多的省（市、区）应在统考前进行预选"[②]，当年全国有 7 个省（自治区、直辖市）实行了预选[③]。到 1986 年，《一九八六年普通高等学校招生规定》则指出："在全国统一考试之前是否预选，由省、自治区、直辖市决定。"[④]1987 年，高考预选制度被正式取消，这一举措较好地体现了尊重考生考试权和受教育权的进步性。

3."三南"方案

"三南"方案，即 1991 年海南、湖南、云南三省在会考基础上进行的高考科目改革方案。科目设置分为四组四科：一科目组考"语、外、史、政"；二科目组考"语、数、外、物"；三科目组考"数、外、化、生"；四科目组考"语、数、外、地"[⑤]。该方案虽有利于减轻学生负担，促进学生个性化发展，但由于其有针对性地删减了部分科目，增加了学生偏科的概率，不利于学生全面发展和推进素质教育。同时各科目组个性有余而共性不足，致使不同科目组之间竞争力度不一，且成绩缺乏可比性，不同学科间难以调剂。[⑥]

4. 高中毕业会考制度

会考制度最先于 1983 年在浙江省重点中学试点。1985 年，上海试行全市统一的会考制度，1986 年，《普通高等学校招生制度"七五"期间改革规划要点》发布，该规划要点提出了将会考与高考分开的设想。1988 年，国家教委批准上

---

① 教育部. 国务院批转教育部关于一九七九年高等学校招生工作的意见//杨学为. 高考文献・下（1977—1999）[G]. 北京：高等教育出版社，2003：113.

② 教育部. 一九八〇年高等学校招生工作的规定//杨学为. 高考文献·下（1977—1999）[G]. 北京：高等教育出版社，2003：127.

③ 边新灿. 新中国成立以来高校招生制度的演进及其内在逻辑（中篇）[J]. 考试研究，2019（2）：50-62.

④ 教育部. 一九八六年普通高等学校招生规定//杨学为. 高考文献・下（1977—1999）[G]. 北京：高等教育出版社，2003：242.

⑤ 胡甲刚. 建国以来高考科目改革历程［J］. 教学与管理，2003（28）：71-74.

⑥ 李木洲. 高考改革的历史反思［M］. 武汉：华中师范大学出版社，2016：109.

海和浙江为全国高中会考和高考改革试点省市。1989 年,《国家教委关于试行普通高中毕业会考制度的意见》发布，该意见提出力争 3 年内在全国试行会考制度的目标。1990 年,《国家教委关于在普通高中实行毕业会考制度的意见》发布，该意见认为“实行普通高中毕业会考制度，对于全面贯彻教育方针，落实高中教学计划，加强教学管理，克服文理偏科现象，全面提高教育质量具有重要作用”，并决定从 1990 年开始用 2 年时间在全国逐步实行普通高中毕业会考制度。1999 年,《中共中央国务院关于深化教育改革，全面推进素质教育的决定》发布，该决定提出采取多种形式改革高中阶段学校的招生办法，改革高中会考制度。2000 年,《关于普通高中毕业会考制度改革的意见》发布，该意见提出各省（自治区、直辖市）对普通高中会考改革具有统筹决策权。有些省（自治区、直辖市）开始停止会考。然而，2004 年以后，随着新一轮高中课程改革的实施，会考制度迎来了新的发展机遇。2008 年，“全国普通高中毕业会考工作协作会”更名为“全国普通高中学业水平考试工作协作会”。这意味着高中毕业会考已被高中学业水平考试全面取代，也标志着会考制度基本实现转制。[①]

5. 会考基础上的高考“3＋2”科目设置

1992 年，在“3＋1”方案的基础上，形成了高考“3＋2”科目设置方案，即将高考科目分为文、理两类，两类的必考科目为语文、数学、外语，文科类加试政治、历史；理科类加试物理、化学。此外，根据文、理科的特点，必考科目中的语文、数学在试题的内容方面有所不同。1994 年，除上海外，会考基础上的高考“3＋2”科目设置模式在全国推行。该方案兼顾考查学生的基本能力和减轻学生负担，但由于文、理分科，该方案仍存在偏科导向，且考试科目中取消了生物和地理，这不但不利于学生的综合素质培养，还引起了广大相关教师和专家的质疑。[②]

6. 大学联考联盟

大学联考源于 2001 年教育部决定实施高校自主招生试点。2005 年，北京化工大学、北京交通大学等 5 校实行了联考自主招生，被称为“北京五校联

---

① 李木洲. 高考改革的历史反思［M］. 武汉：华中师范大学出版社，2016：74-78.
② 李木洲. 高考改革的历史反思［M］. 武汉：华中师范大学出版社，2016：109.

盟”（又称“京都联盟”）。2009 年，北京理工大学、大连理工大学等 9 校实行了联考自主招生，被称为“卓越联盟”。2010 年，随着高校“掐尖”白热化，高校联盟迎来了大爆发，同年出现了“两大联盟”，即以北京大学为首的“北约”和以清华大学为首的“华约”。至此，大学联考出现“四大联盟”（表 2-3）。后因联考存在“成本与效益难成正比；冲击中学教学秩序，加重考生负担；招考条件严重趋同，特色不明；不利于弱势群体考生，入学机会不公平”①等问题，2014 年，国务院在其发布的《实施意见》中决定取消联考，大学联考联盟就此终结。

表 2-3　2011 年“四大联盟”联考情况简表

联盟	成　员	笔试科目		可报考校数/所	考试时间
		文科	理科		
“北约”	北京大学、北京航空航天大学、北京师范大学、南开大学、厦门大学、复旦大学、香港大学、中山大学、武汉大学、四川大学、山东大学、兰州大学、华中科技大学	语文、数学、外语、政治、历史	语文、数学、外语、物理、化学	3	2 月 20 日
“华约”	清华大学、上海交通大学、中国科学技术大学、西安交通大学、南京大学、中国人民大学、浙江大学	阅读与写作（含中文和英文），数学，人文与社会（历史、地理、政治）	阅读与写作（含中文和英文）、数学、自然科学（物理、化学）	2（初试成绩未达到所申请学校要求的，可向第 3 所学校申请）	2 月 19 日
卓越	北京理工大学、大连理工大学、东南大学、哈尔滨工业大学、华南理工大学、天津大学、同济大学、西北工业大学、重庆大学	阅读与写作（含语文和英语）、数学	阅读与写作（含语文、英语）、数学与物理	2	2 月 26 日
京都	北京化工大学、北京交通大学、北京科技大学、北京邮电大学、北京林业大学	（不分文理）语文、数学、英语及综合能力测试		1	2 月 20 日

资料来源：李木洲，刘海峰.大学联考何去何从［J］. 国家教育行政学院学报，2011（9）：51-54.

① 李木洲，刘海峰. 大学联考何去何从［J］. 国家教育行政学院学报，2011（9）：51-54.

（三）5 个历经曲折和反复的、从终点又绕回原点的改革项目

1. 保送生制度

该制度可追溯至 1958 年免试保送工农速成中学毕业生、工人、农民等直升高校的做法。1984 年，北京师范大学、山东矿业学院等冷门的行业性院校开始试点招收保送生，但以《关于 1999 年普通高等学校招收保送生工作的通知》的发布为标志，保送生制度开始出现重大转折，即要求对全部保送生进行综合能力测试。而以《教育部关于 2001 年普通高等学校招收保送生工作的通知》的发布为分水岭，保送生制度又可分为两个政策重点有明显差别的阶段。“从保送生规模来看，在前阶段保送生范围从农、林、师等冷门专业扩展到所有专业，招收人数多达 2.5 万人，占整个招生计划的 2%左右，但后阶段每年的规模在 6000 人至 8000 人左右，占招生计划的 1%左右；从保送标准来看，前一阶段试图回避统一高考‘死标准’的弊端，偏重于保送的‘软标准’，操作空间非常大，而后一阶段为了维护保送生政策的公平性，侧重于保送的‘硬条件’，政策的弹性空间很小，特别是 2006 年开始对保送生实行文化测试和相关考查制度，几乎使得原始意义的保送生政策荡然无存；从政策导向来看，前阶段重内容建设，不断丰富政策的适用范围，后阶段重政策意义建设，不断增强政策的公平性。”①

2. 春季高考

为打破统考制度“一锤定音”的不合理局面，同时也为考生增加更多的升学机会，2000 年，北京市、上海市、安徽省率先试行春季高考，2001 年，内蒙古自治区加入春季高考试点行列。然而，到 2004 年，北京市春季高考报考人数严重下滑，北京工业大学、北京工商大学等 8 所在京高校宣布退出春季招生，导致当年北京市计划春季高考招生人数缩减至 1500 人，实际录取 1012 人，仅有 2200 人报考。而 2005 年，北京市春季高考进一步“遇冷缩水”，更是出现报名人数少于计划数 76 人的情况。②因此，经教育部批准，北京市宣布自 2006 年取消春季高考。但实际上，内蒙古自治区和安徽省已分别于 2004 年和 2005 年先于北京市停止了春季高考。目前，仅有上海市继续实行春季高考。

---

① 李木洲，刘海峰. 多元分解：保送生制度改革之道［J］. 中国高教研究，2011（12）：19-21.

② 张苏辉. 北京春季高考：从“热闹登场”到“寂寞谢幕”［J］. 基础教育，2005（6）：23-25.

3. 高考标准分记分办法

1985 年，广东在试行高考标准化的同时，也试行了高考标准分记分办法，目的在于“克服原始分数的局限性，使考试分数更加科学、准确地反映考生水平”，“充分发挥高考既利于高校选拔新生，又利于中学教学的作用”①。1994 年，海南、河南、云南等 7 个省（自治区、直辖市）采用高考标准化记分办法。然而，“实行标准分录取的办法是分数制度改革的一场‘革命’……它将冲击人们长期以来形成的习惯和认识”②，加之操作过于复杂，致使后期推广甚为艰难。到 2007 年，最先实行高考标准分记分办法的广东，也宣布回归使用原始分记分办法。目前，仅有海南省继续实行高考标准化记分办法。

4. 广西本专科分类考试

2002 年，广西试行本专科分类考试，即把普通高等院校本科统考与专科统考彻底分离，先考本科后考专科。本科统考由教育部命题，考试时间与全国统考同步。专科统考由自治区组织命题与考试，时间为 9 月的 1—4 日。考试科目设置为“3＋X”，“X”由高校依据专业特点指定，再由考生根据意愿选考。③然而，“本专科分类考试，不但增加了招生考试部门、学校的工作难度，还增加了考生的考试负担”④，同时也引起了社会的广泛质疑。2003 年，该制度做出调整，即调回到改革前的本专科统考必考科目采取同题同时考试，且与选考科目时间相连，只保留广西单独命制专科统考的“X”科目命题和本专科分开计分。2004 年，虽坚持本专科招生分开考试，但实际实行的却是所有科目同题同时考试，计分科目也相同，基本回到了改革原点。2005 年，本专科分类考试完全重归合一，使用同一分数录取。⑤至此，广西本专科分类考试宣告结束。⑥

---

① 国家教委办公厅. 国家教委办公厅关于颁发《普通高等学校招生全国统一考试建立标准分数制度实施方案》的通知［EB/OL］.（1994-04-18）［2018-06-16］. http://www.chinalawedu.com/falvfagui/fg22598/34504.shtml.

② 蓝岂凡. 谈高考标准分［J］. 西藏民族学院学报（哲学社会科学版），1995 年（S1）：80-88.

③ 广西自治区人民政府. 广西自治区人民政府批转自治区招生考试委员会教育厅关于 2002 年普通高等学校普通中等专业学校招生工作意见的通知［EB/OL］.（2002-06-08）［2018-05-01］. http://www.110.com/fagui/law_232392.html.

④ 甘冰. 广西今年二次高考有调整［N］. 中国青年报，2003-01-10（5）.

⑤ 韦新娜. 教育部拟分开本专科考试. 广西：尚无大改革动向［N］. 南宁晚报，2010-03-16.

⑥ 李木洲. 因材“施考”与“施教”：分类考试的精神内涵［J］. 大学教育科学，2014（3）：9-11.

5. 中学校长实名推荐制

2009 年，北京大学试行该制度，即在面向社会公示的前提下，由北京大学认定的重点中学的校长实名向北京大学推荐优秀学生。最初在全国 13 个省（自治区、直辖市）的 39 所中学试点，2011 年起开始在全国范围内推行。[①]此后，陆续有其他高校推出类似的自主招生政策。例如，2012 年，复旦大学推出的“望道计划”，该计划的招生类型包括“直推生”“推优生”两种，这两种学生皆先由具备推荐资格的中学推荐；2013 年，清华大学推出“领军计划”，即先由具备推荐资格的中学推荐，再采取先面试后体质测试的形式对推荐对象进行考察，获得“领军计划”认定的学生将享受较大的入学优惠政策。然而，该项制度引起了较大的争议。刘道玉先生就曾批评道：“中学校长推荐制，不仅没有成效，反而导致大学和各高中之间的不公。”[②]因此，北京大学的“中学校长实名推荐制”逐渐演化为“博雅人才培养计划”，“取消了推荐学校限制和推荐名额，扩大了选拔范围，学生自愿报名，由北大本科招生专家委员会组织专家对申请材料进行评审，强调了对农村地区中学和农村户籍考生的政策倾斜，还将招生融入了人才培养体系”[③]。由此，中学校长实名推荐制不复存在。

（四）5 个指向未来的、还在尝试中的改革项目

1. 自主招生制度

1993 年，上海工业大学等 7 所高校率先尝试自主招收自费生。2001 年，教育部批准东南大学、南京航空航天大学、南京理工大学试行自主招生改革。2003 年，教育部选取北京大学、清华大学等 22 所国家重点大学，要求各大学拿出 5%的招生名额，按照报考条件、招生办法、录取结果“三公开”原则，进行自主招生改革试点。据教育部统计，2004 年，自主招生院校增至 28 所，2005 年，实行自主招生的院校数为 42 所，2006 年实行自主招生的院校数为 53 所，2012 年实行自主招生的院校数为 90 所，直到 2018 年，实行自主招生的院校数未再增加（表 2-4）。2004—2018 年，自主招生规模突破了只能占年度招生计划总数 5%的

---

① 秦春华. 北京大学“中学校长实名推荐制”的由来与意义［J］. 中国考试，2017（4）：14-17.

② 刘道玉. 恢复高考 40 年：回顾与展望［J］. 同舟共济，2017（8）：24-26.

③ 熊丙奇.“校长实名推荐制”为何夭折？［EB/OL］.（2015-03-18）［2018-06-18］. http://www.sohu.com/a/6705995_116842.

限制，考生多、质量好的高校可增至10%甚至更多。自主招生模式除“自主+高考”外，还增加了复旦大学、上海交通大学实行的完全自主的“去高考”模式，浙江的“三位一体”①综合评价录取模式，以及北京、上海9所高职高专的不同考试选拔模式等②；试点范围由重点大学扩大到一般本科和高职院校③。

表2-4　2018年自主招生试点高校名单

<table>
<tr><th>项目</th><th>地区</th><th>校名</th><th>校数/所</th></tr>
<tr><td rowspan="16">面向全国自主招生的院校</td><td>北京</td><td>北京大学、北京大学医学部、清华大学、中国人民大学、北京交通大学、北京航空航天大学、北京理工大学、北京科技大学、北京化工大学、北京邮电大学、北京林业大学、北京中医药大学、北京师范大学、北京语言大学、中国政法大学、中央财经大学、中国传媒大学、华北电力大学、对外经济贸易大学、中国石油大学（北京）</td><td>20</td></tr>
<tr><td>上海</td><td>复旦大学、同济大学、上海交通大学、华东理工大学、东华大学、华东师范大学、上海外国语大学、上海财经大学</td><td>8</td></tr>
<tr><td>天津</td><td>南开大学、天津大学</td><td>2</td></tr>
<tr><td>长春</td><td>吉林大学、东北师范大学</td><td>2</td></tr>
<tr><td>辽宁</td><td>东北大学、大连海事大学、大连理工大学</td><td>3</td></tr>
<tr><td>哈尔滨</td><td>哈尔滨工业大学、哈尔滨工程大学</td><td>2</td></tr>
<tr><td>江苏</td><td>东南大学、南京航空航天大学、南京理工大学、南京大学、河海大学、江南大学、南京农业大学、中国药科大学、中国矿业大学、苏州大学</td><td>10</td></tr>
<tr><td>合肥</td><td>中国科学技术大学、合肥工业大学</td><td>2</td></tr>
<tr><td>福建</td><td>厦门大学</td><td>1</td></tr>
<tr><td>浙江</td><td>浙江大学</td><td>1</td></tr>
<tr><td>山东</td><td>山东大学、中国海洋大学、中国石油大学（华东）</td><td>3</td></tr>
<tr><td>武汉</td><td>武汉大学、华中科技大学、华中农业大学、中国地质大学（武汉）、武汉理工大学、华中师范大学、中南财经政法大学</td><td>7</td></tr>
<tr><td>长沙</td><td>湖南大学、中南大学</td><td>2</td></tr>
<tr><td>广州</td><td>中山大学、华南理工大学</td><td>2</td></tr>
<tr><td>重庆</td><td>重庆大学、西南大学</td><td>2</td></tr>
</table>

① “三位一体”是指将考生的统一高考成绩、高中学业水平测试成绩、综合素质评价成绩按一定比例折算成综合成绩。

② 张亚群. 北大清华自主招生考试改革透视［J］. 考试研究，2007（1）：15-27.

③ 郑若玲. 自主招生改革何去何从［J］. 华中师范大学学报（人文社会科学版），2007（4）：135-142.

续表

项目	地区	校名	校数/所
面向全国自主招生的院校	成都	四川大学、西南交通大学、电子科技大学、西南财经大学	4
	西安	西安交通大学、西安电子科技大学、长安大学、西北农林科技大学、西北工业大学	5
	兰州	兰州大学	1
仅在本省自主招生的院校	贵州等	贵州大学、郑州大学、黑龙江大学、北京工业大学、南京师范大学、广西大学、福州大学、四川农业大学、西北大学、湖南师范大学、上海大学、西南政法大学、云南大学	13

资料来源：教育部阳光高考平台.2018 年自主招生报名审核通过名单公示［EB/OL］.（2018-08-14）［2018-09-15］. http://gaokao.chsi.com.cn/zzbm/mdgs/orgs.action?lx=1.

2. 分省命题

1985 年，上海市率先试行以高中毕业会考为基础的“3+1”高考科目设置改革，成为全国首个实施高考自主命题的地区。2002 年，北京市获批实行自主命题。2003 年，教育部决定大力推行分省命题。此后，天津、辽宁、江苏、浙江、福建、湖北、湖南、广东、重庆、山东、安徽、江西、四川、陕西 14 省（直辖市）陆续加入自主命题行列。到 2006 年，分省命题的省（自治区、直辖市）达到 16 个（不含港澳台地区），涉及的考生占全国考生的 65%左右。之后，未再增加自主命题省份。然而，2014 年，为确保并提高全国高考命题质量，《实施意见》提出，“2015 年起增加使用全国统一命题试卷的省份”[①]。2015 年和 2016 年分别有 3 个和 7 个省（自治区、直辖市）重回高考统一命题行列。2018 年，只有江苏、浙江、海南、上海、天津、北京 6 省（直辖市）继续实行分省命题（表 2-5）。当然，“允许回归统一命题，并不意味着对分省命题的否定甚至终结，更不意味着未来全国将再次进入‘一卷试天下’的时代”[②]。可以说，高考分省命题仍处于试验探索阶段。

① 国务院法制办公室. 中华人民共和国法规汇编. 2014. 第 29 卷［G］. 北京：中国法制出版社，2015：100.

② 李木洲. 高考命题的“统分”纠结［N］. 大众日报，2015-04-08（6）.

表 2-5　2018 年各省（自治区、直辖市）高考试卷采用情况

命题类型		省（自治区、直辖市）
分省命题		江苏、浙江、北京、天津、上海、海南
全国统一命题	新课标全国卷Ⅰ卷	福建、河南、河北、山西、江西、湖北、湖南、广东、安徽、山东
	新课标全国卷Ⅱ卷	甘肃、青海、内蒙古、黑龙江、吉林、辽宁、宁夏、新疆、西藏、陕西、重庆、海南
	新课标全国卷Ⅲ卷	云南、广西、贵州、四川

注：海南省采取了统考命题与自主命题相结合的办法，统考卷选用新课标全国卷Ⅱ卷，统考科目为语文、数学、英语；自主命题科目为政治、地理、历史、生物、化学、物理。

3. 高职高专单独招考

长期以来实行的统考招生模式，忽视了高职院校的应用性、技能性等办学特色，高职院校的录取批次也与专科平行或排在专科之后，导致众多高职院校存在生源少、质量差等问题，这样的情况不利于高职院校的发展和国家技能型人才的培养。2005 年，上海市按照教育部提出的“高端多元，中端稳定，末端放开”的高校招生制度改革思路，率先在上海杉达学院、上海建桥学院、上海新侨职业技术学院 3 所民办高职院校实行自主招生改革试点。2006 年，教育部、财政部在启动“国家示范性高等职业院校建设计划”时，要求各地鼓励开展高职高专单独招生试点，以保证生源质量。至 2011 年，已有 200 所高职院校被列入“国家示范性高等职业院校建设计划”的示范和骨干高职院校立项建设单位，这些高职院校基本上都获得了自主招生的资格。[1]目前，单独招考已成为高职高专院校招生的六大渠道[2]之一，但该制度仍处于探索优化阶段。

4. 面试录取

2006 年，复旦大学、上海交通大学在秋季招生中开始实行面试录取，即依据高考成绩，按招生计划的 1.5 倍选取考生进入面试范围，最终成绩由高考成绩（占 60%）、面试成绩（占 30%）和高中学业水平测试成绩（占 10%）综合构成，

① 教育部办公厅关于 2011 年部分高等职业院校开展单独招生改革试点工作的通知［EB/OL］.（2011-04-18）［2019-05-14］. http://www.gdzsxx.com/news/zhengce/201104/2255.html.

② 李木洲. 高考改革的历史反思［M］. 武汉：华中师范大学出版社，2016：187-191.

再依据招生计划择优录取。[①]复旦大学的具体办法是："面试采取专家与考生多轮一对一面试模式。面试专家将在考虑性别、专业等因素的基础上每天随机分组，每组包含文、理、医各领域共 5 名专家；考生按高考平均成绩组间无差异原则，每 10 人随机分组；面试当日专家与考生各类通讯方式全部屏蔽；专家组与考生组临场抽签配对；专家与考生一对一面试，每轮面试时间 15 分钟，共计 75 分钟；面试结束后每位专家独立评判打分，对每位考生排序，然后合计每位考生的面试成绩。如一组实际面试考生不足 10 人，按线性映射折算。"[②]到 2018 年，同济大学、中山大学、扬州大学等高校也先后采用了面试录取的办法。

5. 新课程高考方案

随着高中新课程改革的推进，2007 年，山东、宁夏、广东、海南 4 省（自治区）实施了新课程高考方案，其共同特点包括："①统一考试科目的设置都以'语+数+外+文科综合/理科综合'为主体；②统一考试内容都包含必修与选修两个部分；③都将普通高中学业水平考试和学生综合素质评价作为高校招生录取的依据或参照标准之一。"[③]2008 年之后，江苏、海南、浙江、安徽、北京、陕西等省（直辖市）先后实施新课程高考方案，也都将普通高中学业水平考试和学生综合素质评价纳入高校招生录取体系。例如，安徽省的学生综合素质评价包括"公民道德素养、学习态度与能力、实践与创新、交流与合作、运动与健康、审美与表现等 6 个方面，并以学生主要行为表现的实证材料为依据，综合评价结果及其实证材料进入考生档案，供高校录取参考"[④]。到 2015 年，全国 31 个省（自治区、直辖市）（不含港澳台地区）全部进入新课程高考方案阶段（表 2-6）。新课程高考方案不仅实现了新课程教学目标与考试评价目标的一致，也实现了高考考查由单一考试向综合评价的重大转变，有利于促进素质教育、高校人才选拔，以及扩大高校招生自主权。

---

① 肖娟群. 复旦大学. 上海交通大学自主招考改革之评论综述［J］. 湖北招生考试，2006（16）：19-22.

② 复旦大学招生办公室. 复旦大学 2017 年上海市综合评价录取改革试点招生简章［EB/OL］.（2017-04-28）［2019-11-04］. http://gaokao.chsi.com.cn/gkxx/yxzs/201704/20170428/1599990241.html.

③ 李木洲. 高考改革的历史反思［M］. 武汉：华中师范大学出版社，2016：84.

④ 李铮. 实施高中新课程省份高考改革方案比较［EB/OL］.（2009-09-11）［2018-05-04］. http://gaokao.chsi.com.cn/gkxx/ss/200909/20090911/32476549-1.html.

表 2-6 全国各省（自治区、直辖市）（不含港澳台地区）进入新课程高考方案时间

批次	省（自治区、直辖市）	新课改年份	新课改高考年份
第一批	山东、宁夏、广东、海南	2004	2007
第二批	江苏	2005	2008
第三批	浙江、安徽、辽宁、福建、天津	2006	2009
第四批	北京、陕西、湖南、黑龙江、吉林	2007	2010
第五批	山西、江西、河南、新疆	2008	2011
第六批	河北、湖北、云南、内蒙古	2009	2012
第七批	四川、甘肃、贵州、重庆、西藏、青海	2010	2013
第八批	广西	2012	2015

注：上海虽于自 1988 年率先进行第一期新课改试验，但实施新课程高考是在 2009 年。
资料来源：李木洲. 高考改革的历史反思［M］. 武汉：华中师范大学出版社，2016：84.

此外，自 20 世纪 80 年代以来，高考体检制度、少数民族招生政策、艰苦行业招生政策、烈士子女入学政策、港澳台及华侨招生政策、招生名额分配、加分政策、录取体制、高考法治建设、防作弊技术、安全保障，以及信息公开制度等也都得到了改革与完善或建立与健全。综观 1988—2018 年的高考制度变革与创新，尽管仍有很多项目处于改革探索之中，但从制度的现代性或现代化发展角度来看，高考制度各子制度、各环节均已发生了趋于质性的变化，主要体现在八个方面。①高考形式实现了由单一化到多样化的转变，除统一高考外，还存在高中学业水平考试、高校自主招生考试等多种形式。②高考录取渠道实现了由一元化到多元化的转变，除统考之外，还增加了免试、保送、破格、定向、推荐、自主招考等多种渠道。③高考实现了由经验化运作到标准化运作的转变，包括考试评价标准化、考务管理标准化和考试组织标准化等。④高考技术实现了由人工化到信息化的转变，包括网上报名、阅卷、公示、录取，以及高考信息的大数据处理等。⑤高考管理实现了由行政化管理到法治化管理的转变，教育部出台了专门的《国家教育考试违规处理办法》，且重大高考舞弊行为还被列入刑法，这些举措较大地提高了高考的法治化水平。⑥高考实现了由工具化向人性化的转变，包括高考时间的调整、志愿的填报、选择性的增强、年龄与婚姻限制的取消等，都打破了绝对工具化的局限，开始注重和尊重人性、人权等。⑦高考实现了由基本公平

向相对高度公平的跃升，包括注重考试公平与区域公平的平衡、在效率与公平之间确立了公平优先的改革原则等。⑧高考理念实现了由知识化向能力化的转变，改变了传统高考多注重“双基”的考查，开始从考试命题到综合评价皆侧重能力考查的新取向。

总之，通过 20 世纪 80 年代到 21 世纪头 10 年的频密变革，高考制度的多样化、多元化、信息化、标准化、法治化、人性化、科学化、公平化等现代性得到了极大增强与扩展，高考制度从设计到实施皆已实现了由简单（初级）现代化向基本（中级）现代化的整体转变，这些转变适应了社会主义初级阶段政治、经济、文化、科技、教育等全面改革发展的基本需要，具有社会主义初级阶段的显著特征。譬如，高考制度的多样化与多元化的不确定性、信息化与标准化的不发达性、法治化与人性化的不充分性、自主化与选择化的探索性、科学化与公平化的相对性等，尚有待通过更大的变革或转型来实现高考制度的高度现代化。

三、高考制度现代化的大转型

经过改革开放后的持续快速发展，我国于 2010 年成为世界第二大经济体，而随着国家综合实力的增强，与之相匹配的人才支撑体系遂成为国家关注的焦点。在“十一五”计划的结束之年，国务院发布了《教育规划纲要（2010—2020 年）》，不仅明确了新高考改革的核心目标，而且描绘了未来高考制度的基本蓝图。2011 年，国务院发布的《中华人民共和国国民经济和社会发展第十二个五年规划纲要》再次确定了《教育规划纲要（2010—2020 年）》提出的高考制度改革目标，即“改进考试招生办法，逐步形成分类考试、综合评价、多元录取的制度”。教育系统的核心枢纽——高考制度的改革，是我国将巨大的人口压力转化为人力资源优势的关键所在，也是深入实施科教兴国战略与人才强国战略的关键所在。而要实现这一宏伟目标，新高考改革势在必行。

2013 年，《中共中央关于全面深化改革若干重大问题的决定》对考试招生制度改革又做出明确要求，即“探索招生和考试相对分离、学生考试多次选择、学校依法自主招生、专业机构组织实施、政府宏观管理、社会参与监督的运行机制，从根本上解决一考定终身的弊端”，“推行初高中学业水平考试和综合素质评价。加快推进职业院校分类招考或注册入学。逐步推行普通高校基于统一高考和高中学业水平考试成绩的综合评价多元录取机制。探索全国统考减少科目、不分文理科、外语等科目社会化考试一年多考”。至此，高考制度在国家层面获得了顶层设计的确认。

基于《教育规划纲要（2010—2020 年）》《决定》中关于考试招生制度改革的主要目标与推进要求，2014 年，国务院在其出台的《实施意见》中指出，高考制度经过改革开放后的频密改革，虽“总体上符合国情，权威性、公平性社会认可”，但仍存在“唯分数论影响学生全面发展，一考定终身使学生学习负担过重，区域、城乡入学机会存在差距，中小学择校现象较为突出，加分造假、违规招生现象时有发生”等严重问题。针对这些问题，《实施意见》对新高考改革做了详细部署，明确了新高考改革的改革任务、具体举措及实施步骤，意味着高考制度将实现重大转型。

制度转型是制度变迁的重要方式，也是制度实现现代化跃升的根本途径。新高考改革旨在推动高考制度转型，进而实现高考制度的现代化跃升。所谓“制度转型是组织形式、正式规则、非正式规则、机制、体制根本性的变革”[①]，它涉及制度的根本性变化。在制度转型过程中，“没有制度创新，就构不成制度转型”[②]。因此，在本质上，制度转型就是新制度取代旧制度的过程。从新高考改革的目标、内容、价值、指向、广度、深度等来看，其都包含着制度转型的浓厚意蕴，因为它是对过去高考制度的一种全面超越与创新。

（一）改革目标的超越与创新

从高考制度改革的目标设定来看，1993 年的《中国教育改革和发展纲要》和 1996 年的《全国教育事业“九五”计划和 2010 年发展规划》较为一致，即“改革和完善……高中毕业会考和高考制度，减轻学生过重的学习负担”。但对要建成一个怎样的高考制度并没有形成明确的意见，或者说对高考制度的功能与设计尚处于探索、试验和酝酿之中，是对高考制度的“修修补补”。而 2010 年的《教育规划纲要（2010—2020 年）》、2013 年的《决定》和 2014 年的《实施意

---

① 彭华. 制度转型的成本分析——以湖北乡镇事业单位改革为分析对象［D］. 华中师范大学，2010：17.

② 郭小聪. 制度转型与创新过程中的三大约束［J］. 中山大学学报（社会科学版），2005（4）：83-87，141-142.

见》，则在高考制度的设计与功能方面要求保持了高度一致，对于建成一个怎样的高考制度做了明确回答，在根本上是对高考制度结构与功能的“全新设计”，即“建立中国特色现代教育考试招生制度，形成分类考试、综合评价、多元录取的考试招生模式，健全促进公平、科学选才、监督有力的体制机制，构建衔接沟通各级各类教育、认可多种学习成果的终身学习‘立交桥’”①。因此，新高考改革的目标是在过去几十年不断改革探索的过程中逐渐明确的，它实现了阶段性的跨越和超越。

（二）改革内容的超越与创新

如果说，2010 年之前的高考制度改革是“摸着石头过河”，其改革内容的设定以散点式为主，侧重于逐项或局部推进改革，具有较强的探索性、移植性与尝试性特征。那么，2010 年以后的高考制度改革则是“盯着石头过河”，其改革内容的设定实现了由点到面的转变，旨在通过系统而全面的改革构建全新的高考制度体系，具有极强的目的性、实践性与全局性特征。从《实施意见》来看，新高考改革包括招生计划分配方式、考试形式与内容、招生录取机制、监督管理机制、综合改革试点等 5 大改革板块，涉及招生公平、分类考试、综合评价、多元录取等 17 个具体项目的改革（表 2-7）。这些改革项目不仅涉及高考制度的方方面面，而且直接回应了社会关切的高考热点与难点问题，是一次“在促进教育公平和科学选拔人才两个方面都力图取得平衡”②的改革。它打破了以往高考制度改革集中于某一或某些子制度的探索与试验，转而开始全面统筹、系统构建，是一个旧制度的演化与新制度的创建过程，也是一个旨在促进制度转型的过程。

表 2-7　新高考改革实施项目

改革板块	改革项目
招生计划分配方式	①提高中西部地区和人口大省高考录取率 ②增加农村学生上重点高校人数 ③完善中小学招生办法，破解择校难题

① 国务院. 国务院关于深化考试招生制度改革的实施意见［EB/OL］.（2014-09-04）［2018-06-20］. http://www.gov.cn/zhengce/content/2014-09/04/content_9065.htm.

② 刘海峰，李木洲. 兼顾公平与科学的高考改革［J］. 中国考试，2015（9）：3-9.

续表

改革板块	改革项目
考试形式和内容	①完善高中学业水平考试 ②规范高中学生综合素质评价 ③加快推进高职院校分类考试 ④深化高考考试内容改革
招生录取机制	①减少和规范考试加分 ②完善和规范自主招生 ③完善高校招生选拔机制 ④改进录取方式 ⑤拓宽社会成员终身学习通道
监督管理机制	①加强信息公开 ②加强制度保障 ③加大违规查处力度
综合改革试点	①考试科目设置（上海："3+3" 综合素质评价） ②多元录取机制（浙江："三位一体" 综合评价录取模式）

（三）改革价值的超越与创新

从高考建制以来的改革动因或取向来看，高考改革的基本价值大致历经了三个阶段：①追求考试效率的效用阶段（1952—1966 年）；②注重考试科学的完善阶段（1977—2009 年）；③回归考试本真（以考促教）的理性阶段（2010 年至今）。[①]新高考改革正是旨在本真回归的一次重大改革，《实施意见》提出四大改革原则，即坚持育人为本，遵循教育规律；着力完善规则，确保公平公正；体现科学高效，提高选拔水平；加强统筹谋划，积极稳妥推进。这四大原则改变了过去改革"头痛医头，脚痛医脚"的应对性或工具理性原则，如过分注重减轻学生考试压力和学业压力的改革或过分偏重考试的科学化或公平性的改革等。一言以蔽之，新高考改革的基本价值归结到一点，就是本真回归，即切实促进教育发展和人的发展。

（四）改革指向的超越与创新

任何改革的指向都随着时代的变迁而变化。自改革开放以来，随着国家综

① 李木洲，张悦. 高考文理不分的历史逻辑与现实意蕴［J］. 湖北大学学报（哲学社会科学版），2017（4）：104-110.

合实力与国际竞争力的显著增强，国内的主要矛盾也悄然发生新的变化，国家的发展战略与现代化节奏也在不断调整。面对新形势、新任务，《中共中央关于全面深化改革若干重大问题的决定》提出要“全面建成小康社会，进而建成富强民主文明和谐的社会现代化国家、实现中华民族伟大复兴的中国梦”。《实施意见》也明确指出，要“坚持立德树人，适应经济社会发展对多样化高素质人才的需要，从有利于促进学生健康发展、科学选拔各类人才和维护社会公平出发，认真总结经验，突出问题导向，深化考试招生制度改革，为办好人民满意的教育、建设人力资源强国提供有力保障，为实现‘两个一百年’奋斗目标和中华民族伟大复兴的中国梦提供强有力的人才支撑”。可见，新高考改革的指向不再是以前单纯地面向教育问题或者教育现代化，而是直接面向“两个一百年”奋斗目标和中华民族伟大复兴的中国梦，这意味着高考制度改革指向在使命、任务、高度、层次上实现了对过去的全面超越。

（五）改革广度的超越与创新

改革广度是改革横向发展的一个重要维度，是改革系统性与全面性的综合体现。新高考改革强调对高考制度系统的整体提升与优化。从《实施意见》中的主要任务与措施来看，新高考改革几乎囊括了高考制度的整个运行系统，对高考测试环节的改革包括高考命题形式的统分调整、高考内容的优化、考试科目的设置、综合素质评价的实施、高中学业水平测试科目的设置与等级赋分的设计等；对招生计划环节的改革包括中西部地区、人口大省的录取率调控及农村学生上重点高校的招生计划分配调整等；对录取环节的改革包括考试加分政策的规范、“三位一体”录取机制的试点、高校自主招生办法的改进、高考志愿填报方式的优化，以及不同类型高校录取新通道的创新等；对管理保障环节的改革包括组织领导、信息公开、考试安全及违规查处等多个方面。此外，在高考制度的两端，基础教育方面有“完善中小学招生和随迁子女就学与升学考试”的配套改革；在高等教育方面有致力于“社会成员终身学习通道”的改革。因此，纵观高考建制以来的历次改革，皆难以企及新高考改革之广度，其改革的系统性、协调性、统筹性也远非过去改革所能企及。

（六）改革深度的超越与创新

改革深度是改革纵向发展的一个重要维度，是改革充分性与彻底性的综合体现。高考自恢复以来，历经大小数十次改革，早已进入改革的“关键区”“深水区”“转折区”，达到了由量变到质变的临界点。新高考改革正是旨在突破这个临界点，即构建分类考试、综合评价、多元录取的高考制度体系。

关于分类考试的推进。与 2002 年的广西本专科分类考试相比，新一轮分类考试的实施不仅内外部环境不同，而且分类考试的设计也不同。尤其是自改革开放以来，“随着社会结构和高等教育结构的高度分化，社会分工与高等教育从内外部两方面都客观地对人才的选拔、评价提出了精细化、个性化及多元化的要求。而根据多元智能理论和人本主义教育观，理论上也确应为考生的成才构建多元化考试、评价及培养机制”[①]。基于理论与现实的合理诉求，《教育规划纲要（2010—2020 年）》提出，“普通高等学校本科入学考试由全国统一组织；高等职业教育入学考试由各省、自治区、直辖市组织”。《实施意见》确定“加快推进高职院校分类考试”，采取“高职院校考试招生与普通高校相对分开，实行‘文化素质+职业技能’评价方式。中职学校毕业生报考高职院校，参加文化基础与职业技能相结合的测试。普通高中毕业生报考高职院校，参加职业适应性测试，文化素质成绩使用高中学业水平考试成绩，参考综合素质评价。学生也可参加统一高考进入高职院校”。“2015 年通过分类考试录取的学生占高职院校招生总数的一半左右。”到 2017 年，分类考试已成为高职院校招生的主渠道。

关于综合评价的实施。1999 年，《中共中央国务院关于深化教育改革，全面推进素质教育的决定》发布，该决定提出，要加快改革招生考试和评价制度，改变“一次考试定终身”的状况。但直到 2007 年首批新课程高考方案的出台，才将综合素质评价作为高校招生录取的参考依据之一，才实现了综合素质评价与高考录取的“软挂钩”，不过，其仍难以发挥促进学生全面发展与素质教育的引导作用。新高考改革推动了综合素质评价与高考录取的“硬挂钩”。《实施意见》指出，综合素质评价是高中学生毕业和升学的重要参考，要“建立规范的学生综合素质档案，客观记录学生成长过程中的突出表现，注重社会责任感、创新精神和

---

① 李木洲. 因材“施考”与“施教”：分类考试的精神内涵［J］. 大学教育科学，2014（3）：9-11.

实践能力，主要包括学生思想品德、学业水平、身心健康、兴趣特长、社会实践等内容。严格程序，强化监督，确保公开透明，保证内容真实准确”[①]。2017年，“北京大学、清华大学、浙江大学等多所高校在浙江实行‘三位一体’招生试验。如浙江大学的录取规定，高考成绩占 80%、学校综合测试成绩占 10%、高中学业水平考试成绩占 10%，综合后的满分为 100 分”[②]。因此，新高考改革改变了综合素质评价的参考性地位，实现了“由虚到实”的转变。

关于多元录取机制的完善。多元录取一直是我国高校招生的一个基本特征，只是长期以来艺体类、保送生等录取渠道总体所涉人数不多，分流功能不大显著而已。《教育规划纲要（2010—2020 年）》对多元录取机构提出了基本构想，即“普通高等学校本科招生以统一入学考试为基本方式，结合学业水平考试和综合素质评价，择优录取；对特长显著、符合学校培养要求的，依据面试或者测试结果自主录取；高中阶段全面发展、表现优异的，推荐录取；符合条件、自愿到国家需要的行业、地区就业的，签订协议实行定向录取；对在实践岗位上作出突出贡献或具有特殊才能的人才，建立专门程序，破格录取”。《实施意见》则明确了多元录取机制的改革举措，即“探索基于统一高考和高中学业水平考试成绩、参考综合素质评价的多元录取机制。高校要根据自身办学定位和专业培养目标，研究提出对考生高中学业水平考试科目报考要求和综合素质评价使用办法”。由此，“意味着我国大学招生将进入个性化时代，即打破传统的依据高校办学层次由高到低分批次招录的旧局面，形成以学校办学特色、优势学科、强势专业为引力导向的‘一校一方案’招生新局面，避免高校‘一俊遮百丑’，用整体相对高水平掩盖部分相对低水平专业人才培养的不合理状态，以实现人才与专业的高度匹配，而非人才与院校的一般匹配”[③]。多元录取机制改革的突破性进展，对构建适应并服务于新时代国家现代化建设的人才选拔培养系统具有重要意义。

关于科目设置的试点。为探索更加合理的高考科目设置，在上海试点“3＋

① 国务院. 国务院关于深化考试招生制度改革的实施意见［EB/OL］.（2014-09-04）［2018-06-20］. http://www.gov.cn/zhengce/content/2014-09/04/content_9065.htm.

② 李木洲. 高考内容与形式改革：规律、困境与趋向［J］. 华南师范大学学报（社会科学版），2017（5）：59-61.

③ 李木洲. 大学是时候研制个性化招生方案了［N］. 中国教育报，2014-04-21（6）.

3"科目设置方案，即考生总成绩由统一高考的语文、数学、外语 3 个科目成绩和高中学业水平考试 3 个科目成绩组成。试点科目设置再次回到了"不分文理"的历史原点，即高考建制后科目设置先后历经了由"不分—两分—三分—两分—不分"的过程（表 2-8）。当然，它并非简单的历史回归，而是"复杂的政治变革、社会变化、文化变迁、教育发展甚至是制度尝试与制度学习的综合产物"，它"既符合世界大学入学考试科目设置的基本范式，也符合拔尖创新人才培养的基本规律，是基于时代变迁对人才选拔培养目标变化的适应性回归"[①]。从不同视角来看，高考不分文理科具有多重现实意蕴：①有利于引导基础教育改革，推动素质教育发展；②有利于完善人才选拔机制，促进创新型人才培养；③有利于健全高考选才功能，推进高考制度现代化；④有利于建立平等知识观，转变人才培养理念。[②]

表 2-8 高考科目设置的历史演进

年份	考试科类	考试科目设置
1952	统一科目	政治常识、国文、外国语（俄语或英语）、中外史地、数学、物理、化学、生物
1954	理工农林卫生类、文史政法财经体育艺术类	文史政法财经体育艺术类除财经应加试数学外，其余考本国语文、政治常识、历史、地理、外国语；理工农林卫生类考试科目有本国语文、政治常识、数学、物理、化学、生物、外国语
1956	理工类、农林医类、文史政法类	理工类考本国语文、政治常识、数学、物理、化学；农林医类考本国语文、政治常识、达尔文主义基础、物理、化学；文史政法类考本国语文、政治常识、历史、地理
1964	文史类、理工农医类	文科类考本国语文、政治常识、历史、外国语，其中哲学、财经各专业加试数学但成绩不计入总分，只做录取参考。理工农医类考本国语文、政治常识、数学、物理、化学、外国语
1977	文、理	共同考试科目为政治、语文、数学，文科考历史、地理，理科考物理、化学，报考外语专业的加试外语
1987	文、理	共同考试科目为政治、语文、数学，文科考历史、地理，理科考物理、化学，两类均加考一门外语

① 李木洲，张悦. 高考文理不分的历史逻辑与现实意蕴［J］. 湖北大学学报（哲学社会科学版），2017（4）：104-110.

② 李木洲，张悦. 高考文理不分的历史逻辑与现实意蕴［J］. 湖北大学学报（哲学社会科学版），2017（4）：104-110.

续表

年份	考试科类	考试科目设置
1991	“三南”方案	将高考科目分成四组。第一组：政治、语文、历史、外语；第二组：数学、语文、物理、外语；第三组：数学、化学、生物、外语；第四组：数学、语文、地理、外语。同时规定，各高校依据实际情况，选择一组科目作为考生的应试科目
2002 全国实施“3+X”方案（不包括港澳台地区）	“3＋文综/理综”	语文＋数学＋外语＋文科综合（含政治、历史、地理）/理科综合（含物理、化学、生物）
	“3+文理大综合”	语文+数学+外语+文理综合（含政治、历史、地理、物理、化学、生物）
	“3+X”（多科组合）	语文＋数学＋外语＋X（X 指 1 或 2 个学科，不分文理）
2014	3+3	统考语文、数学、外语＋高中学业水平考试 3 个科目（根据高校要求与自身特长在“思想政治、历史、地理、物理、化学、生物”中任选 3 科），外语提供两次考试机会

资料来源：李木洲，张悦.高考文理不分的历史逻辑与现实意蕴［J］. 湖北大学学报（哲学社会科学版），2017（4）：104-110.

此外，《实施意见》在高考考试内容改革方面，提出了“科学设计命题内容，增强基础性、综合性，着重考查学生独立思考和运用所学知识分析问题、解决问题的能力”的要求；在规范高考加分方面，做出了“大幅减少、严格控制考试加分项目”的决定，而对于“确有必要保留的加分项目，应合理设置加分分值”。这些改革极大地提高了高考制度的科学性与公平性。总之，新高考改革在目标、内容、价值、指向、广度、深度等方面均体现了质性的突破与超越，同时还有诸多创新之处，它意味着高考制度实现了由基本现代化向总体现代化的初步转型。不过，在这一转型过程中不仅存在很多需要解决的现代化难题，而且面临诸多因改革而产生的新矛盾。因此，这一历史转型过程并未完结，它还有待把高考制度推向更高级的现代化阶段。

最后，基于现代化由低级向高级发展的基本规律，从高考制度现代化的实现程度来看，高考制度现代化大致可分为初步现代化、基本现代化、总体现代化和全面现代化四个阶段。在不同的阶段，高考制度现代化或现代性的价值倾向有所不同：初步现代化阶段更加强调高考效率；基本现代化阶段更加注重高考技术；总体现代化阶段更加突出高考公平；而未来的全面现代化阶段将更加重视高考质量。当前，高考制度现代化正处于由基本现代化向总体现代化迈进的过渡阶段。纵观高考制度现代化的历程，其具体发展历程又可细分为七个阶段（表 2-9）。

表 2-9 高考制度现代化的发展阶段

年份	阶段	特点
1912—1948	制度萌芽——高考制度的现代化起步阶段	不稳定：尝试、探索
1949—1951	制度过渡——高考制度的现代化准备阶段	不稳定：沿袭、积累
1952—1966	创制发展——高考制度的简单现代化阶段	不稳定：建立、调整
1967—1976	停滞发展——高考制度的现代化倒退阶段	不稳定：停废、极端、动荡
1977—1982	恢复发展——高考制度的现代化再准备阶段	不稳定：接续、恢复、调整
1983—2009	快速发展——高考制度的基本现代化阶段	不稳定：频密变革、大变革
2010 至今	转型发展——高考制度向总体现代化过渡阶段	趋于稳定：制度跃升、转型

第一阶段：制度萌芽——高考制度的现代化起步阶段（1912—1948 年）。该阶段实现了由古代政治考试（选官考试）到近代教育考试的演化，为中华人民共和国统一高考制度的建立奠定了历史基础。

第二阶段：制度过渡——高考制度的现代化准备阶段（1949—1951 年）。该阶段完成了近代高校考试招生制度到现代高校考试招生制度的承袭与过渡，为统一高考制度的建立积累了基本经验，奠定了必要基础，做好了充分准备。

第三阶段：创制发展——高考制度的简单现代化阶段（1952—1966 年）。该阶段完成了将高校考试招生活动转变为高校考试招生制度的基本任务，即实现了高考活动的制度化目标，确立了高考制度在当代教育系统和高校招生中的枢纽功能与权威地位。在这一阶段，高考制度还得到了一系列的调整与完善，尽管其现代化多有不足，但其制度结构与功能已达到了初步或简单现代化水平。

第四阶段：停滞发展——高考制度的现代化倒退阶段（1967—1976 年）。政治原因（“文化大革命”）导致高考制度现代化的停滞，乃至出现倒退，但它以否定的方式肯定了高考制度在教育现代化和国家现代化中的不可或缺性，为下一阶段高考制度的持续发展提供了历史教训或前车之鉴。

第五阶段：恢复发展——高考制度的现代化再准备阶段（1977—1982 年）。高考制度在该阶段完成了艰难恢复，并逐渐恢复到被停废之前的制度化水平，适应了国家政治形势过渡转变的基本需求。

第六阶段：快速发展——高考制度的基本现代化阶段（1983—2009 年）。高考制度通过频密变革与大变革，实现了高考制度标准化、科学化、信息化、法治化、公平化、人性化、多元化、自主化等现代性的极大增长与扩展，完成了高考制度的基本现代化。

第七阶段：转型发展——高考制度向总体现代化过渡阶段（2010 年至今）。如果说《教育规划纲要（2010—2020 年）》描绘了未来高考制度的基本蓝图，那么《实施意见》的实施则开启了高考制度由基本现代化向总体现代化阶段迈进的历史新征程。当然，高考制度在转型过程中会产生很多新问题、新矛盾，因此，它是一个需要继续向前推进的漫长历史过程，也是一个还未完成的现代化阶段。

第三章

高考制度现代化的动因与制约

高考制度，既是国家教育系统的核心枢纽，又是国家实施人才战略的重要关口，且关系到千万考生及其家庭的切身利益，可谓“牵一发而动全身”。因此，作为国家基本教育制度，高考制度与国家现代化密切相关，且伴随国家现代化的节奏而不断演进，同时也影响着国家现代化的整体进程。高考制度的这种极端重要性、广大辐射性及深远影响性，导致高考制度现代化的动因也呈现出极度复杂性。如果以动因产生的来源为依据，可将高考制度现代化的动因分为内部动因和外部动因。探明高考制度现代化的内外部动因及其制约因素，是揭示高考制度现代化规律的基本要求，也是推动高考制度实现总体现代化乃至全面现代化的基本前提。

第一节　高考制度现代化的内部动因[①]

高考制度现代化的内部动因是指由于高考制度自身发展需要而推动高考制度现代化发展的一类原因。因动力源自高考制度本身，故而称之为内部动因。纵观高考建制以来的改革发展历程，效率性、科学性与公平性是其如影随形的三个核心问题。当然，在不同的历史时期，高考制度改革的倾向或侧重亦有所不同，存在以何者为先，或者如何兼顾的问题。例如，高考建制初期，高考制度改革侧重的是人才选拔的效率性；改革开放后的相当一段时期内，高考制度改革侧重的是高考制度设计的科学性；而新高考改革则将改革的重心转移到公平性上。因此，效率性、科学性与公平性如同高考制度的三大支柱，既是维持高考制度存在与发展的三大价值所在，又是推动高考制度现代化发展的三大内部动因。

一、效率性：人才选拔的功能追求

同任何竞争性考试一样，人才选拔是高考的首要功能。正如有学者指出，“高考最重要的目的是选拔人才。在这个目的之外，高考可以影响学校教学，可以作用人才评价，还可以引导社会风气。但不管其他目的有多少，都不能影响选拔人才的首要目的”[②]。因此，注重人才选拔的效率性是高考制度改革的应然追求。所谓高考制度的人才选拔效率，就是高考投入和人才选拔产出之比，关键是人才选拔的结果与考试既定选拔目标之间的匹配度。它是考试信度与效度的综合体现，也即考生与高校乃至系科（专业）之间的匹配度，意味着通过高考是否能把适当的人才选拔到适当的高校乃至系科（专业）加以培养。高考的这一环节在很大程度上决定着高校人才的培养成效，因此，高考制度的人才选拔效率就显得至关重要，它是高考制度改革始终致力于完善的重要议题，也是衡量高考制度现

---

① 本部分刊载于李木洲. 效率、科学与公平：高考制度现代化的内部动因［J］. 中国教育学刊，2021（预印本），有删改。

② 赵国伟. 高考改革应把握的几个原则［N］. 光明日报，2018-05-05（11）.

代化水平的一个重要标准。

一般而言，高考制度的人才选拔效率有三个层次。①无选择性选拔，即考生与高校之间几乎没有互选空间，由考试招生机构参考考生志愿，根据考试分数的高低，按照高等院校"从优到劣"的顺序进行层次性匹配。这种人才选拔高度强调成绩与高校之间的关系，并以完成国家招生指标为主要任务。②选择性选拔，即考生与高校之间都有一定的互选权利，招生单位根据"分数优先，兼顾志愿"的原则，按照分数高低和院校"优劣"进行层次性匹配。虽然这种人才选拔也高度强调成绩与高校之间的关系，但其已开始重视考生志愿专业与院校培养特色、条件的符合情况，国家招生指标强调整体性调控。③双赢性选拔，即争取考生与高校之间效益最大化的选拔，一般按照"志愿优先，兼顾分数"的原则，充分考虑考生的学习兴趣、知识结构、发展潜力与院校系科（专业）之间的匹配度。这种人才选拔保证了考生与高校之间有较大的互选空间，能较好地实现考生与专业之间的精准匹配，有利于实现考生和院校发展效益最大化，国家招生指标强调公平性调控（图 3-1）。当然，决定高考人才选拔效率层次的因素有很多，但主要的有两个：一是高考考试的科学性，表现为高考的信度、效度及区分度，即人才甄别力；二是考生与高校的选择权，表现为考生与高校互选的多次化与自主性。简言之，高考制度人才选拔效率的层次越高，表明高考制度的现代性越强，高考制度的现代化水平越高。

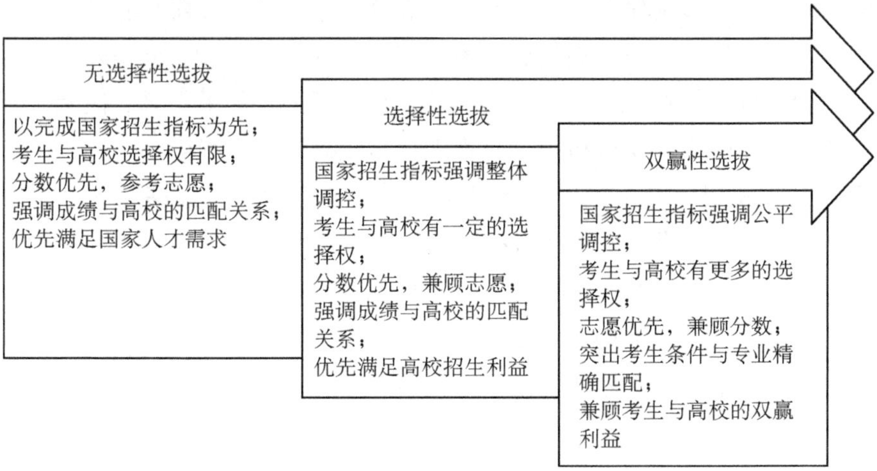

图 3-1 高考制度人才选拔效率的三个层次

在高考建制初期，国家的工作重点是尽快恢复社会生产力，为了“早出人才、快出人才、多出人才”，高等教育的工作重点就是培养国家建设紧缺的各级各类高级专门人才，因此，高考的主要任务便是把优秀人才选拔到优质高校加以培养。在这一时期，高考制度改进与调整的一个重要导向就是提高人才选拔效率，较少考虑高考制度设计的科学性与公平性。譬如，1952—1966 年，几乎每年的高校招生工作都特别强调努力完成高等学校的招生任务。而为了帮助考生备考，提高生源质量和录取率，教育部还专门组织编印高考复习大纲[①]，用以指导各科考查知识范围均在大纲规定之内。甚至高考科目的调整，由 1953 年的文理科不分，到 1954 年的“两分”，再到 1955 年的“三分”，皆是“为了便于统一录取调配，以及体现各系、科专业对考生学业成绩的不同要求”，进而提高人才选拔的效率。此外，1955 年的高校招生允许录取考试成绩稍低于录取标准的考生作为试读生的做法，以及 1956 年的减少志愿填报个数以提高第一批志愿录取率的做法，等等[②]，都旨在提高当时高考人才选拔的效率。

当然，高考制度的效率性、科学性、公平性三者之间也绝非简单对立或此消彼长的关系，在很大程度上，提高高考制度的科学性与公平性，其实也是提高高考人才选拔效率的一个过程。命题技术的改进，提高了高考的人才甄别力和人才区分度，通过对知识结构、能力素养的合理考查，能够更加准确地选拔人才。由“梯度志愿”到“平行志愿”再到“高校+专业投档”的录取机制的不断优化，不仅有效降低了“高分落榜”的可能性，也提高了考生的专业院校自主选择权和高校的人才自主选拔权，极大地促进了考生与专业的精准匹配，而不是考生与院校的简单匹配。现代信息技术与高考的融合，实现了高考网上报名、阅卷、公示、录取及考试成绩的大数据分析等，极大地提高了高考的录取效率，防止了“权、钱、情”对高校招生的干扰，既促进了高考的公平性，又提高了人才选拔的效率。此外，诸如调控部属高校属地化招生比例、增加重点高校的农村考生录取比例、高校招生名额的区域性平衡等，这些措施在注重考试公平的同时，兼顾了区域公平的做法，从国家治理的层面上看，这些措施也有利于维护国家统一和民族团结，这是高考制度的人才选拔效率在政治、经济、文化等方面的体现。

---

① 高考复习大纲直到 1982 年才停止编印。

② 李木洲. 高考改革的历史反思［M］. 武汉：华中师范大学出版社，2016：54-55.

总之，不断提高高考制度的人才选拔效率，是高考制度改革及其现代化的重要内部动力，这种动力源于高考制度作为竞争性选拔考试的“本能”（基本功能）。它促使高考制度必须与时俱进地加以调整，以适应并满足高校人才选拔的需要、国家实施人才战略的需要、高校自身发展的需要，以及人的全面发展的需要，这是高考制度之所以产生并持续发展的最基本的功能性价值。反之，效率低下的人才选拔制度是没有生命力的，也是终将被淘汰的。“文化大革命”期间的“高校招生制度”就是前车之鉴，正是因其违背了这一基本规律，终被历史淘汰。

二、科学性：制度运行的优化诉求

科学性是高考制度的生命线，也是高考制度适他性与自洽性运行的根本保障。科学的高考制度在理论设计层面应符合考试运行、人才培养及大规模人才选拔的基本规律；在实践操作层面应做到“考试选拔目标与人才培养目标一致、考查内容与人才知识结构相符”，以实现“人才选拔与人才培养的高度统一”[①]。换言之，高考制度的宏观调控、中观设计与微观操作，在理论与实践层面都应有科学性作保障。否则，高考制度将既无法满足人才选拔的功能需要，也无法满足促进人的发展的根本需要，更难以适应国家治理的基本需要。因此，不断优化高考制度运行规则与机制，持续提高高考制度的科学性，是高考制度改革的又一重要内部动因。

虽然我国的高考建制较早，但对其科学性的重视却比较晚，始于 20 世纪 80 年代。1981 年 10 月 25—29 日，教育部学生管理司在山东省胶南县（现青岛市黄岛区）召开高考研究座谈会，这是教育部第一次以会议形式明确提出要加强高考研究。此次会议提出，“招生与考试是一门学问，应总结历史经验，吸取外国有益的东西，研究考试的内在规律”，要以“问题为导向”，“通过科学研究积极稳妥地改进招生制度和考试办法”[②]。可以说，此次会议拉开了通过科学研究推动高考制度现代化的历史序幕。经过两年的研究酝酿，1984 年，教育部提出高

---

① 刘海峰，李木洲. 兼顾公平与科学的高考改革［J］. 中国考试，2015（9）：3-9.

② 教育部学生管理司. 教育部学生管理司关于开展高考研究的通报//杨学为. 高考文献·下（1977—1999）［G］. 北京：高等教育出版社，2003：150-151.

考命题“必须符合高等学校选拔新生的要求，同时又有利于中学教学”[①]。1985年，广东省率先试行英语、数学两个科目的标准化考试，从测量技术层面开启了科学高考的历史新征程。到 1991 年，全国高考科目基本实现了标准化考试，标准化考试推进了考试形式、考试命题、分数解释、评价方法由经验型向技术型的转变，有效解决了考试难度、信度、效度、区分度不可控、不稳定等问题，极大地提高了高考的科学性程度。

从高考制度的科学性测评来看，其也有三个层次：①传统化测验，即考试命题以经验为主，考试程序严格，考试组织严密，考试标准不稳定，但考试有一定的区分度，能够实现大规模人才选拔的基本需要，能够较好地发挥人才甄别与选拔的功能；②技术化测验，即考试命题标准化，考务管理标准化，阅卷评分标准化，考试标准可控、稳定，有较强的信度、效度与区分度，可较好地考查人才的知识结构，在满足大规模人才选拔的基础上，能较为公平与合理地实现人才分流；③综合化测评，即基于标准化考试，融合现代信息技术，实现人机互动考试（智能化测试），强调综合评价、考试信息量大，能够全面反映被试者的知识结构、能力要素与发展潜能，能促进教育系统良性发展，并有效促进人的全面发展与个性解放（图 3-2）。其中，第一个层次的高考制度科学性测评发挥的主要是考试的一般功能，即人才的公平化甄别与竞争性选拔；第二个层次的高考制度科

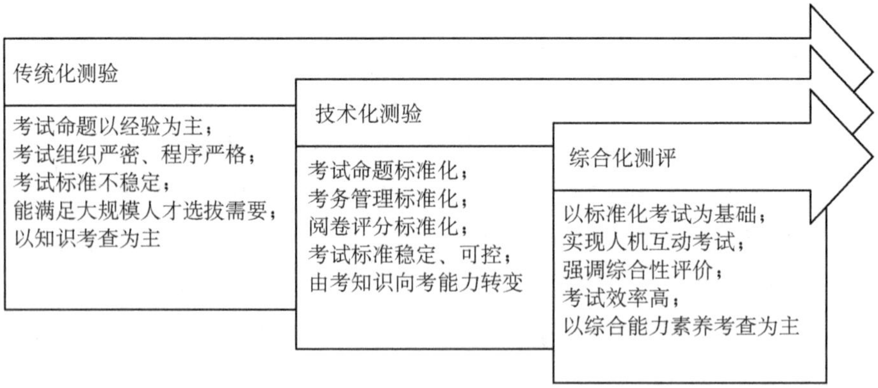

图 3-2　高考制度科学性测评的三个层次

① 教育部. 关于一九八四年高考命题若干问题的通知//杨学为. 高考文献·下（1977—1999）[G]. 北京：高等教育出版社，2003：183.

学性测评除了能发挥考试的一般功能外，还能较好地促进人的发展与教育的发展，但存在一定的教、考、学矛盾；第三个层次的高考制度科学性测评基本实现了考试测评的综合化、信息化、个性化乃至自主化，成为促进人的解放与发展的有效手段，充分体现了考试本真的回归，即服务教育与人的发展。

当然，高考制度的科学性并非仅体现在考试技术的进步上，还体现在高考制度设计的合理性上。譬如，高考志愿填报方式的合理化改进，最初高考招生按分数段顺序录取，这样的方式使总分的作用过于绝对化，在追求升学率的情况下，易造成忽视德育和体育等问题。1985 年，高考志愿填报方式调整为根据考生志愿，按比例投档，该方式扩大了高校招生的选择权，树立了贯彻德、智、体全面考核、择优录取的原则，但容易造成“高分低榜”的问题，不利于保护高分考生的利益。2002 年，试行“分数优先、遵循志愿”的平行志愿投档模式，该模式则“有效降低了考生志愿填报风险，很好地解决了考生高分落榜问题，维护了高分和中等分数考生利益”，但容易造成“分数扁平化，生源单一化”，也助推了“分数至上主义”[①]。2017 年，浙江省试行的“学校+专业（专业组）”投档模式，强调考生能力、志愿与专业的匹配度，力图逐步改变志愿填报中出现的“重学校、轻专业”现象，有效解决了历来志愿与专业难以一致的问题，有利于促进人才培养。简言之，通过改革开放后的持续改革，正是基于人们对不断提高高考制度科学性的追求，高考各子制度包括测评制度、录取制度、管理制度等才发生了重大变化，总体上实现了由传统到现代、由靠经验到重技术、由不可控到可控，甚至一些能力要素也实现了由不可测到可测的系列转变。而随着高考制度科学性的不断增强，高考制度的现代化水平也得到不断提高。

总之，科学性既是高考制度运行的优化诉求，也是高考制度现代化的重要内部动因，更是关乎高考制度存与废的重要维度。正如有学者研究科举制的兴废后指出的，“从人才选拔活动规律的角度来看，科举考试被废不是因其公平性变了，也不是因其开放性变了，而是因其科学性‘废’了”[②]。鉴古知今，对于同为高竞争、高利害、高风险、大规模的人才选拔考试的高考而言，“如果说公平性关乎高考制度的兴与衰，那么，科学性则决定着高考制度的存与亡”[③]。因

① 刘海峰. “平行志愿”投档模式的利与弊［J］. 教育发展研究，2011（18）：87.
② 李木洲. 科举制兴起的深层逻辑［J］. 福建师范大学学报（哲学社会科学版），2013（2）：105-110.
③ 刘海峰，李木洲. 兼顾公平与科学的高考改革［J］. 中国考试，2015（9）：3-9.

此，不断增强高考制度的科学性，不仅是高考制度现代化的题中之意，也是高考制度得以存在的根本依据。

三、公平性：社会价值的基本要求

高考公平是教育公平和社会公平的基石。从某种意义上看，中国考试发展史就是一部追求考试公平的发展史。从察举制到九品中正制再到科举制的大变迁，其中非常重要的一股推动力就是追求考试公平，即通过不断增强考试的可测性与客观性，减少考试的随意性与主观性，从而摒除权势、利益、人情关系对人才选拔公平性的困扰，以实现“能（优）者上，庸（劣）者下”，人尽其才、才尽其用的功效。可见，中国自古以来便对公平有着不懈的追求，而且在科举制早期就形成了“至公”的理念。唐宪宗元和三年（公元 808 年），白居易在主持制科考试的复试时便说自己“唯秉至公，以为取舍”。唐宣宗大中元年（公元 847 年）复试进士敕文也声称“有司考试，只在至公”。可以说，“在考试选才方面，甚至可以说中国是一个过度追求公平的国度”[①]。

关于高考公平，从不同的视角出发有不同的理解，归纳起来大致有六种论说，即系统论说、因素论说、性质论说、矛盾论说、绝对论说及相对论说。然而，若提取各种论说的公因子，高考公平主要涉及四个层面：“一是个体权利层面，主要包括教育资源、考试机会、考试权益的分配问题；二是国家治理层面，高考改革必须满足国家发展阶段的需要，符合国家政治制度的规定性：三是考试技术层面，高考作为人才选拔工具，其改革限度是以现有考试技术为支撑的；四是社会影响层面，高考影响考生长远利益，是实现教育公平与社会公平的重要前提。”[②]因此，高考公平“是一个涉及价值、制度和技术的‘多面相’概念”，是“国家根据一定历史阶段发展的需要，基于现有社会条件与考试技术，按照合理性的规范和原则对高等教育入学机会进行分配的一种实然状态”。[③]

究其根本，“人们追求高考公平或提出强烈的高考公平的诉求，其目的就是

① 刘海峰. 高考改革中的公平与效率问题 [J]. 教育研究，2002（12）：80-84.
② 李木洲. 高考公平的元思考 [J]. 国家教育行政学院学报，2012（8）：29-33.
③ 李木洲. 高考公平的元思考 [J]. 国家教育行政学院学报，2012（8）：29-33.

为了实现高等教育赋予人的发展权利、机会、条件所带来的社会地位、物质利益分配的公平”①。因此，高考公平事关重大，关系人心向背和社会稳定。正如教育部部长陈宝生所言：“高考招生制度的改革，必须慎重地来考虑。因为稍有不慎，它就会引起颠覆性的危机，就会影响一代学生一生的命运。”②事实上，尽管考试公平的理念在中国出现很早，但是人们对于高考公平的特别关注是伴随改革开放后人们民主意识、公民意识、法治意识、权利意识的增强才逐渐凸显出来的，是社会物质生活水平达到一定程度的必然结果。如今，高考公平已成为影响高考制度改革的重要因素，甚至是主要因素。从《实施意见》来看，新高考改革将“促进公平公正作为基本价值取向”③，这表明我国已由追求高考科学性阶段转入了追求高考公平性阶段。

新高考改革针对促进高考公平公正实施了下列举措：①继续实行支援中西部地区招生协作计划，严格控制部属高校属地招生比例，提高中西部地区和人口大省高考录取率；②继续实施国家农村贫困地区定向招生专项计划，要求部属高校、省属重点高校安排一定比例的名额招收边远、贫困、民族地区优秀农村学生，形成保障农村学生上重点高校的长效机制；③进一步解决进城务工人员随迁子女升学问题，完善相关升学考试政策；④改革监督管理机制，包括完善高校招生“阳光工程”和考试招生监督体系，健全信息公开制度、诚信制度及考试招生法律法规，加强考试招生安全制度保障等；⑤加大违规查处力度，对考试招生违法违规行为，追究当事人及相关人员责任，及时公布查处结果，构成犯罪的，由司法机关依法追究刑事责任。④

当然，在倾向于追求效率性、科学性的改革阶段，高考制度改革其实也一直包含了促进公平公正的措施。譬如，在考试设计方面，为了避免以一次考试成绩作为录取依据的偶然性弊端，高考有些科目（如英语）或考试项目实现了考试多次化；为了突破以笔试为主而难以反映考生多方面素质的局限，综合素质评价已

① 王后雄，李佳，李木洲. 高考公平的内涵及属性［J］. 中国教育学刊，2012（5）：31-35.

② 陈宝生. 高考改革［J］. 教师教育论坛，2017（4）：65.

③ 国务院. 国务院关于深化考试招生制度改革的实施意见［EB/OL］.（2014-09-04）［2018-06-25］. http://www.gov.cn/zhengce/content/2014-09/04/content_9065.htm.

④ 国务院. 国务院关于深化考试招生制度改革的实施意见［EB/OL］.（2014-09-04）［2018-06-25］. http://www.gov.cn/zhengce/content/2014-09/04/content_9065.htm.

由“软挂钩”转向了“硬挂钩”；为了兼顾不同区域考生的生活、知识、文化等背景，高考试题内容的选择越来越讲求知识或问题的共识化与共性化，以避免出现考试内容的区域不公平现象；为了防止考试作弊，高考考场的身份验证已经应用了指纹、面部识别等现代生物性安检技术等。在招生环节公平的设计方面，为解决基础教育起点不公平的问题，按照公平的“补偿原则”，对少数民族地区、落后地区，以及教育弱势群体子女实行了适当的录取优惠政策；为做好招生录取环节的社会监督工作，高考实行全程招生政策及录取相关信息的网络公开、公示等。这些都体现了改革过程中对高考公平公正的不懈追求。

纵观高考公平发展史，其大致历经了三个层次的公平阶段。①追求形式公平阶段，该阶段的主要特点是用一把尺子衡量所有人，强调分数至上以及高考考试与招生的统一性。②追求实质公平阶段，该阶段的主要特点是从教育基础的事实出发，兼顾起点公平、过程公平与结果公平，注重用多把尺子衡量人才，高考出现因才而异、因地而异的情况，高考形式开始多样化和招生渠道逐渐多元化。③强调制度正义阶段，即从追求公平跃升到讲求正义的阶段，该阶段统筹考虑国家经济文化发展的差异性、考生生存环境与教育环境的差异性，以及国家区域发展的不平衡性，凸显公平的差异性原则和补偿性原则在高校招生中的价值与意义，不是简单地以考试成绩或综合素质评价的情况来分配接受高等教育的机会，而是综合考量，合理配置，以彰显社会正义（图 3-3）。

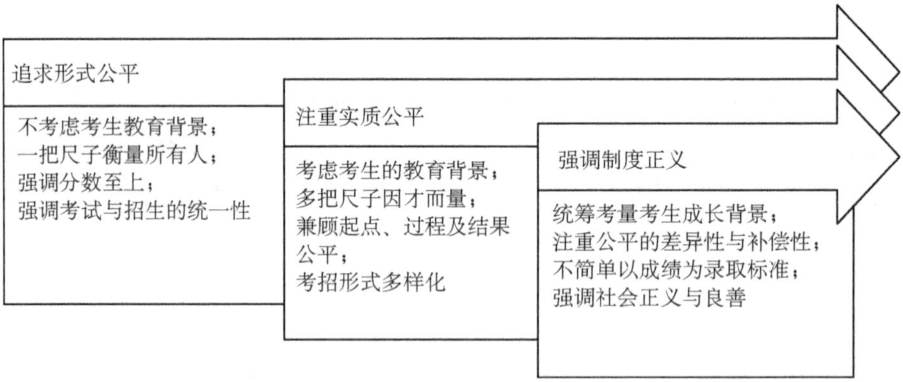

图 3-3　高考制度公平性的三个层次

需要指出的是，高考制度改革是一项复杂的系统工程，高考制度现代化的各种内部动因，其实也是彼此关联、有机联系、互为影响的。效率性取向的高考改革“侧重于满足高校对新生选拔的有效，它强调的是如何在降低考试成本的情况下获得最大的考试效益”；科学性取向的高考改革“侧重于满足对学科及人才成长规律的尊重，它强调的是在高考中科目的设置、内容的确定、方法的选择、指标的投放与选拔标准的确定是否科学合理”；公平取向的高考改革“侧重于满足对考生权利的保障，它强调考生在享受公共教育资源，尤其是高考机会时受到公正和平等的对待”[①]。总之，高考制度的效率性、科学性、公平性三者之间既相辅相成，又相互制约，是一种互动、互生与互促的博弈关系，代表着三种不同取向的高考制度改革动力，并从不同的维度共同推动着高考制度现代化的发展，但皆是源于高考制度自身的生存与发展需要。高考制度的效率性、科学性、公平性发展的三个层次，分别意味着高考制度相应地处于简单（初级）、基本（中级）和总体或全面（高度）现代化阶段。

第二节　高考制度现代化的外部动因

高考制度现代化的外部动因是指由于高考制度所处的环境、条件发生变化而推动高考制度现代化发展的一类原因。因动力源自高考制度外部，故而称之为外部动因。从 60 多年的高考发展历史来看，政治政策、教育发展、技术进步是影响高考制度现代化最为主要的三大外部动因。它们从不同的维度决定着高考制度现代性的生成，并以不同的方式影响着高考制度现代化的进程。其中，政治政策是否良善不仅决定着高考制度现代化的进与退，而且决定着高考制度现代化的根本性质与方向。教育发展的方向与诉求影响着高考制度现代化的制度设计与功能结构。技术进步及其与高考制度的融合程度，影响着高考制度现代化的运行方式与运行效率，并从物质或技术层面决定着高考制度现代化的水平。因此，政治政策、教育发展、技术进步在很大程度上决定着高考制度现代化的基本表征或样

---

① 董泽芳，李木洲. 关于高考改革取向的思考［J］. 中国考试，2017（10）：1-6.

貌，是推动高考制度现代化发展的三大主要外部动因。

一、政治政策的方向性引导

从国家考试的起源来看，考试制度属于政治产物，其最早的功能是选拔服务于国家治理或政治统治的贤能。纵观中国考试史，从原始社会的民主推选制到汉代的察举制再到魏晋南北朝的九品中正制，尤其是自科举制以降，“不管是民国时期的文官考试制度、高校招考制度，还是当今的高考制度，都遗传了政治基因，不仅未能超出政治范畴，还深受政治运动、政治环境或政治体制的影响”[①]。有学者甚至指出，如果脱开政治背景，根本无法理解和把握中国应试制度变迁的历史轨迹和趋势。[②]而从高考制度的历次重大变革来看，“其明显特征是国家主导”，即“国家利益是制度设计的出发点，国家权力是推动制度运行的基本力量，国家意志是决定制度运行方式、方向的根本因素”[③]。

1952 年，统一高考制度得以创建，经过三年过渡后，国家实现了政治稳定，与着手实施建设人才培养计划和高校院系大调整等政策密切相关。1958 年，统一高考改为各省（自治区、直辖市）组织考试招生，并突出政治考查的分量，降低文化考核在录取中的关键作用，可以说这是政治变化在高校招生领域的延伸与反映。1962 年，由高考录取率大幅下降引起的对高考“片面追求升学率”等问题的批评与攻击，导致“左倾”势力提出“实行考试与推荐相结合，进一步贯彻阶级路线”[④]的言论，这一言论加速了高考被停废的脚步。1966 年，高考被正式停废，主因在于高考成为教育领域实行“文化大革命”的突破口。1977 年，高考恢复，则是直接得益于邓小平的复出以及政治领域的拨乱反正。1983 年，高考开始进入频密变革期，则是高考制度适应国家政治经济体制改革和对外开放政策的必然结果。2010 年，《教育规划纲要（2010—2020 年）》提出构建“分类考试、综合评价、多元录取”的考试招生制度，则是高考制度对新时期国

---

① 李木洲. 高考改革的历史反思［M］. 武汉：华中师范大学出版社，2016：331.

② 李宝元. 中国应试制度论析——兼论恢复高考三十年［J］. 湖南社会科学，2008（1）：142-148.

③ 宋洁绚. 我国高校招生考试制度的形成与演化——基于国家主义的视角［M］. 武汉：武汉大学出版社，2015：1.

④ 刘海峰，李立峰. 高考改革与政治经济的关系［J］. 教育发展研究，2002（6）：34-38.

家人才战略调整、推进素质教育，尤其是推动完善和发展中国特色社会主义制度、推进国家治理体系和治理能力现代化的最新回应。总之，政治政策决定着高考改革的基本动向乃至其存废。而若从制度变迁的角度来看，政治政策决定着高考制度的变迁方式，并且以强制性变迁为主。

当然，政治政策并非仅仅影响高考制度的变迁方式，它还决定着高考制度的基本性质，即高考制度到底“为谁选拔人才”“选拔什么样的人才”这两个根本问题。例如，1958 年 6 月 10 日，在全国教育工作会议上，中央文教小组组长陆定一就严厉地批评了高考，他质问道：“第一，是谁主考？是资产阶级去主考，还是无产阶级去主考？”[①]1966 年 6 月 13 日，《中共中央、国务院关于高等学校招生工作推迟半年进行的通知》发布，该通知指出，“高等学校招生考试办法，解放以来虽然不断地有所改进，但是基本上没有跳出资产阶级考试制度的框框”[②]。同年 6 月 18 日，《人民日报》发表的社论指出：“这种旧的招生考试制度，对我们社会主义事业是危害极大的。这个制度，不是无产阶级政治挂帅，而是资产阶级政治挂帅。”[③]可见，“文化大革命”期间对高考制度的批评主要集中在其基本性质上，即到底“姓资还是姓社”。而对于这个问题的争论，直到“文化大革命”结束，国家再次确立了建设中国特色社会主义制度这个基本方向后才算告终。

2013 年 11 月 12 日，党的十八届三中全会通过的《决定》指出，在新的历史起点，“全面深化改革的总目标是完善和发展中国特色社会主义制度，推进国家治理体系和治理能力现代化”。2017 年 10 月 18 日，在党的十九大会议开幕式上，习近平总书记作了《决胜全面建成小康社会 夺取新时代中国特色社会主义伟大胜利》的报告，该报告明确提出从 2020 年到 21 世纪中叶分两个阶段全面实现社会主义现代化国家的奋斗目标，即“从二〇二〇年到二〇三五年，在全面建成小康社会的基础上，再奋斗十五年，基本实现社会主义现代化……从二〇三五年到本世纪中叶，在基本实现现代化的基础上，再奋斗十五年，把我国建成富强

① 陆定一. 在全国教育工作会议上的讲话//何东昌. 中华人民共和国重要教育文献（1949—1975）［M］. 海口：海南出版社，1998：838.

② 中共中央，国务院. 中共中央、国务院关于高等学校招生工作推迟半年进行的通知（1966 年 6 月 13 日）//何东昌. 中华人民共和国重要教育文献（1949—1997）［M］. 海口：海南出版社，1998：1402.

③ 《人民日报》社论. 彻底搞好文化革命，彻底改革教育制度［N］. 人民日报，1966-06-18（1）.

民主文明和谐美丽的社会主义现代化强国”。

可见，随着国家发展目标与社会制度性质的确定，作为国家政治制度和国家治理制度的重要组成部分，高考制度的基本性质也得以准确定位，即《实施意见》所明确提出的“到 2020 年基本建立中国特色现代教育考试招生制度”，也即中国特色社会主义现代高考制度，它包含了两层基本意思：①高考制度的基本性质是社会主义；②高考制度的发展方向是现代化。综上，关于政治政策与高考制度现代化之间的关系，可总结为三点：①国家政治政策是高考制度现代化的重要外部动因；②国家政治政策是否良善决定着高考制度现代化的进与退；③国家政治政策的性质决定着高考制度现代化的基本性质及其发展的基本方向和目标。

二、教育发展的改革性诉求

“教育关系发展，人才决定未来”[①]，高考作为极具导向性的教育考试制度，一方面牵引着基础教育的发展方向；另一方面决定着高等教育生源的供给质量，成为影响整个教育发展的核心所在。因此，教育要发展，高考必改革，反之，高考一改革，教育必回应，教育与高考改革形成了一个密不可分的有机整体。恰如邓小平所指出的，“考试是检查学习情况和教学效果的一种重要方法，如同检验产品质量是保证工厂生产水平的必要制度一样”[②]。也就是说，教育离不开考试，考试是教育的必要制度；而教育要发展，就必须先改掉考试对教育的负向功能，并发挥其正向功能。纵观高考制度改革史，教育是除政治以外，影响高考制度变革的最大动因，而高考制度现代化的提出，正是顺应国家教育现代化的结果。

事实上，在高校招生由“单独招考”向“大区联合招考”再到“统一高考制度”的过程中，教育发展起到了极其重要的推动作用。1950 年 6 月 1 日，在第一次全国高等教育会议开幕式上，教育部部长马叙伦致辞时指出，“第一，也是

---

① 戴家干. 完善统一考试制度　深化内容形式改革——关于我国高考制度改革的思考［N］. 中国教育报，2010-05-05（5）.

② 邓小平. 邓小平文选・第二卷（第 2 版）［M］. 北京：人民出版社，1994：105.

最重要的一点，我们的高等教育，必须密切地配合国家经济、政治、文化、国防建设的需要……我们的高等教育应该随着国家建设逐渐走上轨道，逐步走向计划化”，但“首先，我们要逐步实现统一和集中的领导”[①]。1950 年 5 月 26 日，《教育部关于高等学校一九五〇年度暑期招考新生的规定》发布，该规定指出，“为了贯彻第一次全国教育工作会议的精神，开始有计划有步骤地培养新中国的各种专门人才……各大行政区教育部可在此范围内自行掌握，根据该地区的具体情况，分别在适当地点定期实行全部或局部高等学校联合或统一招生”[②]。1951 年 4 月 24 日，教育部发布的《关于高等学校一九五一年暑期招考新生的规定及一九五〇年招生总结》指出，“为进一步改正各校自行招生所产生的混乱状态，减少人力、物力及时间上的浪费，各大行政区教育部（文教部）可根据各该地区的具体情况，分别在适当地点，争取实行全部或局部高等学校统一或联合招生。”[③]经此推动，最终促成了 1952 年教育部决定全国高等学校实行统一招生考试，即“统一高考制度”得以建立。究其主要原因，在于统一高考有利于提高当时的生源质量，为高等院校输送合格新生。然而，遗憾的是，1966 年“文化大革命”爆发，高考制度受到冲击以致被停废。

从大的教育改革节点来看，高考制度的频密变革与教育发展的改革性诉求更密切相关。1985 年，为扩大高校办学自主权，培养能够“自主进行科学技术开发和解决社会主义现代化建设中的重大理论问题和实际问题”的高级专门人才，高考制度被作为国家教育体制改革的重要组成部分，进行了招生计划制度的改革，即“改变高等学校全部按国家计划统一招生的办法”[④]，开始实行国家计划招生、用人单位委托招生，以及在国家计划外招收少数自费生的多样化招生办法。1993 年，为贯彻“教育必须为社会主义现代化建设服务，必须与生产劳动相结合，培养德、智、体全面发展的建设者和接班人”的方针，国务院又对国家

---

① 转引自何东昌. 中华人民共和国重要教育文献（1949—1975）[M]. 海口：海南出版社，1998：26.

② 教育部. 教育部关于高等学校一九五〇年度暑期招考新生的规定//杨学为. 高考文献 · 上（1949—1976）[G]. 北京：高等教育出版社，2003：3-4.

③ 教育部. 教育部关于高等学校一九五一年暑期招考新生的规定及一九五〇年招生总结//杨学为. 高等文献·上（1949—1976）[G]. 北京：高等教育出版社，2003：6.

④ 中共中央. 中共中央关于教育体制改革的决定 [EB/OL].（1985-05-27）[2018-06-28]. http://old.moe.gov.cn//publicfiles/business/htmlfiles/moe/moe_177/200407/2482.html.

统一计划招生体制进行了改革，开始“实行国家任务计划和调节性计划相结合”的招生办法，即“在保证完成国家任务计划[①]的前提下，逐步扩大招收委托培养和自费生的比重，这部分调节性计划由学校及其主管部门根据社会需求和办学条件确定”[②]。2010 年《教育规划纲要（2010—2020 年）》出台，该规划纲要提出“到 2020 年，基本实现教育现代化，基本形成学习型社会，进入人力资源强国行列”的教育改革发展目标，并由此提出了进一步推进考试招生制度改革的基本方向，即“探索招生与考试相对分离的办法……逐步形成分类考试、综合评价、多元录取的考试招生制度”。这也成为新高考改革的基本任务和主要目标。

而若从高考制度的子制度的改革来看，其也大多与教育发展诉求息息相关，甚至就是为了实现相关的教育目标。例如，高考科目设置的频繁试验与改革，在很大程度上是为了通过高考科目的合理增减与科学搭配，既保证学生的全面发展，又不增加学生的学习负担。新高考改革试点的“3+3”科目设置方案，以及取消文理分科，在于探索如何利于选拔和培养创新型、复合型人才。高考分类考试的设计与实施背后的动力尽管与社会的高度分工有关，但更为直接的原因还是高等教育分化发展的基本诉求。完善高中学业水平考试，将其作为学生毕业和升学的重要依据，要求“考试范围覆盖国家规定的所有学习科目”的目的在于“引导学生认真学习每门课程，避免严重偏科”。而将综合素质评价纳入高考制度范畴，则旨在培养学生的“社会责任感、创新精神和实践能力”[③]。此外，严格规范各类高考加分政策的实质是对教育公平的根本诉求。可见，高考制度的很多设计与调整皆具有明确的教育目标和导向。

总之，教育与考试是一对孪生兄弟，教育的发展离不开考试，考试的设计影响着教育的发展。然而，就教育和考试的关系而言，教育是目的，考试是手段，而手段必须服务于目的。因此，尽管考试影响着教育，但教育在根本上决定着考试的发展。一言以蔽之，有什么样态的教育，就有什么样态的考试；要形成什么

① 国家任务计划是指保证国家重点建设项目、国防建设、文化教育、基础学科、边远地区和某些艰苦行业所需要的专门人才。

② 中共中央、国务院. 中国教育改革和发展纲要［EB/OL］.（1993-02-13）［2018-06-28］. http://old.moe.gov.cn//publicfiles/business/htmlfiles/moe/moe_177/200407/2484.html.

③ 国务院. 国务院关于深化考试招生制度改革的实施意见［EB/OL］.（2014-09-04）［2018-06-25］. http://www.gov.cn/zhengce/content/2014-09/04/content_9065.htm.

样态的教育，就要构建什么样态的考试。在应试教育环境下，高考制度的设计强调的是“一刀切”，且“分分计较”；在素质教育背景下，高考制度的设计则必然走向“多元化”，并开始实行“等级赋分”“综合评价”。事实上，高考制度的变迁方向正是从统招统配的唯分数论的考试招生制度向素质教育导向的考试招生制度转变的现代化过程。[①]因此，教育发展是推动高考制度改革及其现代化的又一重要外部动因。

三、技术进步的适应性推动

技术是人类智力发展的结果，也是人类改造世界的重要方式。人类社会的每一次重大变革都与技术的发展密切相关。中国古代的“四大发明”是中国古人对人类社会的智慧贡献，其极大地促进了人类文明的进步。在西方，自 18 世纪中叶以来，一系列重要的技术革命不仅使西方社会率先进入发达国家行列，而且波及全球，改变或正在改变着全人类的生活方式。第一次工业革命，蒸汽机的发明使人类社会由“手工时代”进入“机器时代”；第二次工业革命，发电机的诞生使人类社会进入“电气时代”；第三次工业革命，是一场计算机与信息技术革命，不仅改变了人类社会的政治、经济、文化生态，还深刻影响着人类的生活方式和思维方式；第四次工业革命，“以互联网与大数据、云计算、物联网、移动互联网和人工智能等新一代信息技术应用为主要特征”[②]，它正向我们扑面而来，未来的世界又必将产生难以预料的重大变化。可见，技术进步对人类社会的现代化发展，不管是对整体，还是局部抑或某一领域，都起着关键性、节点性、革命性的推动作用。

马克思认为，技术“是人类与主客观世界进行材料、能源、信息交流的活动手段”，“是一个整体，是生产技术和非生产技术的统一，但其核心是生产技术”。而根据技术在劳动过程中的不同表现形态，又可将其分为“物性技术和智力技术”，并且两者在生产过程中是一个不断变化的动态过程，“即智力技术不断向物性技术渗透和转化，物性技术不断向智力技术的发展提供手段和条件，使技

① 杨德广. 30 年来中国高等教育的十大变革［J］. 重庆高教研究，2015（5）：3-10.

② 杜传忠，许冰. 第四次工业革命对就业结构的影响及中国的对策［J］. 社会科学战线，2018（2）：68-74.

术由低级结构形态向高级结构形态逐步发展”[①]。可见，技术既包括看得见、摸得着的生产性或物质性技术，还包括看不见、摸不着的非生产性或理论性技术。因此，根据马克思主义技术观，高考技术亦包括两种基本形态：一种是高考物质形态的技术，如考试装置与设备、考试信息网络技术等；另一种是高考理论形态的技术，如现代测量理论、考试命题技术、标准化考试技术等。它们从两个维度共同推动着高考制度的现代化进程。

事实上，高考制度的第一次现代化飞跃，正是由理论性技术的引入而推动的，即标准化考试技术的应用。自 1952 年高考建制以来，由于考试发展条件的限制，以及缺少自身的技术革新，“对各学科的知识与能力的要求是什么，用什么样的试题和考试方式才能考出学生的这些知识与能力，怎样编制试题和评价试题的好坏等一系列问题，几乎没有现成的答案”[②]。因此，高考长期沿用中国传统的考试命题方式，“命题工作主要依据命题人员的经验，在短时间突击完成。试题使用前缺乏试测及各项统计分析指标，导致试题水平不够稳定，时有过难或过易的现象，题型也较为简单，覆盖面窄”[③]等，这种命题方式不利于对人才的科学考查和精确选拔。1985 年，随着改革开放的推进，在现代教育测量理论的影响下，国家教委在广东省率先试行英语、数学科目的标准化考试。到 1991 年，全国（不包括港澳台地区）高考基本实行了标准化考试。通过标准化考试的改革，高考实现了命题标准化、试卷评阅标准化、考务管理标准化、分数解释与使用标准化，有了“明确的目标要求、内容范围，对学生的知识与能力的考查也更加全面，提高了高考的信度、效度、区分度”[④]，极大地增强了命题与管理的科学性与可控性。

2006 年，为进一步深化高考内容与形式改革，切实推动素质教育发展，教育部考试中心开始实施国际学生评估项目（Program for International Student Assessment，PISA）中国测试研究项目。PISA 是由经济合作与发展组织

---

① 转引自陈凡. 马克思论技术的启示［J］. 马克思主义研究，1987（4）：265-273.

② 刘育民，高凌飙，张敏强. 从广东省高考标准化试验看高考改革的方向［J］. 教育研究，1988（7）：37-40.

③ 张耀萍. 高考形式与内容改革研究［M］. 武汉：华中师范大学出版社，2016：52.

④ 刘育民，高凌飙，张敏强. 从广东省高考标准化试验看高考改革的方向［J］. 教育研究，1988（7）：37-40.

（Organization for Economic Cooperation and Development，OECD）开发的一种国际性的科学的评价方法，它不仅测试学生掌握学校课程的情况，而且重在测试学生能否掌握参与社会所需要的知识与技能，评估内容包括阅读素养、数学素养、科学素养 3 个主要领域，注重对学生知识面、综合分析、创新素养等方面的考查。同时也注意收集有助于解释评价结果的背景信息，包括个人、家庭和学校因素。①这些新的考试评价理念、技术与方法的引入、学习和借鉴，极大地提高了高考制度尤其是其测试环节的科学化、规范化水平，对高考考试由“考知识”向“考能力”的实质性转变具有重要推动作用。因此，如果说标准化考试的引入与应用推动了高考制度现代化的第一次飞跃，那么 PISA 的引入与借鉴，则会将高考制度的现代化水平向纵深推进，也即提高高考制度现代化水平质量的又一重要举措。

高考制度现代化的第二次飞跃，是由物质性技术推动的，即计算机、网络技术、信息技术在高考中的普遍应用。1996 年，广西、天津率先试验高考网上录取。1998 年，教育部在其发布的《面向 21 世纪教育振兴行动计划》中提出要充分利用国家已有的通信资源，建立全国大学生招生远程录取、计算机学籍管理、毕业生远程就业服务一体化的信息系统。1999 年，《教育部关于进一步深化普通高等学校招生考试制度改革的意见》印发，教育部做出高考全面推行计算机网上录取的决定，要求“网上录取系统要做到信息编码统一、考生基础信息统一、同级界面统一、高校录取工作软件统一，并且与其他环节顺畅衔接”。同时提出，“1999 年再增加 6 个省（自治区、直辖市）参加这项试验。2000 年争取一半左右的省市建立网上录取系统；2001 年基本建成全国招生网上录取系统”。高考实行网上投档（即“无纸化投档”）、网上录取，完成了高校招生录取工作由人工操作到计算机辅助再到远程网上录取的大演变。而与此同时，高考还先后实现了网上报名、网上阅卷、电子监控，以及防“枪替”指纹身份识别等技术变革。时至今日，现代技术与高考制度的深度融合，不仅改变了高校考试招生方式，节省了大量的人力、物力、财力，而且有效地维护了招生公平与公正，极大地提高了高考制度的科学性、公平性、效率性等现代性程度。

---

① 陈剑琦.“国际学生评价项目”引发德国教改［J］. 比较教育研究，2004（11）：92-94.

综合而论，自改革开放以来，通过现代教育测量理论与技术的持续引进与创新发展，以及现代计算机网络、信息技术与高考制度的深度融合，高考技术已完成了由人工化向计算机化的转变，而随着第四次工业革命的到来，高考技术将会向更高层次的智能化阶段迈进（图 3-4）。

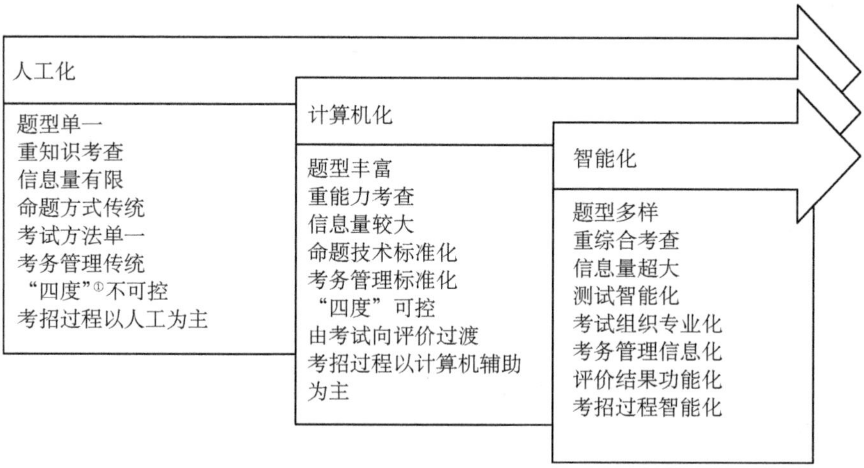

图 3-4　高考技术现代化的三个阶段

① “四度”是指考试的难度、信度、效度、区分度。

康德尔曾说：“学校之外的事情比学校内部的事情更重要，它们制约并说明校内的事情。”[①]事实上，在高考制度的发展过程中，很多矛盾或问题可能恰恰来自高考制度系统外部，而并非通过高考制度内部系统的优化就能解决。因此，在某种意义上，高考制度是“遗传与环境的产物”[②]。所谓“遗传”实质上是指自古以来的考试文化传统，它如同考试基因一样，具有一定的遗传性，而当它与不同的外部环境与条件相结合时，同样的考试选拔活动，在不同的国度会有不同的选择，正是这些不同的选择导致了不同的高考制度安排，也产生了不同的高考制度现代化路径。简言之，高考制度现代化的动因是多面而复杂的，既不能简单归因，也不能囿于一面，而需要综合探论。

---

① 艾萨克·康德尔. 教育的新时代——比较研究［M］. 王承绪等，译. 北京：人民教育出版社，2001：7.

② 王建华. 大学制度改革动因论［J］. 西南交通大学学报（社会科学版），2007（3）：1-7.

第三节　高考制度现代化的制约因素

高考制度现代化是高考制度改革的基本方向和目标。然而，高考制度自身的系统复杂性、利益复杂性和环境复杂性决定了高考制度现代化的进程必然会受到多方面因素的制约。当前，在国家经济持续快速发展、科技水平不断提高、社会主义核心文化基本形成，尤其是在国家推进治理体系和治理能力现代化的背景下，高考制度现代化迎来了前所未有的历史机遇，而准确理解和把握影响高考制度现代化的主要制约因素，是推进高考制度现代化向更高层次迈进的重要前提。

一、高考改革理念的选择

理念是人的行动先导，有什么样的理念，就可能采取什么样的行动。因此，理念的正确选择是事业健康发展的基本前提。譬如，由以阶级斗争为中心向以经济建设为中心的转移以及改革开放政策的确立，正是源于执政主体的理念的成功转变，即以邓小平为核心的领导集体打破了“姓资姓社”的争论，解决了思想上的问题，确定了以“三个有利于”[①]为根本判断标准的发展理念，进而将中国特色社会主义现代化事业导入正途，并取得了辉煌成果。可见，理念之于事业发展的方向性、关键性甚至决定性作用。

所谓高考改革理念就是指导高考改革的基本思想，它决定着高考制度改革的基本方向，涉及最终构建一个什么样的高考制度的基本想法或总体设想。因此，高考改革理念的选择对高考制度现代化至关重要，它在实质上决定着高考制度现代化的基本方向或最终指向。正确的改革理念选择能够推动高考制度现代化的持

① 即是否有利于发展社会主义社会的生产力，是否有利于增强社会主义国家的综合国力，是否有利于提高人民的生活水平。

续发展，反之，错误的理念选择可能导致高考制度现代化的停滞乃至倒退。纵观自高考建制以来的现代化历程，其改革理念大致历经了三次转变，且正在酝酿第四次转变。（图 3-5）。

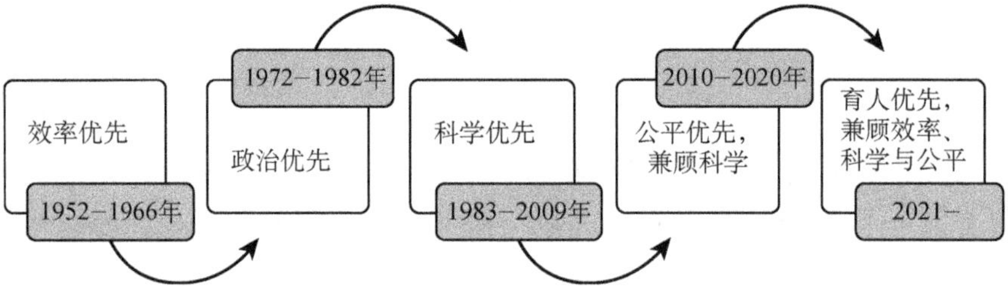

图 3-5 高考改革理念的转变路线

第一次是由“效率优先”向“政治优先”的转变。1952—1966 年，中华人民共和国成立初期，百废待兴、百业待举。1953 年，国务院发布第一个“五年计划”，“一五”计划确立了以实现社会主义工业化为中心的发展思路，并规定“五年内全国工农业总产值由 827.1 亿元增加到 1249.9 亿元，平均每年增长 8.6%，其中工业总产值增长 98.3%，即平均每年增长 14.7%，约 70%为原有企业增产，约 30%依靠新建企业。农业及副业总产值增长 23.3%，即平均每年增长 4.3%”①。1956 年，第二个“五年计划”确定了“继续进行以重工业为中心的工业建设，推进国民经济的技术改造，建立我国社会主义工业化的巩固基础”②的发展目标。由于当时各行各业高级人才紧缺，为了适应国家经济社会建设需要，高考制度进行了系列调整与完善，不管是统考地位的确立，还是分科考试的设置，抑或是“试读生”的招收和审查制度的简化，皆是为了提高人才选拔效率和高校生源质量，以促进国家“早出人才、多出人才”。在“效率优先”理念的指导下，高考制度完成了早期的初步完善，较顺利地达到了简单现代化水平。然而，自 1957 年开始，“左”的错误思想的不断蔓延与扩张，最终导致 1966 年“文化大革命”的爆发，致使统一高考制度被停废。1972 年，高校招生虽然恢复，但并未恢复考试，而是实行推荐制。这是高考制度的第一次理念转变，即由

① 第一个五年计划（1953—1957 年）简介［EB/OL］.（1955-07-30）［2018-07-01］. http://www.china.com.cn/ch-15/15/k.htm.

② 忽培元. 历史的跨越从“一五”到“十三五”［M］. 北京：光明日报出版社，2015：18.

“效率优先”转向“政治优先”。而在“政治优先”理念的指导下，高考制度现代化遭遇了第一次停滞与倒退。

第二次是由“政治优先”向“科学优先”的转变。1977 年，高考虽然恢复，但受“文化大革命”的影响，人们对“政治”的“敏感”“畏惧”并未迅速彻底消除，而是经历了 4—5 年的过渡或转变时期。在 1977—1982 年，为了让教育战线的同志甩掉“文化大革命”的思想包袱，邓小平不遗余力地在多个重要会议或场合批判“文化大革命”的错误思想以及“两个估计”“两个凡是”等错误方针，明确支持“实践是检验真理的唯一标准”的科学论断，坚决主张废除推荐招生和恢复考试招生。邓小平促进了社会思想解放以及形成尊重知识、尊重人才的社会风气，为改革开放奠定了思想文化基础。1983 年，随着政治经济体制改革的不断推进，高考制度终于迎来了由“政治优先”向“科学优先”转变的重大历史时刻。如果说 1983 年是高考制度的改革元年，那么一直到 2009 年，在长达 26 年的时间里，在西方现代教育测量理论与现代考试技术的影响下，高考制度始终处在频密变革的、追求科学化考试的阶段。这一时期，就高考测试制度的变迁而言，高考形式实现了由单一化到多样化的转变；高考内容实现了从考知识到考能力的转变；命题方式实现了从统一到分散的转变。就高考录取制度的变迁而言，招生体制实现了从计划到市场的转变；招生名额实现了从权利上收到分省定额的转变；录取规则实现了从单一到多元、从效率优先到兼顾公平、从人口操作到信息化操作的转变。同时，招生考试机构也走向了专业化的发展轨道，高考的保障、监督机制也得到了极大的建立健全。①

第三次是由“科学优先”向“公平优先，兼顾科学”的转变。1983 年后，在“科学优先”理念的指导下，高考制度至少进行了 25 次（项）的改革与试点试验，包括科目设置的优化、标准化考试的实施、艺体类“统考＋单考”模式的推行、考试技术的信息化、标准分记分办法的尝试、自主招生的探索，以及本专科分类考试的试验等。尽管这些改革项目有的成功了，有的失败了，但推进高考制度科学化却是其主流方向。然而，在改革极大提高高考制度科学化水平的同时，也有些项目的实施致使高考制度出现公平性流失的问题。譬如，以 1984 年试点实行的保送生制度为例。该制度本来是在片面追求升学率、应试教育愈演愈

① 李木洲. 高考改革的历史反思［M］. 武汉：华中师范大学出版社，2016：68-290.

烈的背景下，为了打破“一考定终身”“冷门专业无人问津”等招生问题，而推行的一项多元化招生制度。但是在具体的推行过程中，理论上“存在制度缺陷，易遭权力黑洞”，实践上存在的“保送机会存在阶层巨大差异”[①]等问题，导致高考制度出现公平危机。据调查，“1995 年河南省鹤壁市某中学，保送的 8 名学生中有 7 人成绩作假”；“1997 年中国人民大学就清退了三个成绩弄虚作假的保送生”；2000 年，湖南某重点中学的 14 保送生，有 13 位是学校校长、副校长及县级领导的子女。[②]而从获取保送重点大学的机会来看，干部阶层子女所占比例为 50.5%，其阶层辈出率是 6.35；而农民子女只占 4.9%，其辈出率为 0.17，两者辈出率之比为 37.35。这表明前者获得保送重点大学的机会是后者的 37 倍多。[③]此外，高考加分政策在推行过程中也出现泛化现象，如“政出多门，加分项目骤增且标准不一；政策弹性过大，易于权力寻租；受益主体泛化，有违制度初衷，形成教育误导；权力配置分散，监督难度增大，阶层优势明显”[④]等，加速了高考制度的公平性流失，进而导致“公平”成为高考制度改革不得不直面的问题，甚至成为影响进一步深化高考制度改革最为重要的因素。可以说，人们对公平的追求推动了高考制度改革理念由“科学优先”向“公平优先，兼顾科学”的转变。

第四次是由“公平优先”向“育人优先，兼顾效率、科学与公平”的转变。它是即将到来的、指向未来的，且正在酝酿之中的。2010 年，《教育规划纲要（2010—2020 年）》首次明确指出，要“把促进公平作为国家基本教育政策”，认为“教育公平是社会公平的重要基础，教育公平的关键是机会公平”，要“按照有利于科学选拔人才、促进学生健康发展、维护社会公平的原则”推进考试招生制度改革。2014 年，国务院发布的《实施意见》进一步指出，高考制度“总体上符合国情，权威性、公平性社会认可，但也存在一些社会反映强烈的问题”，包括“区域、城乡入学机会存在差距……加分造假、违规招生现象时有发生”等公平性问题。可见，新高考改革把促进公平公正作为基本价值取向，表明高考制度改革理念已由“科学优先”转向了“公平优先”。

为切实促进高考公平，《实施意见》提出减少和规范考试加分的办法，对确

---

① 李木洲. 多元分解：保送生制度改革之道［J］. 中国高教研究，2011（12）：19-21.

② 李峻. 保送生政策变迁的多源流分析［J］. 大学教育科学，2011（2）：46-50.

③ 罗立祝. 社会阶层对保送生高等教育入学机会的影响［J］. 高等教育研究，2008（8）：38-44.

④ 李木洲. 高考加分政策的变迁及问题透视［J］. 山东高等教育，2014（7）：65-71.

有必要保留的加分项目，合理设置加分分值。“地方性高考加分项目由省级人民政府确定并报教育部备案，原则上只适用于本省（区、市）所属高校在本省（区、市）招生。加强考生加分资格审核，严格认定程序，做好公开公示，强化监督管理。”2016 年，高校招生“取消全国性鼓励加分项目，包括省级优秀学生加分、思想政治品德方面有突出事迹加分、全国中学生学科奥林匹克竞赛加分、全国科技创新大赛获奖加分、体育特长生加分项目等等”①。由此，高考加分泛滥的问题得到了有效控制，极大地促进了高考公平。关于保送生制度的公平性改革，2001 年，《教育部关于 2001 年普通高等学校招收保送生工作的通知》指出，为杜绝保送生出现“弄虚作假、拉关系、走后门、徇私舞弊等不法现象”，采取“压缩规模（不超过 5000 人）、严格标准、严格管理”②的调整办法，且“变过去的‘软标准’为‘硬标准’，取消指标分配，变‘数量控制’为‘质量控制’，并实施网上公示，接受群众监督”③。此后，保送生制度进入了稳定期。另外，通过“阳光工程”的实施以及教育考试法律法规的建立健全，高考制度的公平性得到显著增强，较好地维护了社会公平与正义。

然而，公平实然重要，但维护公平绝非高考制度的全部功能，在维护公平的前提下，其更为重要的功能是其本位功能——选才育人，而除此以外的功能，皆为其附属功能或延伸功能。正如有学者所言：“现代社会教育公平之所以重要，主要源于我们对公平本身作为一种价值的想象，而非教育的本性使然。当前基于工业文明和民族国家的现实需要，教育公平仍是一种值得追求的价值目标，但事实上，现实中并不存在完全符合公平理论或公平理念的教育实践。作为一种‘想象的秩序’，公平有其合理性亦有局限性，教育公平的政策选择要警惕‘平等主义’的误区；在追求教育公平的同时，也要为其他价值选择留有合理空间，以确保教育改革和发展的开放性和包容性。”④对于高考制度而言，高考公平亦是如

① 北京市教育委员会、北京市民族事务委员会、北京市公安局、北京市体育局、北京市科学技术协会. 北京 2017 年高考加分政策［EB/OL］.（2016-12-27）［2018-07-01］. http://www.gaokao.com/e/20161227/5861e27d61ded. shtml.

② 教育部. 教育部关于 2001 年普通高等学校招收保送生工作的通知［EB/OL］.（2001-02-05）［2018-07-01］. http://www.moe.gov.cn/jyb_xxgk/gk_gbgg/moe_0/moe_7/moe_12/tnull_5934.html.

③《中国考试》杂志社. 恢复高考 30 年——高考改革与发展［G］. 北京：中国传媒大学出版社，2007：73.

④ 王建华. 教育公平或许是无用的：一种不合时宜的沉思［J］. 教育发展研究，2017（19）：20-24.

此，我们在追求高考公平的同时，不应舍本求末，而应为高考制度的其他价值或更为重要的价值留有合理空间，以确保高考改革与发展的开放性和包容性，使其能够充分发挥应有的本位功能。教育部考试中心原主任姜钢曾指出，“面向新时代，高考改革要适应决胜全面建成小康社会、全面建设社会主义现代化强国的新要求，落实立德树人根本任务，坚持促进公平、科学选才的根本方向”，应“紧紧围绕‘立德树人、服务选才、引导教学’的核心功能，突出对能力和素养的考查，全面提高科学选才能力，助力实现国家人才强国战略，为社会主义现代化建设提供源源不断的人才支撑”①。因此，展望未来，高考制度的改革理念将由“公平优先”转向“育人优先，兼顾效率、科学与公平”。

综上，在高考制度的效率性、科学性、政治性、公平性等发展到一定阶段之后，高考制度的改革理念必然会由外部功能主导转向内部功能主导，即回归到“选才育人”这个本位功能之上。总之，高考制度改革理念的选择，在根本上决定着高考制度的现代化发展方向、速度、规模与质量，它是高考制度现代化的首要制约因素，必须对其正确理解与把握，才能改造与构建出符合新时代发展需求的高考制度。

二、高考制度自身的局限性

高考制度现代化的限度，在很大程度上是由其自身的局限性所决定的。所谓高考制度自身的局限性是指高考制度结构与功能的先天局限，也即高考制度本身的设计存在一定的内部矛盾与冲突，而这些矛盾与冲突又是不可避免或难以调和的。从高考制度结构来看，它包含测试制度、录取制度、管理制度三个相对独立又密切相关的子制度，其中，测试与录取制度是两个先后有序的制度安排，测试结果是录取的主要依据，录取结果是测试信息的终端反映，管理制度则贯穿于测试和录取两个环节的全过程，是保障高考制度有序、公正运行的基本制度安排，三者围绕“选才”这个目的发挥各自的功能。而每一项子制度又有各自的内在设计，且都关乎高考制度的正常运转与整体现代性。

---

① 姜钢. 论高考“立德树人、服务选才、引导教学”的核心功能［J］. 中国高等教育，2018（11）：31-35.

关于高考制度自身的矛盾与冲突，刘海峰教授认为，高考制度的设计至少存在八对突出的矛盾或两难问题。①统一考试与考查品行的矛盾。统一考试强调分数面前，人人平等，可有效排除人为因素的干扰，但仅通过统一考试无法准确判断学生的品行，无法实现德才兼备的选才目的。②统一考试与选拔专才的矛盾。统一考试实行统一标准，难以兼顾考生的个性及其专长，会压抑考生的个性与求异思维，不利于专才的选拔和培养。③考试公平与区域公平的矛盾。考试公平强调成绩优先，严格按照分数的高低录取；区域公平强调政治考量，关注不同区域的人才分配。两者兼顾，必有取舍。④保持难度与减轻负担的矛盾。"难度"是高考甄选人才的必要条件，但难度太大又会加重考生负担，然而在有限的教材范围内又要保持一定难度，若不出新题、"偏题"、"怪题"，则在现实操作上比较困难。[①]⑤考测能力与公平客观的矛盾。考测知识以客观试题为宜，考测能力则以主观试题为宜，若过于强调考测能力往往会与高考的公平客观原则产生矛盾。⑥灵活多样与简便易行的矛盾。实行大一统的高考模式，各省（自治区、直辖市）之间的高考成绩可比，管理操作也简便易行，而各省（自治区、直辖市）间多样化的科目设置与分省命题，则会导致考试成绩无法绝对可比，容易引起社会误解和高中与大学的选择性困惑。⑦公平选才与扩大高校招生自主权的矛盾。公平选才是高考制度的基本功能和精神所在，而扩大高校招生自主权，则会将高考的矛盾焦点转移到高校方面，致使社会担忧高校招生会受到权势、人情等干扰。⑧考出特色与经济高效的矛盾。高考具有多样性，利于考出特色，但多样化的单独招考，又与高考的经济高效原则相矛盾。[②]此外，高考还存在"裸考与非裸考"、选拔"众才"与选拔"偏才"等多种矛盾。归根结底，这些矛盾本质上是高考制度设计在"集中与分散""单一与多元""统一与多样"三大核心矛盾关系的具体化，它们之间的取舍与平衡，既构成了推动高考制度发展的基本动力，也成为制约高考制度现代化的限度所在。

王后雄教授从"冲突"的视角阐释了高考矛盾，认为高考冲突是指"在高考领域的各种力量之间的矛盾、分歧、争夺及较量的紧张状态"，并探讨了十大高考冲突问题。①高考公平与效率的冲突。公平与效率此消彼长，往往以牺牲另一

① 刘海峰. 高考改革中的两难问题［J］. 高等教育研究，2000（3）：36-38.
② 刘海峰. 高考改革中的全局观［J］. 教育研究，2002（2）：21-25.

方面为代价。例如，高考科目多则趋向于注重效率，有利于选拔专才；而高考科目少则趋向于注重公平，有利于横向比较。②考试公平与区域公平的冲突。高考实行分省定额，但区域教育发展不平衡，导致高校录取线存在较大的省际差异，从而使考试公平与区域公平矛盾凸显。③考试公平与起点公平的冲突。公平包括起点、过程与结果公平，统一高考的形式公平往往掩盖了实质公平，在城乡、地区、阶层之间客观存在考试起点不公平的问题。④高考科学性与公平性的冲突。统一高考论者强调统考的公平性优点，忽视其“一把标尺衡量所有人”的科学性缺点；而自主招生及综合评价论者则抓住统考不利于考生个性及创造力发展的科学性缺点，忽视其“易被主观化左右”的公平性不足。⑤高考统一性与多样化的冲突。多样化招考利于满足不同高校选拔新生的需求，体现高校特色与自主权，这是统一高考无法实现的；但统一高考录取标准统一，考生成绩可比性强，能有效防止考试腐败，发挥规模考试的效益，这又是多样化招考难以比拟的。⑥高考功能正向性与负向性的冲突。考试科学的局限性和考试功能的双重性，使考试不得不面对一系列自身无法克服的缺陷，对高考功能的任意夸大或扩大，都将使高考背负难以承受之重。⑦高考考查知识与能力取向的冲突。不同社会阶层的教育差异客观存在，高考由“考知识”转向“考能力”，对于不同阶层的考生而言，其竞争状态不平等，这可能有违追求教育公正和考试公正的目标取向。⑧高考制度与素质教育的冲突。这主要体现在高考作为一种选择性考试活动，与作为一种全面的、应然的考试功能和理念之间的差异与冲突。⑨学校课程与高考课程的冲突。高考的筛选功能，使中学的教育内容基本局限在高考口径之内，学校课程实质上演化为高考课程。⑩高考评价公正与评价误差的冲突。高考评卷和给分的误差客观存在，并且评价有一定的自主性，存在自由裁量的空间，因此，评价公正与评价误差存在难以避免的冲突。①

另外，笔者也曾对高考制度设计的公平性矛盾进行过专门探讨，认为考试与招生是其两大问题域。其中考试公平设计方面存在五大局限：①以一次考试成绩作为录取依据的考试机会局限；②以笔试为主难以反映考生多方面素质的测试方式局限；③试题的题材或内容选择可能导致不同背景考生的答对概率不同，以及选考科目试卷难度难以等值的内容性局限；④主观性试题评分误差控制的局限；

① 王后雄. 高考改革中的冲突问题评述［J］. 教育发展研究，2008（19）：11-15.

⑤考试作弊难以根除的技术局限。招生公平设计方面主要存在四大诟病：①差异化的分数线。在分省定额、高考持续改革、高校分布不均等背景下，各省（直辖市、自治区）的高考录取分数线从原来相差甚小到后来逐渐加大，致使部分时间内高等教育入学机会在空间上呈现出扩大的态势。[①]②分科招生有差距。在招生计划方面，文科的招生规模远远小于理科，如某重点本科院校每年在四川省的理科招生计划数平均为文科招生计划数的 5 倍以上，但理科考生的参考人数仅仅是文科考生的 1.5 倍。在投档录取过程中，文科的批次划线比例也比理科要高。以某省 2004—2007 年文理考生一本录取率为例，文科考生的录取率平均为 0.019，而理科考生的录取率平均为 0.074，两者相差近 4 倍。[②]③录取标准多重化。高等教育产业化使高校为获取更多的本地资源，而对本省和外省考生采用双重录取标准，且在国家扶弱政策的支持下还有针对少数民族的补偿性录取标准，这使得高考录取的单一分数或能力标准被扭曲。④名目繁多的加分政策。在利益的驱使下，各省（自治区、直辖市）（不包括港澳台地区）将教育部规定的 14 种加分规定发展至近 200 种，且加分对象、范围、标准不尽相同，致使该政策演变为高考“寻租”的制度黑洞。[③]当然，目前的高考加分政策已得到良好的规范化治理，各类竞争性、鼓励性加分已取消，保留项目的加分分值也得到严格控制，并取得了明显成效，但诸如民族性、区域性、政策性加分的存在，又可能导致反歧视性的公平问题。

最后，高考制度除了应承担“选才育人”功能外，还承担了太多的附加功能，包括政治功能、经济功能、文化功能、民主功能等，这些附加功能在很大程度上也制约着高考制度的深化改革，影响着高考制度在一定历史阶段内可能达到的现代化水平与质量。总之，高考制度如同其他社会制度一样，都存在难以克服的自身缺陷以及各种内在的矛盾与冲突，而这些矛盾与冲突有些是相生相伴且“无解”的，有些会随着产生矛盾与冲突的条件的变化而随之“化解”。

---

① 李立峰. 我国高校招生考试中的区域公平问题研究［M］. 武汉：华中师范大学出版社，2016：210.

② 杨小玲，李凤，甘犁. 文理分科对高考录取公平性的影响——基于上线考生数据的实证分析［J］. 教育发展研究，2011（10）：51-56.

③ 李木洲. 高考公平的元思考［J］. 国家教育行政学院学报，2012（8）：29-33.

三、社会经济水平的约束

“现代化的根本动力是经济力。”[①]有研究指出，“20 世纪以来，大约 68%的工业指标与国家经济水平显著相关”[②]。故而，经济发展水平是衡量一个国家或地区现代化水平的重要指标。然而，从发达国家和地区的经验来看，“没有教育的现代化，就没有经济与社会的现代化”[③]。事实上，教育投入与经济发展水平之间呈明显的正相关关系。“一方面，教育投入多少取决于一个国家的经济发展水平，经济越发达，教育经费就越充足；另一方面，增加教育投入能通过提升人力资本来促进经济发展，教育投入越多，教育对经济的贡献也就相对越大，经济发展的潜力和动力也就越大。”[④]因此，一般而言，现代化水平越高的国家，其人均教育投入也越大，教育的现代化水平也越高。

公共财政教育支出占公共财政总支出的比例是衡量国家教育投入的重要指标。2012 年，我国实现国家财政性教育经费占国内生产总值（gross domestic product，GDP）总量 4%的目标，之后连续 5 年均保持在 4%，2015 年达到 4.26%，这意味着我国的教育投入已跨入“后 4%”时代，接近中等偏上收入国家 4.41%的投入水平，但仍略低于同期世界平均水平 4.57%[⑤]，这表明我国的教育总投入虽然增幅较大，但与发达国家相比，仍有不小的差距，而若论生均经费，则差距更大。有统计表明，“相对于经合组织发达国家而言，我国各级教育生均经费明显偏低，与高收入国家的生均经费存在较大差距。从经合组织国家平均水平来看，初等教育、中等教育和高等教育生均经费分别为 8477 美元、9811 美元和 15 772 美元……与经合组织国家平均值相比，我国初等教育、中等教育和高等教育生均经费分别相差 7153 美元、7929 美元和 11 763 美元”[⑥]。因此，

---

① 罗荣渠. 论现代化的世界进程［J］. 中国社会科学，1990（5）：107-126.

② 何传启. 中国现代化报告 2014—2015——工业现代化研究［EB/OL］.（2015-04-16）［2018-07-02］. http://www.modernization.ac.cn/document.action?docid=3888.

③ 江海燕. 广东经济发展进程中的教育现代化问题研究［J］. 学术研究，1998（4）：45-52.

④ 蒋义. 4%：公共教育支出占 GDP 比重必须达到的分配规律——基于世界各国教育投入历史数据的比较分析［C］. 2010 年中国教育经济学学术年会论文集，2010：17.

⑤ 陈纯槿，郅庭瑾. 世界主要国家教育经费投入规模与配置结构［J］. 中国高教研究，2017（11）：77-85，105.

⑥ 陈纯槿，郅庭瑾. 世界主要国家教育经费投入规模与配置结构［J］. 中国高教研究，2017（11）：77-85，105.

尽管目前我国的教育总投入较多，但由于学生基数大，生均教育投入仍处于较低水平，这在很大程度上制约着我国教育现代化的发展。

作为我国的基本教育制度，高考制度现代化受到社会经济发展水平的制约，主要体现在以下两个方面。

（一）国家教育经费支出影响着高考制度的运行及其研发

高考是国家考试，高考制度改革与发展属于教育治理的范畴，其运行经费亦属于教育经费的组成部分。从 2018 年教育部直属部门的预算报告来看，教育部考试中心的经费预算由教育部统筹。[①]可见，高考制度运行的经费支出，除教育考试部门（教育部考试中心、省级教育考试院或局）自负盈亏的部分外，主要来源还是国家教育经费拨款。因此，国家教育经费支出的总量影响着高考制度的运行保障与研发经费。然而，高考既是一种社会制度或教育制度，更是一门技术——考试测量与评价技术，甚至是一门科学——考试科学。不管是维护高考制度的正常运行，还是考试测量与评价技术的研发与试验都离不开经费投入，尤其是考试测量与评价技术的研发与试验、国家高考题库的建设、高考评价项目的研发、高考大数据的开发、教育考试机构的专业化建设、考试测量与评价设备的配备、教育考试信息安全设备的配置、高考网络技术的更新与维护，以及高考专家与技术人才队伍建设等都需要大量的经费支持。而这些技术的提升与改进，正是高考制度现代化的重要指标，也是实现高考制度高度现代化或全面现代化的基本前提。

（二）国家经济发展水平影响着高考制度改革的条件及进程

从国家东、中、西部的教育现状和各区域的城乡教育发展情况来看，“教育发展水平取决于经济发展状况”[②]，即经济发展良好的区域，其教育投入和教育水平明显高于经济落后区域。而“就优质教育资源的建设而言，无论是生成式的发展模式，还是扩张式的发展模式，经济条件都是其重要的前提”[③]。然而，经

① 从《教育部 2018 部门预算》来看，教育部考试中心的部门序号为 101。
② 岳昌君. 经济发展水平的地区差异对教育资源配置的影响［J］. 教育与经济，2003（1）：35-41.
③ 陈振华，伍正翔. 优质教育资源发展中的经济作用分析［J］. 教育科学，2011（5）：7-12.

济发达地区不仅基础教育发展水平较高，而且优质高等教育资源也相对丰富，这种差距的存在从基础教育和高等教育这两端加剧了高等教育入学机会的不公。恰如有研究指出的："世界各国社会经济地位处于劣势的阶层在高等教育机会方面都不同程度地处于劣势，而要改变这类阶层在教育机会上的不平等，仅仅靠提供免费的高等教育并不能根本改变其教育境遇。"[①]可见，"不管是从宏观上缩小区域间的高考入学机会差距，还是从微观上提高受教育者自身的入学机会，都必须以改善区域和个人的经济状况为基本条件，否则难以从根本上消除客观原因导致的入学机会不公"[②]。

总之，社会经济发展水平与高考制度现代化密切相关：一方面，社会经济发展水平决定着国家对高考制度的经费投入，制约着高考技术的进步，影响着高考制度的科学化、信息化等现代性水平；另一方面，社会经济发展水平决定着高等教育的招生规模、区域公平、入学机会，在根本上制约着高考制度的公平性发展。此外，"经济发展水平的提升，也要求现代化的标准不断提升"[③]，故而社会经济水平又在层次和质量上对高考制度现代化有所制约。因此，高考制度改革必须以经济基础为依据，既要构建适应社会经济发展水平的高考制度，又不能脱离社会经济发展水平来推动高考制度现代化。

四、历史发展阶段的限制

马克思主义认为，人类社会的发展"有其内在规律，不以任何人的意志为转移"[④]，"无论哪一个社会形态，在它所能容纳的全部生产力发挥出来之前，是决不会灭亡的；而新的更高的生产关系，在它的物质存在条件在旧社会的胎胞里成熟以前，是决不会出现的"[⑤]。人类从奴隶社会进入封建社会，再由封建社会进入资本主义社会，以及由资本主义社会再进入社会主义社会乃至进入未来的共

① 闵维方. 高等教育运行机制研究［M］. 北京：人民教育出版社，2002：335-336.

② 李木洲. 高考改革的历史反思［M］. 武汉：华中师范大学出版社，2016：333-334.

③ 刘伟，蔡志洲，李心愉. 全面现代化与经济发展优势［J］. 内蒙古社会科学，2018（3）：20-25.

④ 杨耕. 关于马克思主义"两个必然"理论的再思考［J］. 哲学研究，2001（5）：3-10，79.

⑤ 中共中央马克思恩格斯列宁斯大林著作编译局，编. 马克思恩格斯选集（第二卷）［M］. 北京：人民出版社，1995：32.

产主义社会，都遵循这个基本规律。而关于现代化，在马克思看来，“自人类进入文明社会以来，从第一大社会形态向第二大社会形态的转变，实质就是社会的现代化过程”[①]。可见，人类社会的历史发展具有明显的阶段性特征与阶段性限制，而这种特征与限制是由不同的社会形态及其性质所决定的，具有不可跨越性。

当然，人类社会的发展演进史并不止一种判断标准。譬如，有学者以不同层次的物质生产力和生产方式为标志，认为人类文明形态伴随人们由浅入深地不断推进对自然物质层次的认识与改造，大致历经了三大历史时代，即生物文明—化学文明—物理文明，而这三大时代又可分为六个小阶段或小时代，即“天然生物时代与人工生物时代—天然化学时代与人工化学时代—天然物理时代与人工物理时代。其中，采猎文明代表着天然生物时代，农业文明代表着人工生物时代，工业文明代表着天然化学时代”。而在工业文明之后，人类文明还将进入一个与天然化学时代相对应的文明时代——人工化学时代，即“人工创造和利用化学物质的时代”，也即“新工业时代”[②]。众所周知，文明是文化的积极面，也是现代化的主要表征。可以说，人类现代化的进程与人类后文明时代的进程具有高度的一致性。

而按照罗荣渠教授的观点，人类社会的现代化进程也确实存在一定的阶段性特征与限制，即呈现“梯级升进秩序”。他认为，被卷进现代化世界大浪潮中的不同国家，按进入这一大转变过程的先后顺序可分为三大批：①在 16 世纪前半叶，赶上现代化头班车的国家，可称之为现代化的“先行国”(first comers)，因为它们是自发进行的；②在 19 世纪后半叶，赶上现代化第二班车的国家，可称之为现代化的“后进国”(late comers)；③20 世纪后半叶才开始搭上现代化快车、奋起直追的国家，可称之为现代化的“迟到国”(late comers)。后两批国家大部分是受诱发甚至是被迫走上现代化道路的。当然，还有些零零落落在中途搭车的。在这三大批国家中，只有第一批是内生型现代化，其他两批都是外诱型现代化，或内生-外诱混合型的现代化。[③]然而，外生型的现代化并不是完全受制于

① 转引自李江源. 从社会哲学视野看教育制度的现代转型 [J]. 学术研究，2005 (1)：108-113.

② 韩民青. 中国现代化就是中国新工业化——中国经济发展的大方向新战略 [J]. 济南大学学报 (社会科学版)，2017 (2)：46-51，157.

③ 罗荣渠. 论现代化的世界进程 [J]. 中国社会科学，1990 (5)：107-126.

外部条件的，外生型现代化国家在某些领域可能实现“弯道超越”，但必要的现代化过程与阶段是难以跨越的，譬如工业化、电子化、信息化、智能化、民主化、法治化、均等化、高等教育普及化，以及人的文明化等，因为现代化水平是社会经济发展基础和社会制度文化基础的综合体现，只有社会整体的现代性达到特定水平，现代化才能进入下一个阶段。

何传启教授通过构建世界现代化指数模型，研究了当代世界 131 个国家、不同组国家和世界平均的现代化水平，包括第一次现代化指数、第二次现代化指数和综合现代化指数。[①]这些指数用于体现世界各国当代现代化在经济、社会、知识和环境等领域的综合水平（未包含政治等领域）。研究结果表明：“2013 年，美国等 27 个国家已经进入第二次现代化，中国等 100 个国家处于第一次现代化，乍得等 4 个国家仍然处于传统农业社会，有些原住民族仍然生活在原始社会。根据第二次现代化指数的国家分组，2013 年美国等 20 个国家为发达国家，俄罗斯等 25 个国家为中等发达国家，中国等 34 个国家为初等发达国家，肯尼亚等 52 个国家为欠发达国家。”[②]由图 3-6 可见，世界不同国家的现代化进程呈明显的格序状态，由第一次现代化向第二次现代化演进，或者说由初级现代化向中级现代化以及更高一级的现代化阶段演进，均具有现实的、客观的共同性、普及性的衡量指标，只有达到了前一阶段的现代化指标，才能进入更高水平的现代化阶段。

不难发现，根据现代化的类型划分，中国是典型的外生型现代化国家。自 19 世纪 60 年代洋务运动开始，中国卷入现代化进程，由闭关锁国转入“睁眼看世界”，并开始接受“西化”，西方大量的近现代自然科学、人文科学、社会思潮纷纷涌入中国，中国开始了艰难曲折的现代化历程。但纵观中国的现代化历程，尽管自 19 世纪下半叶即已开启，也历经了清末的“洋务运动”“维新运动”等现代化运动大事件，后来也有民国时期的“学日”“学美”“学欧”，以及中华人民共和国成立初期的“学俄”“学苏”，包括“四个现代化”的提出和工业化基础的初步奠定，但真正快速推动中国现代化实质进程的，还是始于 20 世纪 80 年代初的改革开放政策以及社会主义市场经济的发展。而高考制度的实质性现代化，也

---

① 第一次现代化指数主要反映工业化和城市化的实际水平；第二次现代化指数主要反映知识化和信息化的实际水平；综合现代化水平指数主要反映现代化水平的国际相对差距。

② 何传启. 2013 年世界现代化指数［J］. 科学与现代化，2016（2）：14-28.

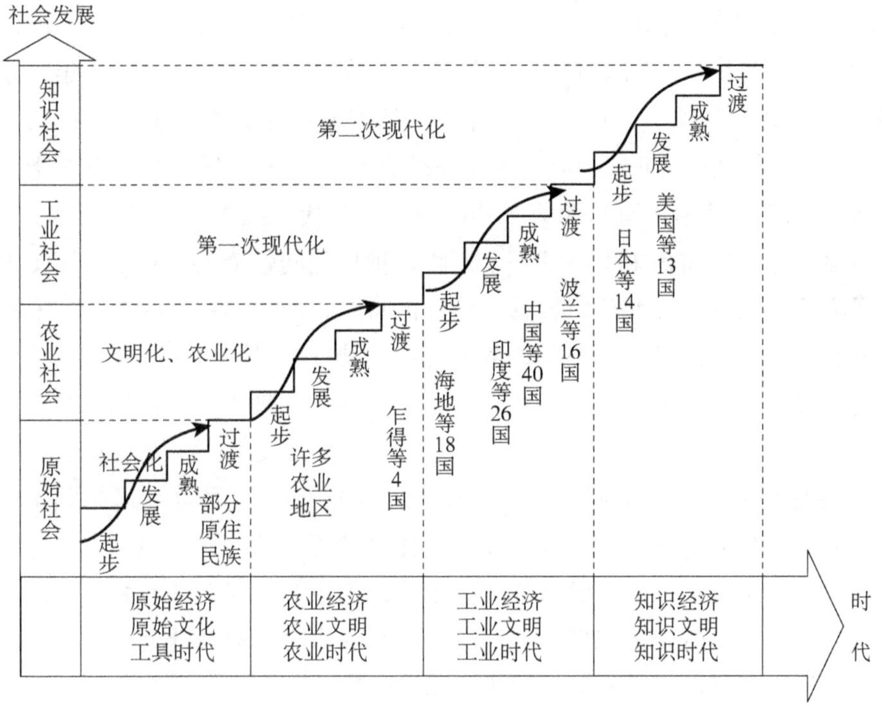

图 3-6　2013 年世界现代化进程的坐标图

资料来源：何传启.2013 年世界现代化指数［J］. 科学与现代化，2016（2）：14-28.

正是伴随改革开放和社会主义市场经济体制改革的大潮才得到快速发展的，并较快地实现了标准化、市场化、多元化、多样化、评价化、信息化等。因此，高考制度的现代化与国家的现代化进程是密切相关的，并且在很大程度上受制于国家现代化的进程，如它必须符合并适应国家的现代化发展需求，而很难超越国家现代化的进程。

事实上，从中华人民共和国第一个“五年计划”实施开始，就标志着我国的现代化建设基本上是以阶段性目标模式向前推进的。新时代，习近平总书记也明确指出，改革开放后，我国社会主义现代化建设是按照“三步走”的阶段性战略目标向前推进的，即第一步是解决人民温饱问题；第二步是人民生活总体上达到小康水平，第三步是“到建党一百年时建成经济更加发展、民主更加健全、科教更加进步、文化更加繁荣、社会更加和谐、人民生活更加殷实的小康社会，然后再奋斗三十年，到新中国成立一百年时，基本实现现代化，把我国建成社会主义现代化国家”。如今，前两个目标都已提前实现。从 2020 年到 21 世纪中叶分为两个发展阶段推进。第一个阶段，从 2020—2035 年，在全面建成小康社会的基础上，再奋斗十五年，基本实现社会主义现代化；第二个阶段，从 2035 年到 21 世纪中叶，在基本实现现代化的基础上，再奋斗十五年，把我国建成富强民主文明和谐美丽的社会主义现代化强国。[①]

可见，作为人类历史发展的一个过程，现代化同整个人类社会的历史发展一样，具有不以人的意志而任意转移、跨越的特点，而且同样具有鲜明的发展阶段性，并且每一个阶段都有自己的任务与使命、特征与局限，在前一个现代化阶段没有得到充分发展之前，是不可能进入下一个现代化阶段的。正如杨学为先生指出的：“在社会主义社会，竞争是不可免的，且对发展生产力是有益的。作为分工、主要是脑体分工的重要手段，考试也是不可免的，因为考试对提高教育质量、人才成长是有益的，除非人类发明了比考试更好的方法。在‘文化大革命’中曾经取消考试，结果以失败告终。这不是人们主观上对考试的好恶问题，归根到底是生产力发展水平的问题。离开生产力发展水平，离开社会主义初级阶段的实际，去讨论考试的存废问题，这不是历史唯物论的观点。”[②]简言之，高考制度的现代化受到国家发展历史阶段的影响与制约，它“存在难以逾越的历史局限与限度，而不可能‘改革’出超越历史条件的制度形态”[③]。

---

① 习近平：决胜全面建成小康社会 夺取新时代中国特色社会主义伟大胜利——在中国共产党第十九次全国代表大会上的报告［EB/OL］.（2017-10-27）［2018-07-04］. http://www.xinhuanet.com/2017-10/27/c_1121867529.htm.

② 杨学为. 中国高考史述论（1949—1999）［M］. 武汉：湖北人民出版社，2007：2.

③ 李木洲. 高考改革的历史反思［M］. 武汉：华中师范大学出版社，2016：373.

第四章

个案研究：美国“高考”制度的现代化[①]

邓小平曾指出：“我们的现代化建设，必须从中国的实际出发”，但“无论是革命还是建设，都要注意学习和借鉴外国经验”[②]。二战后，美国的现代化发展水平一直居于世界前列，引领着世界的现代化发展。由美国特定的历史、政治、经济、文化等所决定，美国“高考”制度当前处于高度现代化阶段，它跨越了很多发展中国家大学招生制度所没有经历的发展阶段。系统考察美国“高考”制度现代化的历程、经验、优势及趋向，不仅有利于窥探世界“高考”制度现代化的一般规律、终极目标与发展方向，而且对新时代构建中国特色社会主义高考制度现代化体系具有重要启示。

① 本部分刊载于李木洲. 美国高校招生制度现代化历程及其启示［J］. 湖北大学学报（哲学社会科学版），2020，47（6）：138-146，略有删改。

② 邓小平. 邓小平文选·第三卷［M］. 北京：人民出版社，1993：2.

第一节 美国“高考”制度的现代化历程

高考制度产生于大学招生的需要。美国高校的招生活动可追溯至 1636 年哈佛大学的创建，至今已有 380 多年的发展史。而若以 1926 年学术能力评估测验（scholastic assessment test，SAT）考试的诞生为美国高校传统考试招生与现代考试招生的分水岭，那么，美国“高考”制度的现代化也已走过近百年的历程。总体而言，美国“高考”制度的发展史大致可分为四个阶段——经验化考试招生阶段、标准化考试招生阶段、综合化评价招生阶段、过程化评价招生阶段，而这四个阶段又分别代表着美国“高考”制度现代化的萌芽、发展、变革。

一、经验化考试招生：美国“高考”制度现代化的萌芽

美国的高等教育发源于殖民地大学，当时主要采用古典教育模式，即亚里士多德对哲学“三管齐下”的方法——以自然、道德、精神为基础的教育模式，而拉丁文和希腊文是自然、道德、精神研究的语言基础。因此，美国早期的大学招生主要考查应试者对拉丁文和希腊文的掌握情况。根据美国的第一所大学——哈佛大学于 1642 年起草的该校第一份管理规章（手稿）的记载，其招生情形是：“任何学者，只要能够读图利（Tully）或者能够像古典拉丁语作家一样临场创作、吟诵地道的拉丁语诗歌、散文，并熟练掌握希腊语名词与动词的词形变化，那么他就可以被学院录取，而在获得这些能力之前，是不会被录取的。”[①]从官方保存的档案来看，直到 18 世纪中期，这些入学条件几乎没有发生任何实质性的变化，原因在于这一时期的哈佛大学不仅经济困难，而且因受到宗教的破坏，未

① Broome E C，A Historical and Critical Discussion of College Admission Requirements［M］. New York：The Macmillan Co.，1903：18.

能得到良好发展。以至于有学者认为，“在 17、18 世纪，美国大学入学条件的发展基本上是哈佛大学招生政策与实践的故事。最早的入学候选人被要求检测阅读拉丁文和希腊文的能力，并且还要仔细考察他们的性格和背景”[①]。然而，“在美国第一个 150 年的高等教育中，并没有公开出版关于大学入学条件的记录，甚至历史主管部门对 19 世纪以前的入学条件或其中的变化也没有一定的了解”[②]。可见，19 世纪以前的美国大学招生并没有严格意义上的笔试，而是采取口试、面试等经验化的办法考查被试者是否具备接受高等教育的基本知识和学习能力。

19 世纪初，私立学校的发展标志着实用教育的兴起和古典教育的式微。受私立教育的影响，大学招生开始增加更多的考试科目和更加自由的选择，同时，拉丁文和希腊文也逐渐退出大学招生的要求范围。总体而言，“在 1800—1885 年，高等教育机构在考试科目方面增加了新的和不同的入学要求，如地理、历史、科学、现代语言等”[③]。1745 年，耶鲁大学增加了通用算数；1793 年，威廉和玛丽学院增加了法语；1807 年，哈佛大学增加了数学和地理，同时停止了对拉丁文和希腊文的普遍性要求，只要能够运用拉丁文和希腊文翻译六部规定的作品即可；1822 年，普林斯顿大学、哥伦比亚大学和耶鲁大学都把地理列入了未来学生的必修课名单。而到 19 世纪后半叶，很多学校开始要求被试者写作一篇英文短文，如普林斯顿大学、哈佛大学、密歇根大学、康奈尔大学、哥伦比亚大学分别于 1870 年、1874 年、1878 年、1882 年、1882 年开始要求被试者写作英文短文。[④]直到 19 世纪中期，大学之间关于招生要考什么科目以及考几门科目并没有形成统一的意见。然而，这种大学招生要求的多样化很快就引起中学教学的混乱，并第一次推动了美国大学招生条件统一化运动的发展。美国国家教育委员会（Committee of the National Education Association）与大学招生委员会（The Committee of College Entrance Requirements）

① Beale A V. The evolution of college admission requirements [J]. Journal of College Admission，2012（214）：20-22.

② Broome E C. A Historical and Critical Discussion of College Admission Requirements [M]. New York：The Macmillan Co.，1903：5.

③ English D，Broadhurst C. The evolution in college admissions requirements：1885 to 1905 [J]. College and University，2013，89（2）：2-11.

④ English D，Broadhurst C. The evolution in college admissions requirements：1885 to 1905 [J]. College and University，2013，89（2）：2-11.

在 1900 年发表了一份耗时 4 年完成的关于确保大学统一招生条件、方式、方法的调查报告，该报告对推动美国中学与大学合作发挥了重要的作用。1901 年，美国举行了史上"第一次高校统一入学考试（属学业成就测验，简称 AT），考试科目为英语、法语、德语、拉丁语、希腊语、历史、数学、化学、物理。次年，又增加了西班牙语、解剖学、地理"[①]。几乎在同一时期，也就是 1890—1920 年，为确保大学招生条件统一化的实施，地区认证机构纷纷成立。而随着统一化招生模式的发展，为了检验招生要求的合理性，美国各地出现了很多跟踪调查研究成果。据金利斯（Kingsley）在 1913 年所做的基于全美 300 家高等教育机构的调查研究，大学招生条件的变化趋向是逐渐强调高中四年学业的平均水平、推荐信，以及考试成绩。[②]

19 世纪中后期，伴随美国工业革命的深入，一方面，资本主义经济得到快速发展，社会新增行业对高等教育提出了更多的新的人才培养要求；另一方面，"西进运动"促进美国耕种面积的大幅增加，迫切需要大量实用农业技术人才。在这样的背景下，1862 年 7 月，林肯签署了著名的《莫雷尔法案》（也称《赠地法案》），该法案的颁布催生了大批面向工农阶级的"赠地学院"，使职业教育成为美国高等教育的重要分支，促进大学开设了更多社会急需的专业。这些新生的"赠地学院"为了与传统大学竞争，在招生录取、教学内容、教学方法等方面进行了大力改革。在招生录取方面主要采取了两项措施：①不仅明显增加了大学的招生人数，而且扩大了招生对象范围。到 19 世纪末，"赠地学院"招生人数达 25 000 人以上[③]，且绝大多数是原来被排斥在高校大门之外的工农及其子女。②赋予女子与黑人接受高等教育的权利，极大地促进了美国的教育公平。在一元宗教价值观主导下的封闭学院体系时代，女子是不允许进入大学的。例如，1837 年，奥柏林学院尝试招收女生，结果遭受社会公众的极大愤慨。而西部的"赠地学院"从一开始就向妇女开放，康奈尔大学还专门建立了女子宿舍，并于 1872 年招收女生，之后东部的学校也效法西部的做法，开始向妇女敞开大门。1890 年，第二个《莫雷尔法案》获得国会通过，其明确规定不得资助实行种族歧视招生政策的学校，

---

① 唐滢，丁红卫. 美国大学招生考试制度之嬗变［J］. 湖北招生考试，2004（24）：80-83.

② Beale A V. The evolution of college admission requirements［J］. Journal of College Admission，2012（214）：20-22.

③ 丹尼尔·丁·布尔斯廷. 美国人：南北战争以来的经历［M］. 谢延光，译，上海：上海译文出版社，1988：709-710.

并鼓励建立独立的黑人高等学校，从 1880—1900 年，美国共有 2 800 名黑人大学生毕业，其中 53%担任了中小学校长。[①]可见，社会经济基础的变化和高等教育的发展，是促进 19 世纪美国“高考”制度改革与进步的主要动力。

另外，值得一提的是，在 19 世纪后半叶，美国大学招生还尝试过证书录取制，即大学与本地中学建立“认可关系”，从“认可中学”获得毕业证书的学生，可免试直接进入大学。该制度于 1870 年最先由密歇根大学实行。到 19 世纪 90 年代，证书录取制已成为美国大学招生的普遍方式。不过，该制度有利有弊，其利有四：①中学可以获得大学的专业性指导，利于中学与大学建立紧密的教育衔接体系；②审查较为严格，比仅凭一两次测验来决定录取与否更加科学、公正；③有利于中学教师放弃考试技术的传授，而更加专注于教学；④有调查显示，证书录取制招收的学生的学业成绩普遍较好。其弊有四：①大学审查认可中学，耗时耗力；②为应对不同大学的不同要求，中学必须为高年级学生开设不同的课程；③同一所中学可能每年需要接受多所大学的检阅；④中学教学与课程设置受到大学控制，不利于中学的自主发展。[②]当然，证书录取制使中学普遍希望各大学能有一致性的学科要求，因而，该制度促进了美国大学入学要求向标准一致化的方向发展。

概而言之，在 17—19 世纪，由于美国复杂的历史背景，大学发展受到包括宗教、工业革命、经济发展、南北战争等因素在内的影响，大学招生处于变动不居的无政府化、经验化的探索阶段，但其考试科目的调整、统一招生模式的探索、证书录取制的尝试等，不仅为美国“高考”制度走向规范化、标准化和统一化积累了丰富的经验教训，而且为其由传统考试招生方式向现代考试招生方式的转变奠定了坚实的历史基础。

二、标准化考试招生：美国“高考”制度现代化的发展

19 世纪末 20 世纪初，在大规模移民和进步主义运动的影响下，美国社会与教育体系发生了巨大变化。这一时期，由于科学研究思维越来越受到重视，改革

---

① 周一民. 镀金时代美国高等教育的发展［J］. 上海师范大学学报（哲学社会科学版），1993（3）：131-135.

② 唐滢，丁红卫. 美国大学招生考试制度之嬗变［J］. 湖北招生考试，2004（24）：80-83.

者强调运用系统的、合乎逻辑的、有序的，也即科学的方法来改造社会。这些都促进了美国各级教育的标准化改造。公立学校开始从两级（即小学和高中）转变为三级（即小学、初中及高中），义务教育法也得以颁布。而这些改革的动力又主要来自大学，因为大学认为公立中小学校的教学是无效或低效的。例如，芝加哥大学时任校长威廉·兰尼·哈珀就敦促芝加哥公立学校标准化。当时一批精英大学的教育工作者普遍认为，中学之间课程的巨大差异既缺乏成效，又导致不公，因此需要改革大学入学招生要求。①这极大地推动了美国教育系统的整体发展。另据统计，此时“美国高等学校的总数已达 1000 所，入学学生达 33 万人，开设研究生课程的学校达 150 所，其中有 1/3 的学校设立了博士课程。而这一时期，在欧洲，法国 16 所大学招生人数总共约 4 万人，差不多只相当于美国高等院校全体教职工总数”②。美国教育系统的巨大变化，以及考试人数的骤增，客观上需要创造一种更为高效的招生方式。

早在 19 世纪的后 20 年，美国、英国、法国，以及德国的心理学家试图测量个体的智力差异③，并开展了大量的相关科学研究，如英国的心理个别差异研究、法国的诊断异常儿童智力研究、德国的实验心理研究，以及美国的人事工程思想（把人类能力量化为数目，以代表个人的价值）研究，它们从不同视角共同促进了标准化测验的诞生与发展。所谓标准化测验是指按照规范标准和科学程序对误差和施测过程进行严格控制的一种评价手段。它强调整个测验过程的标准化，包括按照标准确定测验的目的和计划、项目的编制、测验的管理、评分记分，以及分数解释等一系列的标准化。④1904 年，桑代克发表了《心理与社会测量导论》一书，此后各种标准测验量表竞相问世。在美国，心理测验在第一次世界大战的新兵招募中发挥了积极作用，从而使标准化测验的知名度大幅提升，并直接推动了智力测验在美国中小学的盛行。⑤标准化测验具有标准统一、过程严格、客观公平、考查信息量大，尤其是适合于大规模人才测验，在发展过程中越

---

① English D，Broadhurst C. The evolution in college admissions requirements：1885 to 1905［J］. College and University，2013，89（2）：2-11.

② 丹尼尔·J. 布尔斯廷. 美国人：南北战争以来的经历［M］. 谢延光，译，上海：上海译文出版社，1988：698.

③ Brody N. Intelligence［M］. San Diego：Academic Press，1992：1.

④ 王玉衡. 美国标准化测验的问题与质疑［J］. 比较教育研究，2002（9）：18-22.

⑤ 郭文博，缪丽娟. 美国教育标准化测验动因的历史考察［J］. 集美大学学报，2010（1）：48-52.

来越受到美国政策制定者的青睐，并逐渐成为美国中小学学情调查、教学评价、办学质量，以及质量监控的主要手段。

基于标准化测验的诸多优势及其在中小学的广泛影响，1926 年，美国大学入学考试委员会推出了学术能力倾向测验，并以此作为大学入学的主要考试项目。SAT 考试注重对一般学习潜能的测验，“既可回避美国中学课程不一、质量参差不齐的问题，又能为大学选拔新生提供一种不受学科专业限制的、统一可比的尺度”①。因而，SAT 考试就逐渐替代了 AT 考试，成为美国名副其实的“高考”。受到 SAT 考试理念的影响，到 20 世纪三四十年代，“美国大学招生的趋势是重点考查学生的能力而不是科目学习的成绩”②，使中学课程与大学考试的关系趋于淡化。1947 年，美国教育理事会、卡内基教学促进基金会、大学入学考试委员会在普林斯顿创建了美国教育考试服务中心（Educational Testing Service，ETS），该中心承担起 SAT 考试的相关工作。然而，一方面，当时 SAT 考试主要服务于美国东部的私立高校，无法同时满足美国其他地区众多的公立大学的要求；另一方面，1957 年，苏联人造卫星的成功发射，极大地刺激了美国政府对教育的反思，1958 年，美国专门出台了《国防教育法》（National Defense Education Act），该法规定要为更多的美国青年提供接受教育的机会，同时美国科技界提出应加强数学、物理等学术学科或基础学科的教学。1959 年，在林奎斯特（Lindquist）等的倡导下，美国大学入学考试（American college test，ACT）服务中心成立③，并获得美国中西部十大公校联盟和南部八大公校联盟的积极支持，当年 11 月 7 日，有“75 460 名考生参加了首次 ACT 考试”④。与 SAT 考试有所不同，ACT 考试更像是学科考试，强调对课程知识、独立思考及判断能力的考查。由此，美国大学招生形成了 SAT 考试与 ACT 考试平分秋色的两大“高考”体系。

虽然 SAT 考试与 ACT 考试皆为美国大学招生提供了统一可比的参考成绩，

---

① 唐滢，丁红卫. 美国大学招生考试制度之嬗变［J］. 湖北招生考试，2004（24）：80-83.

② Beale A V. The evolution of college admission requirements［J］. Journal of College Admission，2012（214）：20-22.

③ 唐滢，丁红卫. 美国大学招生考试制度之嬗变［J］. 湖北招生考试，2004（24）：80-83.

④ Dingler C，Shaw D，徐小冉等. ACT：从单一学术能力考试到纵向多维测评系统［J］. 中国考试，2017（10）：36-40.

但两者的考试倾向与内容却大不相同。从最初的情况来看，SAT 的考试内容与高中课程内容无关，重在考查学生的学术能力，旨在选拔高智商人才。它又分为 SAT Ⅰ和 SAT Ⅱ，SAT Ⅰ是学习能力考试，也称推力测验，“主要用于大学录取参考，其特点是利用语言和数学知识考查学习能力，不测量动机、创造力及其他特殊才能”；SAT Ⅱ是学科考试，也称科目测验，“包含 5 个学科，24 个科目，主要用于大学入学后的分班之用，但有些大学也将其作为录取参考依据”[①]。ACT 考试则属于学业成就测试，考试内容与中学教学内容密切相关，重在考查学生是否具备进入大学学习的知识与技能，其目的有两个：一是为学生提供信息，帮助学生更好地决定上哪个大学，学哪些专业；二是为大学招生提供服务，即提供学生的考试成绩供大学择优录取，同时方便大学了解学生的学业情况，以便为学生提供更为合适的课程教学安排。[②]ACT 的考试内容主要来源于中学课程内容，包括英语、数学、社会研究及自然科学四个科目。可见，SAT 考试与 ACT 考试在美国大学招生过程中扮演着不同的角色，发挥着不同的作用，共同为美国大学招生提供了多元化、可选择的参考条件。

总之，“1949—1959 年见证了由区域或国家协会主办的标准化考试的兴起”[③]。标准化考试的专业化、系统化、规范化、科学化的命题设计、阅卷、评分及组织实施，不仅使大学入学考试的评价标准统一，难度、信度、效度、区分度可测、可控，提高了人才选拔的测评效率，而且简便易行，利于促进公平、经济高效，尤其是适应了当时美国高校大规模人才选拔的需要，推动了美国高等教育大众化的发展。可以说，标准化考试的实施，标志着美国“高考”制度由传统转向了现代、由经验化转向了科学化、由一元考试体系转向了二元并立考试体系，使美国高校招生活动变成了一项科学研究活动，极大地推动了美国“高考”制度现代性的增长，不仅标示着美国“高考”制度现代化的发展，而且完成了美国“高考”制度现代化的初步变革。

---

① 任子朝. 关于以知识立意与以能力立意的讨论——赴美国 ETS 学习引发的思考［J］. 教育学报，1998（11）：37-40.

② 潘苏东，尹士花. ACT 考试的发展历程及其对我国高考内容改革的启示［J］. 中国考试，2010（1）：39-44.

③ Beale A V. The evolution of college admission requirements［J］. Journal of College Admission，2012（214）：20-22.

三、综合化评价招生：美国“高考”制度现代化的变革

20 世纪 80 年代以后，标准化考试在美国的盛行，不仅使美国的教育与考试之间的关系越来越紧密，而且使美国原本多元、个性、宽松的教育环境开始发生变化。一方面，作为评价与提升教育质量的手段，考试越来越受到教育部门的重视；另一方面，考试的标准化与功利化，导致教育走向应试化，并开始招致人们的质疑与批评。而到 2002 年，为了“挽救美国状况最差的中小学校，兑现政府承诺的给考试分数最低的学校更多资源”，布什总统签署了《中小学教育法》（Elementary and Secondary Education Act），进一步“以法律的形式明确了标准化考试成绩在学校考核中的决定性地位”[①]。根据《中小学教育法》，美国“越来越多的州纷纷建立起各自的统考制度，而统考不及格的学生不能再像以前那样照常升级、毕业，每所学校学生每学年的统考成绩也要公之于众。由此考试分数在美国教育领域取得了绝对的话语权”[②]。

当然，关于标准化考试对美国教育发展影响的讨论也随之增多和变得激烈。支持方认为，如果没有考试分数，教师就会将学生的学业失败归咎于学生缺乏兴趣或努力不足，而推卸掉教师自身应该承担的教育责任，以致失去对教师的有力约束，而标准化考试则能够保证教师必须具备最起码的教学能力。反对方认为，标准化考试既不能全面检测学生的真实知识与能力水平，而且考试答案的标准化又制约了学生个性化、多元化，以及批判性思维的发展，同时强力诱导教师“因考施教”，使教育异化为考试的工具，课堂教学也严重偏离学习者中心。据一项针对全美各学区的调查，在《中小学教育法》实施的 10 年中，美国“公立学校学生参加的标准学力考试次数激增，从学前班到 12 年级，每名学生平均共须参加 112 次强制性标准化考试”[③]。

物极必反，中国这句古言也适用于美国的标准化考试改革。布什政府于 2002 年出台的《中小学教育法》本来已使标准化考试的数量激增，而奥巴马政

① 李茂. 梅耶尔：在美国反对标准化考试［N］. 中国教育资讯报，2002-11-13（A03）.

② 李茂. 在标准化考试中个性化生存［N］. 中国教育资讯报，2002-12-18（A03）.

③ 张帅. 美国新政遏制公立学校过度强调标准化考试［J］. 世界教育信息，2016（1）：76.

府于 2009 年推出的“力争上游计划”[①]，又进一步助推了应试教育的发展，使美国公立学校学生的学业负担日益沉重，不仅引起美国社会的广泛争议，还使标准化考试成为美国教育体制改革的众矢之的。于是，减轻学生负担，扭转应试教育的倾向，又成为美国教育改革的焦点。2015 年 10 月 24 日，奥巴马总统提出了新的联邦准则，“建议各州规定标准化考试时间不得超过上课时间的 2%，以遏制公立学校过度强调标准化考试”[②]的趋势。同时，联邦教育部还向各州和学区下发具体行动计划，要求减少重复和低品质的考试，并敦促各州和学区利用考试之外的其他因素，综合评估学生的学习成绩。这一新的联邦准则的实施，标志着美国教育评价由标准化考试评价模式转向了综合化评价模式，并由此引起了大学招生标准的系列变化。

事实上，早在 20 世纪 60 年代，美国部分大学已经意识到标准化考试在大学新生选拔中的不足，开始强调“要拓宽录取标准的视野，要重视环境和非智力因素在招生过程中的作用”[③]。而到 21 世纪初，随着美国政府对标准化考试由过度追求转向理性对待，越来越多的大学也开始研究与反思招生标准的问题。2008 年，由美国知名大学招生负责人组成的研究小组指出，高校在招生时不应过多参考高中毕业生的 SAT 或 ACT 等标准化考试成绩，而应该更加紧密结合高中的教学内容来组织入学考试，根据学生的学习成绩来进行招生。哈佛大学招生负责人威廉·菲茨沙曼斯领导的研究小组也批评道：高等院校标准化的入学考试制造了一个价值十数亿的考试辅导产业，包括鼓励学生在考前进行“赌博式”的训练，以在考试中获得好成绩。这种做法对中等教育是非常不利的。可见，美国大学对 SAT 和 ACT 考试的态度开始发生变化。譬如，一些大学公开表示学生是否参加 SAT 或 ACT 考试完全由学生自主决定，还有一些大学更是明确表明，新生入学时无须提供 SAT 或 ACT 的考试成绩。[④]由此可见，SAT 与 ACT 考试在美国大学招生中的重要性地位已然动摇，它们需要不断改进，以满足或适应大学新生选拔

---

① “力争上游计划”规定：凡是致力于提高学业标准、改进教师素质、促成更多创新的州或学区将有资格竞争 43.5 亿美元的“力争上游基金”。目标是为了让每个儿童获得成功的机会，进而提升国家经济实力的教育基础。

② 转引自张帅. 美国新政遏制公立学校过度强调标准化考试［J］. 世界教育信息，2016（1）：76.

③ Beale A V. The evolution of college admission requirements［J］. Journal of College Admission，2012（214）：20-22.

④ 苏红. 美国部分高校欲取消标准化考试［J］. 教育与职业，2008（31）：101.

的标准需要。

长期以来，作为美国大学招生的重要参考依据，SAT 和 ACT 考试在政府强推标准化考试的过程中，逐渐产生了一个共同的根本性问题，即考试内容与高中课程内容之间的严重割裂化或独立化。通过题海训练或专门辅导可以达到提高标准化考试成绩的目的，但容易出现考试成绩好的学生，进入大学后表现出基础知识薄弱、学习吃力，以及后劲不足等现象。简言之，SAT 和 ACT 考试在大学新生选拔中存在信度、效度偏差较大的问题。针对这些问题，SAT 和 ACT 考试的改革方向是不仅要考查学生的学习能力、学术能力与智力水平，还要考查学生的基础学科知识、技能状况，以满足大学学习的知识储备需求，也即由单一化能力考试转向综合素质评价。

从 ACT 的改革路径来看，1989 年，为弥补《国家处在危机之中，教育改革势在必行》的研究报告所提出的招考缺陷，ACT 考试加大了对学生计算能力和阅读能力的考查，同时将考试科目由原来的历史、政治、经济、数学、物理、化学等多个学科领域改为英语、数学、阅读和科学四门测试科目，以体现考试内容反映国家教育变化的需要。2005 年，为克服标准化考试答案单一，不能考查学生发散性思维能力的弱点，ACT 开始增加主观题型——写作，以加强对学生主观表达能力的考查。[①]2015 年以来，通过对考试大数据的持续研究，有研究者认为“通过高中毕业考试、取得学术文凭并不能保证学生为大学和就业做好充分准备，学术成就不是衡量学生成功的唯一标准”，提出“大学教育不仅要培养学生的学术能力，还应重视包括行为能力、兴趣爱好等多方面的综合素质的发展”。由此，ACT 基本实现了由单一学术能力考试向纵向多维测评[②]，也即综合素质评价的转变。

从 SAT 的改革路径来看，2005 年 3 月之前，SAT 由英文、数学两个板块构成，每个板块各 800 分，满分为 1600 分。SAT II 的考试科目包括数学、物理、化学、生物、外语（含汉语、日语、德语、法语、西班牙语）等，考生根据报考院校的要求选择是否参加考试，题型以客观选择题为主。2003 年，美国大学理

---

① 潘苏东，尹士花. ACT 考试的发展历程及其对我国高考内容改革的启示［J］. 中国考试，2010（1）：39-44.

② Dingler C，Shaw D，徐小冉等. ACT：从单一学术能力考试到纵向多维测评系统［J］. 中国考试，2017（10）：36-40.

事会（College Board）迫于高校的压力，宣布改革 SAT 考试，主要是通过扩大考查范围、丰富考试形式、调整考试难度，来满足大学对人才选拔的更高要求——全面考查、潜力挖掘。2005 年 3 月 12 日，包含阅读、写作、数学三个板块的“New SAT”首次实施，三个板块各 800 分，满分为 2400 分，具体改革措施包括：①增加写作板块；②增加数学板块的难度；③在英文板块中用阅读理解和完形填空替代其原来的词汇类比题，增加对学生理解力、判断力与分析力的考查。据追踪研究，“New SAT”考试成绩越高的学生，在大学期间的学习表现也越好，这说明 SAT 的这次改革基本达到了预设目标。[①]几乎在“竞争对手”ACT 改革的同一时期，2014 年 3 月 5 日，美国大学理事会也宣布，将在 2016 年春季改变 SAT 考试的科目与形式，以更好地落实卓越而公平的考试理念，具体改革措施包括：①将批判性阅读（critical reading）变为循证阅读（evidence-based reading），即依据文章中的证据选出正确选项；②不再考单纯的数学试题，而是将数学题目嵌入阅读题中，同时加强对数据图表分析能力的考查；③将作文改为选考题，并取消写作板块中的语法选择题。另外，总分由 2400 分调回到最初的 1600 分。可见，SAT 考试改革的总方向是越来越强调对学生的知识运用及综合把握能力的考查，而不仅是单纯的学术能力测验。

从 SAT 和 ACT 的改革来看，两者可谓殊途同归，即皆通过考试内容的综合化实现了能力考查的综合化，进而为大学提供了知识结构更加合理、兴趣倾向更加明显、潜在能力更加突出的新生候选人。事实上，美国大学招生的综合化不仅表现在 SAT、ACT 等标准化考试评价的综合化上，还表现在大学录取参考依据的综合化上，即标准化考试往往只是大学录取新生的参考依据之一，其他的重要依据还包括自荐信、教师推荐信（一般要求 3 位教师）、社交参与能力、高中学习表现、高中课堂出勤率，以及高中毕业前 1 年的学年平均成绩等。

综观美国大学综合化评价招生改革之路，其背后有三股重要的推力：①国家意志的变化，美国政府在不同时期对国家教育和人才培养的战略调整往往起到了第一推手的作用；②大学对人才培养的高度关注，美国大学尤其是精英大学非常注重人才培养过程与结果的实证性调查研究，并通过研究对考试机构提出反馈建

① 柯铧. 美国 SAT 改革及其对我国高考改革的启示［J］. 教育测量与评价（理论版），2009（10）：56-59.

议与要求；③高中教育教学正常化的诉求，大学招生的综合化考查有效避免了高中教育的应试倾向，使高中教育逐渐回归教育本质。但就本质而言，美国大学招生综合化，其实是对大学新生选拔规律和人才培养规律深化认识的必然结果。可以说，美国大学招生从以标准化考试参考模式转向综合化全面评价模式，实现了美国“高考”制度现代化的深度发展；其招生模式的多元性、考试内容的选择性、录取理念的先进性，以及考试评价设计的科学性等现代性因素得到显著增强，实现了美国“高考”制度现代化的转型。

四、过程化评价招生：美国“高考”制度现代化的新探

自 19 世纪末以来，美国之所以能够引领世界现代化潮流，一个非常重要的原因在于它保持着持久的国家危机感和不断的创新力，而这种危机感和创新力又始终推动着美国大学招生制度的改革。进入 21 世纪以来，经过持续的改革和完善，美国大学的招生呈现出高度综合化的状态。研究结果显示，在当前美国大学招生的所有参考依据中，SAT、ACT 等标准化考试成绩只占美国大学录取要求的 25%，其他 75%的要求涉及学生高中学术课程的成绩和表现、能够体现出学生卓越综合素质的课外活动以及大学预科课程成绩或荣誉课程成绩等。[①]可见，美国大学招生虽已进入综合化全面评价模式时代，但这并非美国“高考”制度现代化的历史终点。

2016 年 3 月，在美国私立学校协会年度会议上，由全美顶尖私立高中校长推动的一场新的乃至颠覆性的美国“高考”制度改革风暴悄然兴起。正如其发起者斯科特·鲁尼所指出的：“SAT、ACT、高中 GPA 等成绩，并不能全面体现学生的综合素质——靠刷题很容易考高分，成绩好的学生不一定就是优秀的人才，美国大学如果据此选拔人才很容易跑偏。”[②]因此，美国正在酝酿、发展的一场新的高校招生制度改革，在本质上是对现有综合素质评价体系的反思，目的在于克服现有招生模式之弊端，并试图构建一套全新的、超越综合素质评价体系的招生

---

① 王湘波. 多元化的美国高校招生［J］. 中国考试，2018（3）：5-7.

② 丁琬懿，Ivy Lin. 颠覆高考！美国藤校录取学生将用“能力档案”取代 SAT 成绩［EB/OL］.（2018-02-04）［2018-07-12］. http://www.sohu.com/a/223883511_340226.

模式——“新模式”（a new model）。所谓“新模式”是由逾百所美国顶尖私立高中组成的联盟（Mastery Transcript Consortium，MTC）于 2017 年 5 月 10 日正式推出的一种新的学生评价体系，它代表着未来一个时期美国“高考”制度发展的新趋势、新方向与新探索。

“新模式”重点考查 8 大核心能力，包括“分析与创造力、沟通能力、领导力及团队合作能力、心智习惯、诚信与决策力、适应性与探索力、全球视野、信息技术及数理能力”①（图 4-1）。目前，“新模式”已获得帮助申请者择校的美国入学、资助以及成功联盟（Coalition for Access，Affordability and Success，CAAS）的积极支持。而 CAAS 的用户包括哈佛大学、耶鲁大学、普林斯顿大学、哥伦比亚大学、斯坦福大学、康奈尔大学、杜克大学、密歇根大学、达特茅斯学院等 80 余所美国著名高校，其号召力、影响力可见一斑。有学者甚至认为，未来几年，也或许是 10 年，SAT 和 ACT 等将逐步被“新模特许学校和

图 4-1 “新模式”考核学生的 8 大能力

资料来源：少年商学院. 藤校未来录取学生将主要看这份“能力档案”，美国“高考改革”细则公布［EB/OL］.（2017-07-04）［2018-07-13］. http://www.sohu.com/a/154450666_113042.

① Mastery Transcript Consortium. A New Model［EB/OL］.（2017-05-10）［2018-09-24］. http://mastery.org/a-new-model/.

式”所替代。MTC 联盟也表示，未来“新模式”还会进一步扩展到公立中学、特许学校和教会学校，这无疑将全面改写美国大学的现有录取方式。[①]

相对于传统的评分制，“新模式”以能力为导向，采取动态档案的方式记录学生的能力发展过程，以期全面、真实、直观地反映学生的综合素养，因此，“新模式”可描述为过程化评价招生模式。与综合化全面评价招生模式相比，“新模式”有三大突出特征：①不看成绩，学生档案上没有课程名称，学生每修完一门课程，将收获对应的能力学分。例如，要反映一个学生的语言能力，并不使用具体的考试分数或者 A、A+、B、B+等传统的成绩标记方式，而是对学生具备的语言能力进行客观描述，还可附上一段音频或视频作为佐证。②动态记录，一目了然。通过电子记录技术平台实时更新学生的能力学分，并提供课堂作业、论文、视频展示等材料，让大学招生官极其便捷地了解学生的各项具体能力。③大学拥有极大自主性。“新模式”的能力鉴定模板虽是统一固定的，但各大学可自行决定对学生能力的评判标准，也可根据自己的办学特色和培养目标，指定学生应该重点习得的能力。[②]根据 MTC 联盟发布的能力细则，“新模式”强调的 8 大能力又可细分为 61 项子能力（表 4-1）。

表 4-1 “新模式”能力细则表

8 大能力	子能力
分析与创造力	① 定义、管理，即应对复杂问题；② 鉴别偏见，区分可靠的和不全面的信息；③ 应对信息过载；④ 提出有意义的问题；⑤ 分析、创造观点和知识；⑥ 勇于试错，提出并测试问题的解决方案；⑦ 找出多种选择；⑧ 扩展跨学科的知识和视野；⑨ 持续推理；⑩ 融合与适应；⑪ 解决没有常规答案的新问题；⑫ 运用知识和创造力去解决复杂的真实问题
沟通能力	⑬ 理解并使用 2 种及以上语言；⑭ 面对不同类型的人如何清晰地交流；⑮ 用心倾听；⑯ 有效的口头表达能力；⑰ 面对不同受众如何清晰简明地写作；⑱ 解释信息并有效地说服他人
领导力及团队合作能力	⑲ 提出新想法；⑳ 用影响力来领导别人；㉑ 赢得信任，化解冲突，为他人提供帮助；㉒ 领导小组讨论，达成共识，协商结果；㉓ 成为别人的老师、教练、顾问；㉔ 寻求帮助；㉕ 完成协作任务，管理团队，分配职责；㉖ 执行决策，达成目标，分享荣誉

① 宁波新航道. 美国高考改革细则公布！能力档案将取代 SAT 成绩？［EB/OL］.（2017-07-05）［2018-07-12］. http://www.sohu.com/a/154675208_99920788.

② 少年商学院. 藤校未来录取学生将主要看这份“能力档案”，美国“高考改革”细则公布［EB/OL］.（2017-07-04）［2018-07-13］. http://www.sohu.com/a/154450666_113042.

续表

8 大能力	子能力
信息技术及数理能力	㉗理解、使用及应用信息技术；㉘创造数字知识和媒体；㉙以不同的形式运用多媒体资源进行有效沟通；㉚掌握并运用高阶数学；㉛了解传统及前沿的数学、科学、技术、环境科学、机器学、分形学、细胞自动机、纳米技术、生物技术等热门议题
全球视野	㉜建立包容开放的心态，特别是对他人的价值观和传统习惯；㉝理解非西方的历史、政治、宗教及文化；㉞精通一门或多门国际语言；㉟通过技术与全球的人和活动建立连接；㊱掌握有效的跨文化交际技巧与思维能力；㊲使用 21 世纪的技能去理解和解决全球性问题；㊳以互相尊重、开放交流的心态与来自不同文化、宗教、生活背景的人合作，向他们学习；㊴平衡社会和文化差异，创造新的想法、获得成功
适应性与探索力	㊵灵活，敏捷，适应能力强；㊶敢于尝试陌生的领域；㊷探索和实验；㊸有效应对周围环境的不确定性；㊹把失败看作学习的机会，认识到创新意味着少数的成功和频繁的犯错；㊺勇于独立探索新的角色、思想和策略；㊻培养企业家素养
诚信与决策力	㊼保持同理心和同情心；㊽培养正直、诚实、公正、尊重他人的品德；㊾表现出对抗不公正的勇气；㊿有责任感，关注其他人的利益和福利；(51)对新媒体技术所造成的道德问题和困境有基本的了解；(52)面对复杂的问题，做出理性而道德的决策
心智习惯	(53)细致；(54)创造力；(55)热爱学习；(56)好奇心；(57)恢复能力；(58)毅力；(59)自我效能；(60)压力管理；(61)时间管理

资料来源：少年商学院. 藤校未来录取学生将主要看这份“能力档案”，美国“高考改革”细则公布［EB/OL］.（2017-07-04）［2018-07-13］. http://www.sohu.com/a/154450666_113042.

从“新模式”的能力档案评价体系来看，其在根本上旨在解决现有成绩评价体系导致的应试教育倾向和评价不精准等问题，力图通过构建一种转识成智、化知为能的更为直接的评价体系，引导教师与学生将课堂学习的关注焦点由追求分数转向能力锻造与素养培育上，这种能力导向的评价动机无疑是值得肯定的。但是“新模式”的科学性与可靠性目前尚缺乏实践检验，尤其是“新模式”对学生能力要素的考查“不打分、不评级、只追踪，即只建立能力档案”[①]，这种主要依靠质性评价而缺少量化指标的人才选拔方式，对大学招生官而言，不仅对申请者的能力无法进行全国性的客观比较，而且实际操作难度较大，也费时费力。有观察者认为，“新模式”将拉大社会阶层的教育差距，导致进一步的教育不公。《华盛顿邮报》专栏作家凯瑟琳·兰佩尔指出：“这将有利于家庭富有的学生，因为他们可以获取更多资源去提高软实力，但对于家庭经济条件一般的孩子，则很

① 王湘波. 多元化的美国高校招生［J］. 中国考试，2018（3）：5-7.

不利”，“这项改革将让家庭富有的精英阶层子女不用通过公正、公平、公开的统一考试，而是用‘可以理解并熟练使用两种语言’‘可以掌握和使用高等数学’这样很模糊的质性评价顺利进入顶级大学，占有更好的教育资源”[①]。还有批评者认为，“美国高校招生‘新模式’是美国权力精英利用招生改革的话语权，以‘科学选才’之名为阶层既得利益站台，以获得更多的名校教育机会。这种标榜为‘科学’的改革，必将成为精英阶层固化的凝固剂，削弱社会的代际流动程度，损害代际公平”[②]。

总之，美国尚在酝酿、发展的高校招生“新模式”，是反思标准化考试和改进综合素质评价在大学招生中的作用与定位的一次尝试或者突围，代表着美国“高考”制度改革的发展方向，也可能会成为美国多元招生模式之一，其利弊得失及具体成效还有待进一步观察。但从中国曾经停废高考的历史经验来看，如果美国的“新模式”不能很好地解决入学申请者的知识与能力结构的有效甄别问题，其前景值得忧虑；但其若能很好地解决非考试化甄别问题，则值得其他国家研究与借鉴。概言之，从人才选拔的理念、手段、方法来看，“新模式”可谓是美国“高考”制度的第二次现代化或现代化重塑。从人才选拔的可操作性与阶层公平性的隐忧来看，“新模式”又具有不可回避的现实局限性。然而，“新模式”的产生，无疑可视为美国“高考”制度现代化的最新探索。

第二节　美国“高考”制度现代化的经验

关于大学招生制度，不同的国家因不同的政治、历史、文化等而有所差异，但最终的改革目标却具有一致性，即追求构建公平、科学而富有效率的招生制度。从 1926 年 SAT 的诞生算起，严格意义上的美国“高考”制度现代化

① 转引自鞠慧，孟卫东. 质性评价不适合中国高校招生［J］. 中国考试，2018（3）：8-10.
② 王后雄. 评美国高校招生改革“新模式”［J］. 中国考试，2018（3）：11-14.

发展至今已近百年。在其漫长的现代化道路上，有很多推动美国“高考”制度现代性增长或现代化发展的改革经验，主要包括体现强国意志的理念引领、追求技术创新的研究传统、注重依法招考的治理模式、发挥社会团体的智库作用等。系统总结这些经验对处在转型期的中国高考制度现代化具有一定的借鉴意义。

一、体现强国意志的理念引领

考试体现国家意志是一个基本铁律，尤其是大规模人才选拔考试，国家意志性表现得更为明显和强烈。纵观美国大学招生制度的发展历史，在殖民地时期和南北战争时期，大学招生基本处于无政府状态的高校独立自主招生阶段，这一阶段除宗教外，政府干预很少，主要体现的是大学的意志，即大学根据办学需要和生源条件自主设定人才选拔标准。但从联邦政府成立以后，大学招生的国家意志就开始逐渐增强，并主要按照服务于国家人才战略的需求调整改革方向。事实上，SAT 和 ACT 考试出现的早期就已经渗透了美国的国家意志。“从 SAT 和 ACT 考试的内容来看，二者对国家统一规定的中学课程共性要求的测试占了相当大的比例”，而国家统一规定的中学课程共性要求即美国国家意志的体现。正如有学者指出的，“无论有多少考试机构在运作，也无论它们怎样运作，只有国家认可的考试才具有权威性、可信性以及合法性”[①]，否则这样的考试可能根本难以存在，也更不可能有继续发展的空间，这是由考试的功能性、政治性、社会性所决定的。此外，在美国，推动“高考”制度改革的大多是政治家、州长、商界领袖、政策制定者、教育家等及由他们组成的团体，他们既是美国精英的代表，也是美国国家意志的代理人。

对于美国“高考”制度改革而言，其国家意志主要体现为强国意志。1958 年，美国出台《国防教育法》的原始动机源于 1957 年苏联人造卫星发射成功的巨大刺激，这让美国人初尝“低人一等”的“耻辱感”“危机感”。美国由此清醒地认识到，如果没有本国人才后备，科技的优势将很快丧失。而要保持雄厚的后备人才，唯一的可行之道是加强对教育的扶植。恰如有研究指出的，“政府加强

---

① 唐滢. 美国高校招生考试制度研究［M］. 武汉：华中师范大学出版社，2016：206.

对教育的干预是当代美国一个显著的社会现象，而 1958 年《国防教育法》的制定是这方面变化的重要标志，该法是美国政府第一个大规模援助教育现代化的法案”[①]。该法案不仅直接推动了美国当时基础学科的发展，而且直接推动了标准化测验的发展，其第三编规定：“为加强自然科学、数学、现代外语和其他重要学科的教学而提供财政援助”，第五编规定：“要指导、咨询和测验，发现和鼓励有才能的学生。”[②]而 1959 年，旨在加强考查学生基础学科学习力的 ACT 考试的诞生，与《国防教育法》的出台不无关系，它促成了美国两大“高考”体系（SAT 与 ACT）并立的格局。

1983 年，由联邦教育部部长贝尔任命的全国高质量委员会历经 18 个月的调查，形成了《国家处在危机之中，教育改革势在必行》的研究报告。该报告分析了美国当时学校教育中存在的问题并提出了具体的改革建议，包括“提高对中学毕业生的毕业要求；提高学生成绩标准和期望；延长学习时间；通过高标准和高报酬改善教学等”。在该报告的影响下，美国在 1983—1985 年，“由州立法制定的改革章程多达 700 多个，内容包括：提高标准、增加考试、充实课程内容、加强责任心，要求更好的教师和更好的教学等等”[③]。由此，美国政府在相当长的一个时期内强制推行标准化考试，期望通过增加考试次数、严控考试质量的方式，引导、监督学校教育教学，从而实现提高教育质量和人才培养质量的目的。2001 年，美国国会通过了一个革命性的新教育法——《不让一个孩子掉队法案》（No Child Left Behind，NCLB），该法案关注的重点依然是全美的学校质量，具体的观点包括：“向全国的每个孩子提供高质量的教育；减少贫富孩子之间在教育上传统的、持续存在的巨大差异；提高全国教师的能力；确保各州每个课程所教授的内容和技能集中于高标准的成就；要求各州在各个科目为孩子们制定高的成果标准；确保国家的考试和州标准相关——也就是说，考查需要教授的内容；要求每个学校制定合适的年度进度，进度针对学校在 2012 年要实现的目标，由

① 秦珊. 一九五八年美国国防教育法述评［J］. 广西师范学院学报（哲学社会科学版），1994（4）：96-102.

② 转引自秦珊. 一九五八年美国国防教育法述评［J］. 广西师范学院学报（哲学社会科学版），1994（4）：96-102.

③ 肖丽萍. 二战后美国教育政策的演变及启示［J］. 教育研究，1997（11）：75-78.

NAEP[①]衡量。”而保障该法案成功的关键又是考试改革，即“美国的每个州必须建立通行全州的教育标准以及与该标准相适应的考试和评估。那些不遵守这一要求的州和学校将得不到来自联邦政府的财政支持”。[②]

2015 年，美国总统奥巴马签署的新教育法案——《每个学生都成功法案》（Every Student Succeeds Act，ESSA）是对 NCLB 的一次全面而彻底的修订，它在继承 NCLB 一些核心要素的基础上，对其弊病进行了大幅度的纠正，或者可以说是对旧教育法的改进。NCLB 认为，严格、统一的学业测试对提升美国基础教育质量发挥了积极作用，但联邦政府对各州和学区的过度干预，导致各州、学区采取“降低学业目标、延长课后时间、增加考试次数”等应对措施，尤其是“问责制”使得美国基础教育备受考试折磨，甚至使学业测试成为美国基础教育的“指挥棒”[③]。而 ESSA 则试图通过对美国弱势和高需求学生的保护来推进教育公平，要求美国的所有学生在高中毕业时具备较高的学术水平，以使他们能够在大学和职业生涯中取得成功。在考试改革方面，ESSA 继承和延续了 NCLB 的相关规定，即“各州每年须对三年级至八年级的学生进行英语和数学学科的考试，且在高中阶段须再一次进行测试。小学、初中和高中阶段对科学学科必须要保证每一阶段至少有一次测试”。但是 ESSA 打破了考试“一刀切”的做法，增强了各州在考试实际操作中的灵活性，这意味着“原来单一的标准化考试模式将会被多元的评价体系所替代，用多种方式来评估学生的学习和进步，以使学生评价更具科学性与公平性”。[④]比较而言，“与强调‘一个都不能少’的 NCLB 相比，强调‘人人成功’的 ESSA 的突出特点是以‘达标+成长’的概念取代了原来的‘达标’概念”[⑤]。可以说，ESSA 是美国人才培养升级版的最新

---

① 美国国家教育进步评价（The National Assessmentof Educational Progress，NAEP）又叫作国家成绩单（The Nation’s Report Card），是由美国国会于 1969 年审定，由美国教育部的国家教育统计中心出资和管理的一个全国范围内的评价项目.

② Lapointe A E. 标准化测验对美国社会的影响——以美国国家教育进展评估（NAEP）为例[J]. 考试研究，2009（4）：19-29.

③ 陈斌. 让每个学生都成功——ESSA 与奥巴马政府的教育政策倾向[J]. 教育研究，2016（7）：149-155.

④ 付华安. 美国《每一个学生都成功法》的背景、内容与启示[J]. 教学与管理（小学版），2016（11）：56-58.

⑤ 王晓平，齐森，谢小庆. 美国学校“成长测量”的 7 种主要方法[J]. 中国考试，2018（6）：21-27.

法案。

纵观美国历次教育法案的出台及其推动的考试改革，都体现出明显的强国意志，而正是这种强国意志指引着美国教育与考试的改革步伐和基本方向，其基本逻辑是：国家危机感、优越感等错综复杂的国家情感推动着美国教育与考试的不断修正与完善，而教育与考试的不断修正与完善又促进美国国家人才结构与质量的不断优化与升级，从而保证美国在人才和科技领域的全球领先地位，以确保美国的国家实力和国际影响力。同时，也不难发现，在美国强国意志的逻辑运行中，考试评价制度的改革又是关键点、着力点与核心点。

二、追求技术创新的研究传统

二战以后，随着工业革命阵地的转移，美国不仅是世界人文社会科学领域原创理论的重要发源地，也是世界自然科学与现代科技领域创新发展的主战场。以诺贝尔奖的获得情况为例，“截至 2017 年，诺贝尔奖项共授予了 892 位个人和 24 个团体”[①]，而“美国的大学却汇集了全球 70%以上的诺贝尔奖获得者”[②]。其中，世界荣获诺贝尔奖人数（校友、教职工及正式研究人员）最多的 10 所高校依次是美国哈佛大学（157 位）、英国剑桥大学（116 位）、美国加州大学伯克利分校（104 位）、美国芝加哥大学（97 位）、美国哥伦比亚大学（95 位）、美国麻省理工学院（91 位）、美国斯坦福大学（81 位）、美国加州理工学院（72 位）、英国牛津大学（69 位）、美国普林斯顿大学（63 位）（图 4-2）。[③]除英国占据 2 所大学外，其他 8 所则皆为美国大学。可见，美国在科学领域具有明显的人才优势。在强大的理论创新力和巨大的科技优势背景下，美国的“高考”制度改革也获得了强有力的理论与技术支撑。

---

① 樊晓杰. 中国内地高校和哪些诺奖学者建立了交流合作关系？［EB/OL］.（2017-10-17）［2018-07-14］. http://www. idmresearch. com/news/html/?2371. html.

② 杜巴在线. 中国在全球科技实力排名出炉，看完之后好震惊！［EB/OL］.（2018-07-20）［2018-07-15］. http://www.sohu.com/a/242370652_465088.

③ List of Nobel laureates by university affiliation［EB/OL］.（2018-07-14）［2018-07-15］. http://www.docin.com/p-433949465.html.

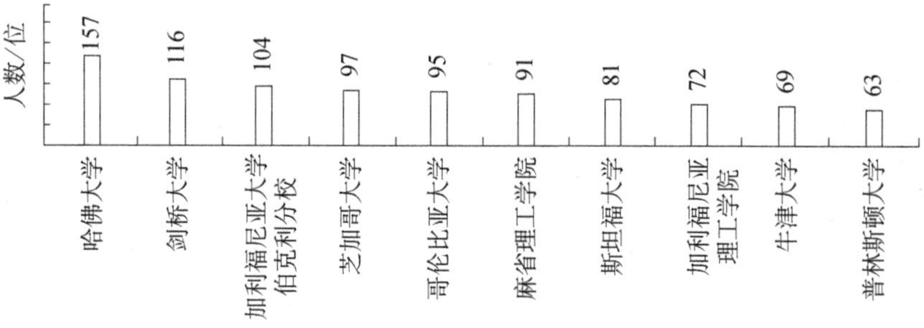

图 4-2　截至 2017 年诺贝尔奖获奖人数排名前十的高校

中国虽然是考试的发源地，但是考试研究的前沿阵地却在美国。之所以出现这种情况，一方面，受美国浓厚的科学研究氛围及其传统的影响；另一方面，美国的考试评价机构多为民间机构，在市场竞争的压力下，如果不能保持技术领先，就会有被淘汰的风险。因此，美国是一个高度重视考试科学研究和理论创新的国度。从考试基本理论的范畴来看，美国的考试研究几乎涵盖了考试哲学、考试历史学、考试社会学、考试政治学、考试经济学等考试基本理论的所有领域；从考试应用理论的范畴来看，美国的考试研究涉及教育测量理论、教育评价理论、考试管理理论、考试统计学理论、考试评价理论，以及影响世界考试现代化进程的经典测量理论、项目反应理论、标准参照测验理论、试题库理论等。有研究指出，迄今人类考试出现过三次飞跃："①公元前 2 世纪到公元 7 世纪，中国古代论文式考试模式的创建与形成时期；②公元 19 世纪中后期至 20 世纪 80 年代，美国标准化考试模式的创建、发展与推广时期；③20 世纪 90 年代以来，以开放化、远程化、无纸化、信息化为显著特征的网络化考试模式形成时期。"[①]而其中的后两次飞跃，即标准化考试和网络化考试皆产生于美国。可以说，正是美国对考试评价理论的发展与创新的高度重视，才推动了美国"高考"制度的科学发展与持续优化。

在某种意义上，美国"高考"制度现代化实质是美国"高考"制度不断追求技术更新与保持优势的过程。从美国"高考"制度的软技术来看，其历经了由标准化测验到多元测量模型并行的演化，实现了由"达标"理念到"达标+成长"理念或"达标+增值"理念的转变。1926 年，SAT 考试的诞生标志着美国"高考"

① 唐滢. 美国高校招生考试制度研究［M］. 武汉：华中师范大学出版社，2016：212-213.

进入标准化考试时代，其有效地统一了美国基础教育标准，提高了美国整体教育质量，也使美国不同州、学区的教育质量具有了可比性，促进了教育公平和招生公平。然而，SAT 考试并没有停留在“黄金标准”（the gold standard）的美誉上，而是在不断探索与优化，其测验竞争模型也先后历经了“单因素——一般能力”到“双因素——数学和文学”再到“三因素——数学、批判性阅读、写作”的演进过程。[①]ACT 考试也由单一的学术能力测验模式转变为综合素质评价模式。然而，SAT 和 ACT 考试只是美国大学招生中两种最为普遍与常用的全国统一考试评价项目，除此二者之外还有多种供美国各州选择的考试评价或成长测量模型，其评价结果也常常成为大学招生的重要参考依据。

有研究指出，美国现行的成长测量模型可分为三类：①基于纵向量表的模型，包括增分模型、渐进达标模型和分类模型。该类模型主要根据跨年级的纵向量表来测量学生学习成绩的绝对提高，是将学生的当前成绩与其过去成绩进行比较，看其取得了怎样的进步和成长。②预测模型，包括残差模型、学生成长百分等级模型和投射模型。该类模型主要采用线性和非线性的统计模型，如回归模型，或以学生的同年级常模群体作为参照系，或以大量积累的历史数据和追踪数据作为参照系，来刻画学生所获得的成长。③增值模型，又称为多变量模型、教育增值评估系统、田纳西增值评估系统、变量保持模型等。该类模型不仅描述学生的成长状况，还分析影响学生成长的原因。[②]这些多样的成长测量模型各有利弊，本身并无优劣之分，只是不同的模型可以对评估结果做出不同的解释，一般根据分数解释的需要来选择不同的模型。概而言之，美国发达的教育测量、评估或评价体系，保障了美国能够多维度地审视自身教育问题，并有针对性地科学改进和优化教育系统。

总之，“考试理论源于实践、指导实践而又丰富发展于实践，它与考试实践是辩证统一的关系”[③]。重视考试理论研究，不断推动考试理论发展与创新，是

① Wiley E W，Shavelson R J，Kurpius A A. On the factorial structure of the SAT and implications for next-generation college readiness assessments［J］. Educational and Psychological Measurement，2014，74（5）：859-874.

② 王晓平，齐森，谢小庆. 美国学校“成长测量”的 7 种主要方法［J］. 中国考试，2018（6）：21-27.

③ 廖平胜. 考试理论研究与考试实践的辩证统一［J］. 湖北招生考试，2003（12）：1.

推进考试制度现代化的必要途径。美国“高考”制度之所以较好地克服了应试教育的弊端，实现了助推美国基础教育与高等教育的良性发展，与其先进的、多元化的招考理论及其指导密不可分。

三、注重依法招考的治理模式

“依法招考”“依法治招”是美国“高考”制度现代化的又一个重要经验。纵观美国“高考”制度发展史，其每一次重大改革或者发展关键节点，都与相应的法案或法规的出台密切相关。早在 1862 年，美国总统林肯签署通过的《莫雷尔法案》就催生了大批“赠地学院”，“赠地学院”改变了“美国传统高等教育只注重向上层子女传授经典学术科目和宗教课程的做法，把高等教育的大门向劳动阶级的子女开放”。“赠地学院”的产生，不仅“促进了美国高等院校之间的竞争和内部结构的变化”[①]，而且导致美国大学招生方式的变化，即招生竞争变得越发激烈，很多大学为了招收足够的新生，转而取消入学考试，采取证书录取制[②]，这也是美国大学招生方式的第一次新尝试与新变革。1944 年，美国国会通过了旨在妥善安置二战期间退伍军人的《退伍军人权利法案》。据统计，“1945 年大约有 100 万美国军人涌入了高等院校，1947 年在各高等院校注册学习的退伍军人总数达 115 万人，占当年美国高等院校在校学生总数（233 万人）的 49%，自 1946 年到 1948 年的连续三年中，美国高等院校的注册学生中绝大多数人是退伍军人。到 1956 年该法案终止时，进入高等院校学习的美国退伍军人总共达 2 232 000 人”[③]。大学入学人数的骤增，一方面推动了标准化考试在大学招生中的普及化；另一方面推动了开放性招生政策的实施，“而全美已有 1/3 的高校实行开放性招生政策，成为美国高校三类主要的招生政策之一”[④]。

1958 年，美国国会通过的《国防教育法》将美国国家安全与教育紧密联系

---

① 张国祥，续润华，李建强．“莫雷尔法案”的颁布及其历史影响［J］．河南大学学报（社会科学版），1999（2）：17-19.

② 王廷芳．美国高等教育史［M］．福州：福建教育出版社，1995：132.

③ 续润华，宁贵星．美国“退伍军人权利法案”的颁布及其历史意义［J］．河南师范大学学报（哲学社会科学版），2001（1）：104-107.

④ 唐滢．美国高校招生考试制度研究［M］．武汉：华中师范大学出版社，2016：28.

起来，希冀通过优化教育与考试制度，促进美国高科技人才的产出。1959 年，根据教育家柯南特关于培养高智商学生的提议，美国入学考试开始实施跳级考试、早期决定录取资格、早期招生等招生制度，以选拔“天资过人”的学生进行加速教育。同时，根据《国防教育法》关于加强基础学科教育的规定，ACT 考试不仅得以创立，而且针对 SAT 考试与中学课程内容脱钩的弊端，加强了对基础学科科目的考试要求，增进了大学招生考试内容与中学学科教育的关系。1965 年，美国总统约翰逊签署了美国第一部《高等教育法》。该法的核心是资助学生，宗旨是保证贫困学生接受高等教育的权利，以促进社会的公平与进步。为落实《高等教育法》的基本精神，美国成立了两个联邦资助项目：①教育机会助学金（educational opportunity crants）；②担保学生贷款（guaranteed student loan）。这两个项目不仅进一步促进了美国高等教育大众化的发展，而且使大量贫困学生获得了接受高等教育的机会，改变了美国大学的生源结构。①

1983 年，里根总统签署了《国家处在危机之中，教育改革势在必行》的研究报告，该报告认为，美国“丢掉了学校教育的基本目的，丢掉了对于学生的高水平期待，也丢掉了为达到高水平期待而进行的努力”②。而改变这一状况的关键措施是增加标准化考试，即通过标准化考试确保美国教育质量的提升。2001 年，布什总统签署的《不让一个孩子掉队法案》，则“标志着美国当代一个以标准化考试为基础的学校改革时代的开端”③。这一时期，标准化考试被认为是提高学生学业成绩总体水平，缩小不同学区、不同种族学生学业差距的重要手段。可以说，至此，标准化考试在美国的重要性已经达到了无以复加的地步。然而，强制实施标准化考试带来的弊病日益显现，包括压制学生个性发展、不利于创造性思维的培养，以及师生考试压力过大等。为了矫正过度实施标准化考试的弊病，2015 年，奥巴马总统签署了《每个学生都成功法案》，该法案虽然保留了标准化考试，但改变了 NCLB“一刀切”的做法，开始使用多元化的评价手段推动

---

① 唐滢. 美国高校招生考试制度研究［M］. 武汉：华中师范大学出版社，2016：29-30.

② 高原. 美国当代标准化测试的命运与教育权利的转移——从《不让一个孩子掉队法案》到《每一个学生成功法案》［J］. 课程 · 教材 · 教法，2016（9）：121-127.

③ 高原. 美国当代标准化测试的命运与教育权利的转移——从《不让一个孩子掉队法案》到《每一个学生成功法案》［J］. 课程 · 教材 · 教法，2016（9）：121-127.

美国教育的正常化发展。[①]同时，它也标志着美国从国家统一控制教育标准的时代转向了各州、学区自主把握教育标准的多元化时代。

此外，在美国众多的教育法案中，还有一个重要法案——《平权行动法案》，该法案的不同之处在于它随着时代的变化而处于不断地调整之中。20 世纪 60 年代，美国总统肯尼迪与约翰逊先后签署了 10925 号和 11246 号行政命令，这些行政命令旨在消除美国全国范围内在教育机会、就业待遇、政治投票等方面对黑人及其他少数族群的歧视与排斥。由于其极大地推动了美国公民的平等权利，被称为“平权行动”（affirmative action，又称“肯定性行动”）。[②]“平权行动”规定，为消除弱势阶层的发展障碍，提高他们的社会地位，“各类机构和法院按平权行动采取正当行为，不得因为种族、肤色、性别和原国籍而对一部分人实行歧视政策”[③]。为切实帮助在美国社会长期受到歧视的群体争取教育与就业的平等机会，当时的美国大学必须根据联邦政府的要求在招生中采取配额制，且黑人及其他少数族群与弱势群体可以优先入学。“平权行动”的效果立竿见影，最典型的例子是加州大学伯克利分校，“到 90 年代中期，一个曾经几乎是‘纯白’的学校，已经被‘平权行动’粉刷得五颜六色：39%的亚裔；32%白人；14%的拉美裔；6%的黑人和 1%的印第安人”[④]。但是随着美国经济社会的发展，尤其是美国经济两极分化现象的日趋严重，影响社会不平等的最重要因素已演变为经济地位，而非种族。因此，有学者认为，在贫富差距显著的背景下，对少数族群的倾斜性政策的制定与实施，应更多考虑其社会经济地位。换言之，在促进教育与就业机会均等过程中，经济平权比种族平权更为重要。以至于美国有些州开始重新审视“平权行动”存在的必要性，截至 2016 年已有 8 个州禁止在州立大学录取中实施“平权行动”计划。可见，作为美国促进社会公平和教育公平的一项重要法案，“平权行动”在经过几十年的推行后，由于社会经济的发展与变迁，其“平权”的原始逻辑正在逐渐发生转变，即出现由“种族平权”转向

---

① 高原. 美国当代标准化测试的命运与教育权利的转移——从《不让一个孩子掉队法案》到《每一个学生成功法案》[J]. 课程·教材·教法，2016（9）：121-127.

② 林杰. 加州大学平权法案危机的政策分析与组织模型［J］. 高等教育研究. 2013（2）：100-109.

③ 吴向明. 美国高校招生的公平与效率研究［J］. 比较教育研究，2008（10）：17-21.

④ 刘瑜. 刘瑜：“平权运动”中的程序正义与补偿正义［EB/OL］.（2016-10-06）［2018-07-14］. http://www.aisixiang.com/data/57844.html.

“经济平权”的趋势。[①]

当然，受美国政治制度的影响，美国历届政府及其总统一般都会出台一些新的教育法案，以区别前政府的施政纲领，同时也是对前政府相关法案的修正或完善，既是兑现竞选诺言的实践举措，也是推动教育进步的重要方式。上述法案只是美国众多法案中较具代表性的且与美国“高考”制度改革密切相关的部分法案，并不是美国历来的所有教育改革法案。总之，立法或出台法案是美国推动教育改革与发展的一个显著特点，它不仅使教育及大学招生制度改革与美国国家发展战略紧密结合起来，同时也营造了“全民关注”“全民参与”的改革氛围，有利于改革的推动与实施。简言之，“依法治招”“依法招考”既是美国“高考”制度的基本特性，也是美国“高考”制度现代性的具体体现之一，同时也是美国大学招考的基本治理模式。

四、发挥社会团体的智库作用

所谓社会团体是指“公民为实现共同意愿自愿组成，依法登记成立，按照章程开展活动的非营利性社会组织，主要从事社会科学理论研究、学术交流、知识普及和决策咨询等”。萨拉蒙教授认为，社会团体一般具有“组织性、非政府性、非营利性、自治性、志愿性和公益性等特征”[②]。美国的社会团体极其发达，早在 1743 年，富兰克林就组织成立了美国最早的社会科学社团——美国哲学会。1776 年，美国《独立宣言》的获批通过，不仅宣告了美国成为独立的主权国家，而且也以宪法的形式将美国公民结社权利制度化，使公民社会逐渐成为美国国家社会活动的主体。美国政府认为，社会团体有两大功用：“①提供‘漏洞’的社会服务，即政府和私人公司不能满足的社会需求；②进行辩护，即通过游说和宣传来影响或改变政府政策和社会舆论。”[③]从社会团体的发展历史来看，美国早期的社会团体倾向于弥补政府在某项社会生活领域中的功能性不足；而后期的社会团体则越来越多地注重发挥影响政府的决策和立法的作用，即发挥智库

---

① 李木洲，叶晓芳. 化解高校招生公平冲突的困境与出路——基于《支援中西部地区招生协作计划》的分析［J］. 重庆高教研究，2017（2）：22-29.

② 转引自杨清明. 我国社科类社会团体发展的制度探析［J］. 重庆社会科学，2015（5）：5-19.

③ 姚. 美国的社会团体［J］. 中国工商管理研究，1995（7）：14.

的作用。

在美国“高考”制度改革史上，美国社会团体发挥着重要的作用。一方面，美国“高考”（SAT 和 ACT）采取的是社会化考试运作模式，考试由非营利性的社会团体组织实施，它们提供高度专业化的考试评价服务，为大学招生录取提供相关的考试成绩或评价信息；另一方面，美国很多的社会团体长期专注于中学、大学、学生、教师等教育问题的调查研究工作，美国历史上很多的“高考”改革提议或建议都出自各类社会团体，它们发挥着重要的智囊或智库的作用，影响着政府的教育改革决策。

从教育类社会团体来看，它们有效地解决了美国早期大学招生的政府缺位问题，发挥了积极推动大学入学要求改革的历史性作用。到 19 世纪末，美国的大学招生依然处于无政府状态的边缘。1895 年，哈佛大学校长查尔斯·艾略特首次提出，大学入学要求需进行三项根本性的改变：①在旧的招生要求中应大量增加其他条件；②旧的考试科目设置是否能达到招生目的需要进行公正评估，同时还应该构建一个新的大学入学考试科目设置模式；③需要找到统一新旧招生要求的方法。作为回应，1897 年，大学与教育协会开始启动这项改革工作。而这项意义重大的改革工作主要是由三个社会团体完成的，分别是中学研究十人委员会（The Committee of Ten on Secondary School Studies）、大学入学要求委员会（The Committee on College Entrance Requirements）、十二人委员会（The Committee of Twelve）。19 世纪 90 年代，这三个委员会一直致力于中学科学和经典教育的精简和标准化研究，以确保这些改变与大学招生要求相吻合。这些研究团体对美国教育领域产生了持久的影响，并且直接推动了美国地方认证机构的兴起，如新英格兰学校和学院协会（The New England Association of Schools and Colleges）、中部州协会（The Middle States Association）、北中央协会（The North Central Association）、南部学院与学校协会（The Southern Association of College and Schools）等。①

从美国的两大“高考”来看，其皆由独立的、非营利性社会团体组织实施。SAT 考试最初由创建于 1900 年的美国大学理事会主办，1947 年，ETS 成立后，

---

① English D，Broadhurst C. The evolution in college admissions requirements：1885 to 1905［J］. College and University，2013，89（2）：2-11.

SAT 考试的业务便统归于 ETS 负责，但仍由美国大学理事会承担具体组织实施工作。ETS 是目前世界上最大的私立非营利性教育考试和评估机构，由美国教育委员会（American Council on Education）、卡内基教学促进基金会和大学入学考试委员会共同注册成立。ETS 的核心成员包括测验开发者、统计学家、心理测量学家、评估专家、研究型团体、教育政策专家等，他们通过专业、科学、严谨与系统的研究设计各种考试评估项目，为小学、中学、大学等各类用户提供专业化、个性化、定制化的测量服务①。ACT 考试则由成立于 1959 年的美国高校测试服务中心主办，其运行模式与 SAT 类似，下设测验开发部、教育服务部、行业考试服务部、科学研究部、信息系统部、考务运行部、公共事务部等，经费主要来自考试收费及社会团体赞助。②简言之，美国两大“高考”考试的主办机构均为非营利性的高度专业化、职业化的社会团体，它们都只提供专业的考试评价服务，具体的招生录取由大学自主负责。

此外，美国很多重要教育法案的出台也往往与社会团体密不可分，在某种程度上，这些教育法案是社会团体研究成果政策性转化的结果，只是有些社会团体的调查研究是带着政府的使命进行的。譬如，《不让一个孩子掉队法案》的出台与 NAEP 的调查研究密不可分，NAEP 提供的数据资料起到了关键的推动作用，同时对美国“国家标准”“国家课程”的建立也发挥了重要的促进作用。NAEP 最早的重要成员包括芝加哥大学的拉尔夫·泰勒和普林斯顿大学的统计学家约翰·塔基等③，这些来自高校的专家教授为美国的教育发展发挥了重要的智囊作用。另外，《国家处在危机之中，教育改革势在必行》的研究报告也是由美国高质量教育委员会发布的。而美国最新的高校招生“新模式”也是由 MTC 联盟提出并开始尝试推行的。

总之，美国的社会团体，尤其是教育类社会团体，在美国市场经济体制的背景下，为了在激烈的竞争中求得生存与发展，不仅促使美国大学招生形成“考招分离”的现代化录取模式，还在包括“高考”制度在内的美国教育系统现代化进程中发挥了重要的智库作用。

---

① ETS.Who We Are［EB/OL］.（2018-07-20）［2018-07-20］.http://www.ets.org/about/who/.

② 唐滢. 美国高校招生考试制度研究［M］. 武汉：华中师范大学出版社，2016：88.

③ Lapointe A E. 标准化测验对美国社会的影响——以美国国家教育进展评估（NAEP）为例［J］. 考试研究，2009（4）：19-29.

第三节　美国“高考”制度现代化的启示

从美国“高考”制度的发展历程来看，其当前处于高度现代化阶段，既跨越了很多发展中国家大学招生制度还没有经历的发展阶段，也蕴含着世界“高考”制度现代化的一般规律。中国高考制度正处于深化改革的重大转型期，也即实现由基本现代化转入总体现代化的关键阶段，结合建设中国特色社会主义高考制度现代化的特定需要，美国“高考”制度现代化在人才选拔理念、考试数据应用、考试测评开发、招生录取模式等方面的改革对我国高考制度现代化都具有重要启示。

一、突出效率兼顾公平的人才选拔格局

公平是社会稳定的基石，强调公平是社会制度改革的基本价值导向。“人才，国之宝也”，注重提高人才选拔效率是国家核心竞争力的根本保障。公平与效率间往往存在一定的矛盾，既不能一味追求公平而舍弃人才选拔效率，也不能一味追求人才选拔效率而牺牲社会公平。纵观美国“高考”制度的改革历程，其总体基调是在确保社会基本公平的基础上，突出国家利益优先，注重提高人才选拔效率，尤其是顶尖大学的人才选拔，往往不拘一格，唯才是举。因此，从公平与效率的视角来审视美国的“高考”制度，其形成的是突出效率兼顾公平的人才选拔格局。而这种人才选拔格局之所以没有引起社会太多的矛盾和冲突，与其联邦政治和多元文化的独立性、包容性密不可分。

美国大学招生保障基本公平有两大途径：①立法与补偿政策；②推行标准化测验（评价）。从立法和补偿政策来看，美国是一个善于立法和善用政策的国度。为确保大学入学机会公平，美国先后出台了《高等教育法》《民权法》《平权法案》及补偿教育政策等，这些法规与政策在特定的历史阶段，有效地确保了美国黑人、少数族裔，以及弱势群体学生接受高等教育的机会。当然，需要指出的

是，这些已出台的法规与政策并非一成不变，而是随着社会发展与时俱进的调整。例如，随着美国经济社会的发展，原先以“历史纠错论”[①]为主流的针对少数族裔及弱势群体的加分政策与平权政策，被后来更加注重现实公平和法理依据的“百分比计划”（又称“X%计划”）、“阶级加分制”等所取代。“百分比计划”是“指给予地区内某一比例的学生的入学优待计划。通常根据地区差异，不同的地区或州所采取的比例及优待政策有所不同”。以少数族裔最集中的三个州为例，“得州规定公立和私立高中前 10%的最优毕业生可自动升入州内公立大学；加州规定州内高中排名前 4%的毕业生可升入加州大学；佛州州内高中排名前 20%的毕业生可升入州立大学”。“阶级加分制”，即以阶级为基础的肯定行动[②]，“旨在打破纯粹的‘种族优待’标准，给所有来自低收入家庭的学生‘加分’，不仅利于黑人及少数族裔弱势群体的学生，也利于白人及其他移民等弱势群体的学生”[③]。此外，其他的政策还有“快速启动规划”“向上跃进项目”，前者旨在为低收入家庭的学生提供系列服务，以尽早确定他们的升学意愿，做好大学入学准备，获得平等的高等教育机会；后者旨在帮助处境困难而学识聪颖的学生完成学业并继续上大学深造。[④]这些都是改善和促进弱势群体学生入学机会的保障性政策。

就标准化测验（评价）而言，其最大的价值在于具有标准化、规模化、有效性、可靠性、高效性、经济性等优势。[⑤]事实上，1926 年，SAT 的推行，就意味着美国教育开启了追求公平的历程，而以 2001 年美国国会通过的《不让一个孩子掉队法案》为标志，美国通过标准化测验（评价）推动美国教育公平的行动达到了历史高潮。之后，美国政府过度推行标准化测验（评价），导致应试教育盛行，出现了制约学生创造性、批判性思维发展，以及学生学业压力过大等弊病。2015 年，美国总统奥巴马提出，要“遏制公立学校过度强调标准考试的联邦准则”，并“要求联邦教育部采取相应措施，使各州满足联邦政府对考试的规定，

---

① 即认为“历史上长期的种族歧视和不平等待遇造成的社会现实，不通过特定的优待照顾就无法改变”。

② 李婧. 美国高校录取中的优惠政策分析［J］. 大学（学术版），2010（12）：35-39.

③ 李木洲. 高考改革的历史反思［M］. 武汉：华中师范大学出版社，2016：295.

④ 陶西平. 陶西平：各国的高考招生改革是如何开展的？［EB/OL］.（2016-09-19）［2018-07-19］. http://www.sohu.com/a/114652222_387107.

⑤ Lapointe A E. 标准化测验对美国社会的影响——以美国国家教育进展评估（NAEP）为例［J］. 考试研究，2009（4）：19-29.

并敦促各州和学区利用考试之外的其他因素，综合评估学生学习成绩"[①]。尤其是当年《每个学生都成功法案》的出台，标志着标准化考试在美国逐渐回到了适当的位置，即标准化考试既能在总体上保证美国教育的基本公平，又能不妨碍美国多元化、个性化的拔尖人才的选拔与培养，较好地兼顾了大学招生的公平与效率。

总之，美国高校招生协调公平与效率的经验可归结为："高等教育的入学公平主要是政府通过一系列行政立法和政策来推动的……人才选拔效率是各高校通过多样化录取模式和多元化评价标准来实现的。越是处于高等教育系统'金字塔'底层的院校，越开放招收有意愿接受高等教育的人，公平性越强。顶尖大学坚持基于学生学术才能的选优政策，强调人才选拔效率，兼顾公平。"[②]这种开放式的制度设计，较好地解决了高校招生公平与效率之间的矛盾，既能维护社会基本公平，又能满足国家对尖端人才的需要。简言之，尖端人才作为国家的稀有资源与核心竞争力，基于国家人才利益最大化的立场，在保障大学招生总体公平的基础上，应为拔尖人才、特殊人才的选拔和培养设置合理的上升通道。

二、重视考试数据和标准的开发与应用

考试在本质上是主试按照一定的目的通过一定的媒介（试题）检测、甄别被试的相关知识与能力水平的过程。一般而言，人们往往关注的重点是考试的结果（分数），却忽略了考试结果所包含的大量信息。从促进个体成长的角度来看，对被试个体的考试结果所包含的信息加以科学分析，能够帮助被试较系统地了解自身的学习水平与能力结构，进而有效地改善学习方式与方法。从促进学校教育发展的角度来看，对被试群体的信息进行大数据分析，则能够帮助诊断、评估学校、学区乃至地区、国家的整体教育教学的优与劣、利与弊，进而为改善教育教学提供科学依据。因此，注重考试信息的大数据开发和研究，既是精准评价与诊断学生能力素养的基本前提，也是实现考试信息价值最大化的基本途径。

美国的教育考试服务机构通过收集与研究考试信息推动考试评价改革的传统

---

① 转引自张帅. 美国新政遏制公立学校过度强调标准化考试［J］. 世界教育信息，2016（1）：76.

② 吴向明. 美国高校招生的公平与效率研究［J］比较教育研究，2008（10）：17-21.

由来已久。ACT 考试创立于 1959 年，首次参加考试的人数为 75 460 人，到 2016 年，参加 ACT 考试的人数已超过 200 万，考生人数增长了近 27 倍。据统计，目前每年参加 ACT 考试的人数占到美国高中毕业生总数的 64%，还有 20 个州将 ACT 考试作为高中毕业生的学业评价考试。同时，ACT 还为全球 140 多个国家提供考试与评价服务。①可以说，ACT 考试不仅是美国最重要的大学入学考试之一，也是世界上影响较大、辐射较广的考试项目之一。而这一切，皆源于 ACT 拥有世界领先的科研、命题、测评数据分析、测评技术支持、测评项目咨询等综合实力。事实上，ACT 在成立之初就十分重视考试信息与数据的收集和科学研究工作。以 ACT 考试的命题为例，它以广泛的教育和职业研究、实证分析与学生成绩数据为根本依据，“每一道 ACT 试题都经历了研发和命题的 12 个步骤。通过严格的设计、预测、分析和校准”。而“ACT 超过半个世纪的数据收集和持续研究是 ACT 考试项目的坚实基础。通过收集和分析学生成绩数据，ACT 将有关信息用于改进试题，保证了试题设计能够有效评估学生在学业和就业发展中取得的成就和进步。通过广泛而深入的实证研究和外部验证，ACT 建立了专门的垂直量尺，用于测量包括英语、阅读、数学、科学和写作科目的学业和就业达标能力。由于在测评领域的独特优势，ACT 的数据分析、科研和学科测试经验已被美国共同核心州立标准倡议（Common Core State Standards lnitiative）积极采用”②。此外，ACT 还通过大数据技术建立了大学学业达标基准（ACT college readiness benchmarks）和就业能力进步指标（progress toward career readiness indicator），这一基准和指标可以为考生提供科学的升学、就业等预测与指导。

SAT 考试的主管机构——美国教育考试服务中心，“在超过 180 个国家设有 9000 多个考点，每年完成超过 5000 万人次考试的测验开发、实施、评分工作”③。“ETS 在全球共有 3200 多名员工，其中有 2300 多名员工具有教育学、心理学、统计学、心理计量学、计算机科学、社会学及人文科学等领域培训经历与专业知

① Dingler C，Shaw D，徐小冉等. ACT：从单一学术能力考试到纵向多维测评系统［J］. 中国考试，2017（10）：36-40.

② Dingler C，Shaw D，徐小冉等. ACT：从单一学术能力考试到纵向多维测评系统［J］. 中国考试，2017（10）：36-40.

③ ETS.What We Do［EB.OL］.（2018-07-20）［2018-07-20］. http://www.ets.org/about/what/.

识，约 1000 多名员工具有高级学位，390 名员工拥有博士学位。”[①]ETS 的基本定位是：“做考试的研究者和开发者，做国际评估领域的专家，做专业证书考试和资格证书考试的创新者，做考试公平性和公正性的维护者，做教育政策的参与者。”[②]基本使命是：“通过提供公平有效的评估、研究和相关服务，提高教育质量和公平。产品的研发服务主要用于衡量知识和技能，促进学习和绩效，支持全世界所有人的教育和专业发展。”[③]为了确保与提升考试评价项目的质量与公平，尽可能避免测量偏差，ETS 制定了《ETS 质量与公平标准》（ETS Standards for Quality and Fairness）、《建构性题型及其他表现性评估准则》（Guidelines of Coustructed-Respone and Other Performance Assessments）、《ETS 公平性审查准则》（ETS Guidelines for Fairness Review of Assessments）、《ETS 测验及信息表达的公平性准则》（ETS Guidelines for Fair Tests and Communications），以及《ETS 评估的公平性审查国际准则》（ETS International Principles for Fairness Review of Assessments）等系列标准与准则。[④]通过这些标准与准则，ETS 构建了一套完整的命题质量高、测验公平、测验分析准确等业务质量标准体系，以有效保障并促进教育考试评价的信度与效度、质量与公平。

反观我国教育考试机构的状况，教育部考试中心原主任戴家干曾指出：“过去，教育考试机构更多的是把考生作为应试的对象，而没有明确地定位于服务的对象，致使我们的考试资源没有很好地开发和利用。”[⑤]而从教育考试的命题工作来看，部分命题人员不仅对标准化考试存在一定的误解，而且存在滥用的情况。有研究指出，目前我国的“中考、高考等大规模、高利害升学选拔考试存在试题结构、题型、内容等固化、僵化及模式化的问题”。而此“三化”正是诱导师生通过题海战术，进行日复一日、年复一年的针对性模拟考试训练的根本原因。另外，目前部分省（自治区、直辖市）的教育考试机构并不具备独立命制高水平试卷的条件，“以中考英语学科试题为例，全国 140 余套试题的题型和内容上都是

---

① 田霖. 美国专业考试机构 ETS 的组织定位分析与启示［J］. 中国考试，2017（2）：64-69.

② 乔丽娟，赵彤璐. 对我国教育考试机构专业化建设的几点思考［J］. 中国高等教育，2006（7）：51-52.

③ ETS. Who We Are［EB/OL］.（2018-07-20）［2018-07-20］. http://www.ets.org/about/who/.

④ 田霖. 美国专业考试机构 ETS 的组织定位分析与启示［J］. 中国考试，2017（2）：64-69.

⑤ 戴家干. 从教育考试看教育考试机构的职能与定位［J］. 中国考试，2006（2）：5-7.

大同小异，甚至相互抄袭”[①]。而有些省（自治区、直辖市）的高考自主命题，也出现过“大小年”的问题，即试题的难度、信度、效度不高的问题。要从根本上扭转这种强应试教育的倾向，必须先改变考试测评方向：一方面，要减少选择反应类题型的数量，适当增加限制反应类题型和开放性题型；另一方面，要加强学科专家、教育专家、心理专家、评估专家、测量专家等试题研发队伍的建设。

最后，需要指出的是，高考考生群体规模巨大，近年来每年参加考试的人数皆在 1 000 万左右，他们代表着国家未来的智力资源，有效服务并促进这个群体的智力开发与专业发展，就是夯实国家人才资源基础。因此，加强我国教育考试机构的专业化建设，重视高考数据及标准建设研究，既是实施人才强国战略的根本需要，也是实现我国高考制度现代化的必由之路。正如有研究指出的：“没有考试理论指导的考试实践只能是低水平的、简单重复的实践。考试实践的发展，永远不会超出人类对考试理论认识所达到的水平。”[②]因此，高考要改革，科研须先行。

三、强调中学与大学的校际互动与衔接

高考在本质上是连接中学与大学的桥梁，寻求中学与大学的有机衔接是高考改革的核心所在。美国的大学招生制度改革非常重视中学与大学的校际互动与衔接，在追求人才选拔的公平与效率的同时，强调中学与大学之间的天然关系，尊重中学与大学的人才培养规律，一方面，通过高校招生制度的多元化设计，引导中学的教育教学，努力避免应试教育倾向；另一方面，通过对中学阶段的合理考查，为大学选拔新生提供多样化的真实而可靠的评价信息。

早在 1892 年，美国国家教育协会（The National Education Association）为在国家层面建立一个统一性的教育标准，成立了一个由一流中学和大学的教育工作者组成的委员会，即中学研究十人委员会。该委员会通过考察发现，当时美国大多数高中开设的课程都有近 40 个不同的科目，导致每个科目分配到的学时很少，而且即使是相同的科目，不同的高中分配的学时也大不相同，这既影响课程

① 包天仁. 标准化考试反思［N］. 中国青年报，2017-05-15（10）.
② 唐滢. 美国高校招生考试制度研究［M］. 武汉：华中师范大学出版社，2016：214.

教育质量，又不利于满足大学招生要求。于是，该委员会提出了两个对大学招生产生重大影响的问题：①大学招生所需考试科目的最低标准是什么？②大学入学考试的基本标准是什么？同时还指出，高中教育有自己的任务与使命，并不是完全为升入大学做准备。[①]可见，美国很早就认识到，中学与大学之间是一种互动与衔接的关系，一方面，中学与大学均有各自独立的教育任务与使命，中学教育不能成为大学新生选拔的附属品；另一方面，大学为选拔合适的新生，又必须依赖中学开展合适的教育教学，以满足大学教育起点和高级人才培养的基本要求。

为创新人才培养模式，增强中学与大学教育的衔接性，1951 年，美国福特基金会启动了大学先修（advanced placement，AP）课程，1955 年，该课程由美国大学理事会接管。目前，AP 课程“不仅在美国约 1.5 万所中学普遍开设，还掀起一股席卷全球的 AP 课程浪潮，有力地促进了创新人才的早期识别与培养”。至今，AP 课程已发展为包含“科学、技术、工程和数学（Science，Technology Engineering and Mathematics，STEM）、艺术、英语、历史和社会科学、世界语言和文化等五大领域的 22 个专业 38 门课程。每年全球有 114 个国家举行 AP 课程考试，超过 3600 所大学将 AP 课程考试成绩，作为学生录取和获得相应学分的重要依据，其中包括哈佛大学、耶鲁大学、牛津大学和剑桥大学等世界名校”[②]。据统计，2017 年，美国有 270 万名高中生参加 AP 考试，而从全球的统计来看，参加 AP 考试的人数仍处于上升态势。另据美国大学理事会的调查，参加 AP 课程的学生更容易适应本科学习，超过 80%的学生认为，修读 AP 课程令他们对大学学习更有信心；近 90%的学生认为，他们在大学课程中会用到 AP 课程所学的技能。当然，参加过 AP 课程的学生更有可能按时从大学毕业，而未参加 AP 课程的本科生按时毕业的概率仅为 30%。[③]此外，在高中开设 AP 课程，要求高中教师具备更高的学历、丰富的授课经验和开阔的视野，只有这样

---

① English D，Broadhurst C. The evolution in college admissions requirements：1885 to 1905 [J]. College and University，2013，89（2）：2-11.

② 秦炜炜. 大学与中学的有效衔接：美国在线 AP 课程的历史与经验 [J]. 远程教育杂志，2018（2）：37-47.

③ 邓文静. 美国大学理事会：AP 课程有助于学生本科学习 [J]. 世界教育信息，2017（11）：76-77.

才能胜任教学任务[1]，因此，AP 课程项目的推广还极大地提升了美国高中教育的质量。

当然，美国大学招生重视中学教师的推荐和学生在中学期间的其他表现，这也是美国中学与大学之间的互动之一。有研究指出，美国的四年制院校尤其是研究型大学，招生录取的参考因素丰富多样，若按重要性排列依次为：①高中所学课程的学术水准，尤其是在高中是否选修了大学水平课程（如 AP 课程）等严格学术课程及所获成绩（90%）；②SAT 或 ACT 等标准化大学入学考试的成绩（88%）；③高中各科成绩总评（88%）；④在高中的年级排名（65%）；⑤咨询辅导员推荐信（61%）；⑥教师推荐信（59%）；⑦学生提交给大学录取委员会的论文或写作样本（58%）；⑧工作经验与课外活动表现（47%）；⑨面试表现（38%）；⑩学生展现出来的、可证实的兴趣（36%）。[2]而从美国“高考”内容的变革历程来看，其由重视单一的智力测验或学术能力测验到重视与中学课程内容的关系再到重视高中阶段的综合素质评价，也充分体现了美国中学与大学内在关系的互动与衔接。正如有研究指出的：“美国高考通过标准化测试，对学生的学习兴趣、潜能等品质进行考核；美国大学的录取，积极回应高中教育的内容与方法。考录中多元化的考核内容与方式，与高中课程评价内在合一的理念，不仅有助于中学生在学习方法、思维习惯等方面实现向大学阶段的过渡，更为学生在大学阶段的发展做了很好的铺垫。”[3]由此可见，两者之间已然形成了双赢的互动与衔接关系。

另外，2017 年 5 月，由逾百所美国顶尖私立高中组成的 MTC 联盟推出的全新学生评价系统——“新模式”，迅速获得了由 80 余所著名高校组成的美国“入学、资助以及成功联盟”的积极支持与回应，可谓是美国中学与大学在招生制度改革中的最新互动。总之，推动美国大学招生制度改革的力量，不仅包括政府、大学、第三方机构，还包括高中，并且高中与大学之间的互动往往还表现得非常默契。究其缘由，在于美国中学与大学之间的多层次互动与衔接符合人才选拔与

---

① 尚俊霞，邱果，应会琼. 美国 AP 课程实施成功的内外因素分析［J］. 大学教育，2017（10）：192-195.

② 任长松. 美国大学入学考试 SAT 与 ACT 对我国高考的启示——对我国高考的近期与远期改革建议［J］. 教育理论与实践，2008（3）：27-30.

③ 郭志明. 从美国“高考”看高中与大学的衔接［J］. 外国中小学教育，2015（8）：11-16.

培养的内在规律。

四、适应不同高校的多元分流招生政策

美国宪法并未提及教育，美国的教育立法权在地方，各个州都谨慎地保护着他们制定的那些能够影响教学的政策和实务决策的权利，因此，多样化一直是美国学校在内容和管理上的原则性特征。①从大学招生来看，美国没有全国统一的招生制度，各大学拥有高度的自主权，皆可根据自身办学条件确定招生计划和录取标准。然而，美国政府虽无权干涉大学招生工作，却可以通过财政拨款、法律监管及政策指导等方式对大学招生进行调控与管理。根据卡内基高等教育机构分类体系，美国高等教育机构有 8 种类型：博士学位授予大学、硕士学位授予学院和大学、学士学位授予学院、副学士学位授予学院、专门领域机构、非传统研究机构、公司创办机构、部落学院。②但依据办学层次，美国高等教育机构又可分为 3 类：①研究型大学；②四年制大学和学院；③两年制社区学院。

与大学办学层次相对应，美国高校招生主要有三种办法③：①完全开放招生制，主要为两年制社区学院采用，目的在于满足大众对高等教育最基本的需求。社区学院向其所在地所有申请入学的中学毕业生和 18 岁以上的公民完全开放，招生录取率为 100%。②有限开放招生制，也称"基准淘汰型招生"，主要为四年制公立大学采用，目的在于让其所在州的学生能够以比较低的学费接受最好的高等教育，但它需要平衡本州与外州或国外学生的构成比例，以保证学生能够反映整个社会的文化多样性和学生社会背景的多元性。然而，公立大学的办学质量和国际声誉参差不齐，因此，其招生录取率也大不相同。普通公立大学的录取率高达 80%左右，如艾奥瓦大学的录取率为 78%，犹他大学的录取率为 83%。而研究型或高水平公立大学的录取率则比较低，如加州大学洛杉矶分校的录取率为 20%，加州大学伯克利分校的录取率仅为 17%。③综合选拔招生制，也称"高竞争选拔型招生"，即录取与否需要综合考量申请者的标准化考试成绩（SAT 或

---

① Lapointe A E. 标准化测验对美国社会的影响——以美国国家教育进展评估（NAEP）为例［J］. 考试研究，2009（4）：19-29.

② 朱永东，张振刚. 卡内基高等教育机构分类的演变及启示［J］. 高教探索，2017（2）：5-12.

③ 刘向荣. 美国高校招生制度的特点与成因探析［J］. 黑龙江高教研究，2005（3）：153-154.

ACT）、学业测验成绩、AP 课程成绩、中学课程成绩、教师评语、校长推荐信、个人申请材料，以及面试表现等诸多因素。精英型大学（主要为知名的私立大学或学院）基本采用这种招生办法，这类大学的招生一般面向全世界开放，因此，竞争非常激烈，录取率一般在 10%左右，而越顶尖的大学，其录取率越低，如哈佛大学的录取率约为 5.9%，加州学院的录取率约为 8%，康奈尔大学的录取率约为 14%。[①]总之，为保证人才培养质量，大多数高校都设有淘汰政策，对招录的最低标准也有明确要求。

美国各类高等院校由于办学定位、学校声誉、生源质量等差异较大，为了招满、招足或招到高质量的新生，各院校所采取的招生计划也有所不同。但主要有三类招生计划：①提前招生（eearly admission），一般要求学生在每年 11 月 1 日前递交申请，同年的 12 月中旬出录取结果。其又包括“提前决定”（early decision）、“提前行动”（early action）和“优先考虑”（priority）三种。其中，“提前决定”“提前行动”的区别在于“‘提前决定’是捆绑式的，一旦被录取，便有义务进入该校，且要交纳一定的入学保证金，同时撤销其他学校的同类申请，否则便是违规；‘提前行动’则是非捆绑的，学生即使被某所大学录取，也可等到所申请的其他大学录取结果出来经比较后，再决定上哪所大学”[②]。“优先考虑”的特点是越早申请便越早得到录取结果，但录取通知没有任何制约作用。②常规招生（regular admission），是美国大学最基本、最重要的招生方式，一流大学除实行提前招生外，也兼行常规招生的办法[③]，其递交申请的截止日期一般在每年的 1 月 1 日前后，最迟不会超过 2 月 1 日，3 月底或 4 月初出录取结果，被录取的学生要求在 5 月 1 日前答复学校，并交纳保证金。③“滚动招生”（rolling admission），是指学校在收到学生的申请材料后，立即开展资格审查及录取工作的录取模式。该录取模式的审核录取周期一般为 1 个月，具有边申请边录取的特点。[④]它主要由竞争性不强的大学采用，一般在入学前 6—9 个月开始受理

---

① 叶扬波. 保障多样性和卓越性——美国高校招生和录取制度分析［J］. 世界教育信息，2014（11）：13-20.

② 郑若玲. 我们能从美国高校招生制度借鉴什么［J］. 东南学术，2007（3）：156-160.

③ Chuck Hughes. What It Really Takes to Get Into the Ivy League and Other Highly Selective Colleges［M］. New York：The McGraw-Hill Companies，2003：176.

④ 张竹箐. 美国高校招生多样化特征研究［D］. 南京师范大学硕士学位论文，2015：68-71.

申请材料。此外，还有少量学校实行当场录取的办法，即学生带着申请材料到学校，招生人员审阅后，当场告知录取结果。①

值得一提的是，自 2006 年以后，为了维护招生公平和简化招生程序，诸如哈佛大学、普林斯顿大学、弗吉尼亚大学等不少研究型大学先后宣布取消提前招生。恰如哈佛大学校长德里克·博克所指出的："提前录取使本身就有优势的人更占优势。那些经济实力雄厚和背景复杂的高中生常通过提前录取来增加录取机会，而少数族裔和来自农村、外国及教育资源贫乏的高中生则没有这些机会。"提前招生"不仅破坏了学校学生的多样性，也不利于贫困和少数族裔学生进入大学，而且被提前录取的学生在高中的最后一年也易放弃刻苦学习"②。不过，哈佛大学于 2011 年又悄然恢复了提前招生。这表明，美国在招生公平与招生效率之间也存在难以平衡的矛盾。总之，美国高校的招生政策没有一定之规，各高等院校主要依据实际招生需要采用相应的招生办法。

当然，美国"高考"制度现代化的演变，也并非完全线性地沿着追求科学、公平、效率的路径前进，在很多时候也常常受到来自美国本土族群优先的因素影响。譬如，1926 年，SAT 的出现，有一个重要的历史背景，那就是当时的犹太人子女进入精英大学处于明显的优势地位，从而引起耶鲁大学、普林斯顿大学等精英大学的恐慌，由此，他们希望借助某种智力测验的干预以改变犹太人子女占据优势的招生状态。③而后来整体性评价录取标准的出现，也与美国高校试图改变犹太人、亚裔等外来族群占据入学优势的状态相关，而通过增加其他参考依据或录取标准，可以平衡与保障美国本土生源进入精英大学的机会。恰如柯林斯在《文凭社会》一书中所指出的，"教育，与其说是阶级上升渠道，不如说是政治冲突与统治关系的承载者"，"美国教育系统，不是仅仅为了培养英才而诞生的，相反，它具有维持盎格鲁白人文化优势，保持统治身份的作用"④。可见，作为移民国家，美国虽然出台了不少法案或政策保障少数族群、弱势族群的入学机会，

---

① 郑若玲. 我们能从美国高校招生制度借鉴什么［J］. 东南学术，2007（3）：156-160.

② 转引自胡乐乐. 美国高校招生录取制度最新改革综述［J］. 比较教育研究，2007（5）：23-26.

③ 郑若玲. 美国大学"可免试入学"改革及启示［J］. 华中师范大学学报（人文社会科学版），2016（2）：161-167.

④ 转引自任其然. 文凭通胀、种族斗争与阶层焦虑：神话幕后的美国教育［EB/OL］.（2018-07-31）［2018-08-01］. http://www.thepaper.cn/newsDetail_forward_2281028.

但是在根本利益上其依然在奉行美国本土族群优先的潜在规则。

最后，综观美国“高考”制度现代化的概貌，在考试评价方面，由高度专业化的教育考试机构统一负责命题、阅卷、成绩解读及能力分析等工作，较好地保证了考试评价的信度、效度、区分度，以及考试环节的公平与公正；在入学录取方面，表现为分类分层、因校制宜、录取标准多样化，这些举措较好地满足了不同高等院校的招生需求；在招生管理方面，注重通过法律（法案）形式维护大学招生的基本公平与正义，确保少数族裔、移民、低收入群体等社会弱势群体的入学机会，合理促进大学生源的多样性与多元化[①]；在招录规律方面，越是竞争激烈的大学，越强调整体性评价或综合素质评价，而对于顶尖大学而言，它们已“不再满足于主观的整体性评价或综合素质评价，开始追求更加科学和精准的综合素质量化评测技术”[②]，以确保人才选拔的高度精确性。

若从美国“高考”制度现代化的具体表征来看，又可将其概括为考试组织统一化、专业化、社会化、科学化、多次化、研究化；录取标准自主化、个性化、多元化、差异化、公平化、效率化、精准化；招生管理法治化、信息化、公开化等。当然，美国“高考”制度是美国政治、经济、文化、教育、人口、科技等综合国情的时代产物，从最新的改革动向来看，其依然存在难以解决的公平与效率等问题。总之，美国“高考”制度的现代化有其文化特殊性和历史阶段性，其当前的制度形态虽仍未达到理想状态，但对他国而言，依然具有重要的启示与借鉴意义。

① 李木洲. 高考改革的历史反思［M］. 武汉：华中师范大学出版社，2016：297.

② 秦春华. 美国考试机构在做什么［N］. 中国教育报，2015-12-09（11）.

第五章

高考制度现代化的反思、构建与评价

同人类社会的现代化一样，高考制度现代化也是一个漫长的、动态的、进步的历史发展过程。自 1952 年我国统一高考制度创立至今，高考制度的现代化已历经 60 余载的持续发展，其间有争论，也有停废，当然主要的还是不断深化与优化。总之，高考制度现代化是一条曲折而艰难的发展道路，之所以曲折而艰难，既有高考制度内部的各种理论与实践的矛盾的原因，又有高考制度外部的各种环境与条件的冲突的原因。当前，在推进国家治理体系和治理能力现代化的时代背景下，在《教育规划纲要（2010—2020 年）》提出到 2020 年基本实现教育现代化的改革目标的驱动下，作为教育现代化以及国家治理体系和治理能力现代化的重要组成部分，高考制度现代化必须明确其基本方向、构建路径及评价标准。因此，廓清高考制度现代化的主要矛盾与冲突，明确高考制度现代化的历史任务、终极目标，反思高考制度现代化的现实价值，是构建中国特色社会主义高考制度现代化体系的基本前提。

第一节　对高考制度现代化的反思

反思活动是人类认识世界和改造世界的有机组成部分[①]，是人类自省以积累经验与教训，不断修正、调整自身行为，促进社会文明进步的巨大推动力。[②]反思高考制度现代化是系统总结高考制度改革的经验与教训，探寻高考制度现代化基本规律，以及科学推进高考制度现代化进程的根本途径。基于美国“高考”制度现代化的经验与启示、结合我国高考制度改革的历史，以及新一轮高考制度试点改革存在的问题，深入推动高考制度的现代化转型需明确七个关键问题：①高考理念的选择；②统一高考的定位；③录取标准的设计；④选考方案的设置；⑤综合素质评价的应用；⑥高考“唯分数”的破解；⑦强基计划[③]的出台。

一、高考理念的选择

理念是行动的先导。高考理念不仅塑造着高考制度的形态，更决定着高考制度的功效，同时也是体现高考制度现代化水平的一个重要维度。在高考制度的众多功能中，人才选拔和维护公平是其两大核心功能，实质关涉的是高考制度的效率与公平这两大基本问题。所谓“效率”主要反映的是高考制度的人才选拔功能，对高考制度效率的定位决定着高考制度怎么选拔人才和选拔什么人才的问题；所谓“公平”主要反映的是高考制度的社会价值功能，对高考制度公平的定位决定着高考制度在多大范围与多大程度上维护教育与社会的公平，它是社会正义与制度正义的重要标尺。因此，效率与公平不仅是伴随我国高考制度改革的两个根本问题，也是困扰世界高校招生制度改革的两个主要问题，在很大程度上具

① 黄映然. 历史反思的哲学探析［M］. 北京：中共中央党校出版社，2008：1.

② 李木洲. 高考改革的历史反思［M］. 武汉：华中师范大学出版社，2016：6.

③《国务院关于在部分高校开展基础学科招生改革试点工作的意见》中提出，教育部决定自 2020 年起在部分高校开展基础学科招生改革试点，也称强基计划。

有一定的普遍性与永恒性。

然而，对于效率与公平问题，人们往往仅从矛盾的视角进行简单的二维归因，即要么强调效率优先兼顾公平，要么强调公平优先兼顾效率。但实际上，并非简单地强调以何者优先来加以处理，而是在更加具体的层面进行合理调控。大学招生是一个涉及多方面利益的制度安排，其中包括国家、大学、市场、考生及其家长等，因此，在选择效率与公平的时候，不仅应充分考虑各利益主体的诉求，更应区分以何者利益优先或者在更大范围内实现各利益主体的利益最大化。理性分析高考核心利益主体的利益所在，对于国家而言，在于选拔人才培养以实现国家持续发展及重大战略目标，维护作为高考制度设计者与改革推动者的国家或政府的形象；对于市场而言，在于培养和输出符合社会经济发展需求的各类人才；对于高校而言，在于招收到符合学校特点和要求的优秀学生，为提高人才培养质量打下基础，从而获得良好的社会声誉，形成生源质量和社会声誉与竞争力的良性循环，使学校更具竞争力和影响力；对于考生而言，则在于在公平竞争的条件下，获得高等教育机会特别是优质高等教育机会。[①]不难发现，四者之间的核心利益并非完全不兼容，而是具有一定的“共约性”，或者说它们之间存在既相互相制约又相互促进的密切关系，即各利益主体的利益最大化有赖于其他利益主体的利益最大化。[②]可见，从利益兼顾和利益最大化的角度来看，采取“一刀切”的效率优先兼顾公平或公平优先兼顾效率的办法皆不可取，因为在什么范围讲求效率，在什么范围注重公平，实际上存在一个可以平衡的临界点。

而判定这个临界点的依据，应该是利于各利益主体整体利益提升的重要群体的产生——拔尖人才的选拔与培养。人才是强国之基，拔尖人才更是国之重器。从美国“高考”制度的改革历程来看，在强烈的国家忧患意识和人才强国意识的影响下，其在努力通过标准化考试确保整体考试公平与教育公平的同时，还特别强调通过多元化的录取标准确保顶尖大学能够招收到最优生源。据统计，“迄今为止影响人类生活方式的重大成果中 70%诞生于世界一流大学”[③]。而“世界排

---

① 李峻. 高考制度变革的新思路——从利益博弈到利益均衡［J］. 国家教育行政学院学报，2011（2）：77-80.

② 李木洲. 高考改革的五种范式及其转换［J］. 现代教育管理，2013（5）：10-13.

③ 徐飞. 西南交大校长徐飞：数字化时代的大学再造［EB/OL］.（2016-09-22）［2018-07-28］. http://edu.people.com.cn/n1/2016/0922/c1053-28732985.html.

名前 50 的大学共获得授权专利 3 万余项，平均每所学校 700 多项，而且这些一流大学获得授权专利的年度总量保持着年均 8%的稳定增长态势。世界一流大学的知识转化率较高、经济贡献率大且科研成果的社会应用程度高。其中，美国一流大学的转化率达到 70%左右”[①]。可见，一流大学对推动国家乃至人类社会的发展发挥着重要作用。美国正是以其“美国优先”“突出拔尖人才选拔效率”的制度设计理念，通过区别于普通大学的多元化录取标准，确保了美国一流大学能够源源不断地选拔到优质生源，保证了拔尖人才持续领先全球的优势地位。

求稳必重公平，强国必重效率。在通过统一高考整体上确保考试公平和教育公平的基础上，突出或强调 1%左右的一流大学的人才选拔效率，无疑有利于高考利益核心主体利益的最大化，尤其是国家利益的最大化。简言之，一流大学突出人才选拔效率有两个基本理由：①高分学生过多，仅通过分数已无法严格区分学生的能力素养，必须增加其他考核标准；②基于强国立场，使更多的拔尖人才通过充分而合理的竞争脱颖而出，从而确保国家在尖端人才领域的优势地位。但科举史上“南北榜血案”的教训必须汲取，即要通过录取定额政策，确保不同地区、不同阶层的弱势群体有进入一流大学的机会，不能使其成为优势阶层垄断最优教育资源的特权。

二、统一高考的定位

1952 年，统一高考制度的建立具有重要的历史意义，因为它不仅以最快和最有效的方式推动了中国基础教育和高等教育整体水平的提升，实现了国家整体教育水平的提高，而且还以更高效的方式促进了国家考试公平、教育公平，以及社会公平的发展，避免了像美国一样通过“平权行动”等长时段、大规模的社会运动才实现整体教育公平的情况的出现。因此，从历史与比较的视角来看，统一高考制度不仅具有独特的历史贡献，而且具有难以取代的现实价值。即使在当前着力构建“三位一体”录取机制的背景下，仍需坚守和巩固统一高考制度在高校招生录取中的绝对作用和主导地位。

2014 年，世界银行发布的《全球大学招生模式》研究报告指出，世界上没

---

① 刘继安，冯倬琳. 世界一流大学的主要特征和建设策略［N］. 中国青年报，2016-03-25（2）.

有“正确”的招生制度，不同国家的具体做法有很大的差异。有些国家的大学招生录取程序相对客观，仅看入学考试成绩；有些国家的大学招生录取程序则相对主观，会考虑学生的考试成绩档案、学业表现、推荐信，以及课外实践活动表现等；有些国家则采用多元录取制度，并且公立和私立院校之间还有差异。事实上，招生制度的效能很大程度上取决于实施这一制度的具体环境，包括政府结构、经济因素、劳动力市场、文化和国家的优先政策等[①]，而非取决于某种特定的招生模式或制度。换言之，世界上没有最合适的高校招生制度，只有适合于本国国情的高校招生制度。综观世界各国的高校招生制度，不管其是综合选拔制，还是以考试为主的选拔制，抑或是证书选拔制等，大多存在一种或两种权威性考试，并且考试结果是高校选拔新生的基准条件，或者至少对于绝大部分考生而言具有极其重要的分量。

美国的 SAT 或 ACT 的考试成绩，是“仅次于中学成绩的另一条主要录取指标，也是大学在排行榜位置的影响因素之一”[②]。近年来，虽然有些学校开始把它们列为可选条件，或者干脆取消这一入学要求，但研究性大学及四年制公立大学极少有放弃这一入学要求的。作为证书制招生的典型代表，英国虽没有由政府举行的全国统一招生考试，但是其 A-Level[③]课程证书已被绝大多数使用英语授课的大学作为招收新生的入学标准，甚至被国际教育界誉为“金牌”教育课程和全球大学入学的“金牌”标准，尤其是在传统的精英大学招生中，其更具有不可替代的权威作用。日本的“中心考试”是其高校招生的唯一国家考试，在著名大学及其他综合性大学的招生中具有十分重要的作用，而且参加和使用中心考试及其成绩的高校数量有增无减。中国台湾地区也有极具稳定性、权威性的学科能力测验。而俄罗斯则以国家统一考试取代了高校自主招生考试，国家统一考试的权威性自不待言。[④]

---

① 孟庆涛，何美，武向荣（编译）. 大学招生：看世界银行如何“把脉”[N]. 中国教育报，2014-06-16（21）.

② 郑若玲. 我们能从美国高校招生制度借鉴什么[J]. 东南学术，2007（3）：156-160.

③ 英国 A-Level 课程，即英国高中课程（General Certificate of Education Advanced Level），是英国的普通中等教育证书考试高级水平课程.

④ 李木洲. 高考改革的历史反思[M]. 武汉：华中师范大学出版社，2016：327-328.

不同国家大多都存在一种或两种权威性考试的原因有二：①它具有保障考试公平、教育公平和社会公平的基本作用；②它具有强引导功能，有利于确保基础教育的整体水平和高等教育生源的基本质量。因此，世界各国无论采取何种高校招生制度，只要它需要促进教育公平和确保教育质量，就必定注重权威性考试在高校招生录取中的基础性作用，这既是被实践所检验的，也是世界多数国家通行的一个基本办法。当前，我国新高考改革正在积极探索高校招生多元录取机制，但应清醒地认识到，在当前教情、民情，以及文化国情等背景下，要正确处理统一高考制度与多元录取机制之间的关系，要确立统一高考制度在高校招生录取中不可动摇的主导地位，继续发挥统一高考制度在保障整体教育质量和维护教育公平中的基本作用。

三、录取标准的设计

所谓录取标准，即高校选拔新生的基本条件与要求。自 1952 年统一高考建制以来，高考成绩便几乎成为高校招生录取的唯一标准。当然，在特殊时期，除高考成绩外，考生还要符合政治审查标准，而特殊行业或专业的招生还对考生的身体条件有一定要求。总体而言，以高考成绩为高校招生的主要标准，在很大程度上有效地维护了考试公平，确保了国家基础教育质量和高等教育生源质量。然而，“一刀切”的以高考成绩为录取标准的招生模式，不可避免地造成了应试教育难以改变、学生学业负担过重、基础教育内容窄化、校外培训盛行等突出问题，而在平行志愿的助推下，大学招生又出现严重的分数扁平化、生源单一化等现象，这些现象既不利于大学人才培养的多样性发展，也不利于大学间的优质生源合理化竞争。因此，招生录取标准的综合化、多样化逐渐成为高考制度改革的一种共识。

《实施意见》提出要探索“三位一体”多元录取机制，目的在于通过招生标准的多元化构成引导素质教育发展，改变“唯分数”“唯智育”“轻体育”“轻能力”的畸形教育现状。有研究指出，“信号理论表明高校招生采取多元录取标准可以促进高校与生源的双向匹配，人力资本投资理论表明采取多元录取标准可以引导学生提前发展大学和社会所需技能，做好人力资本储备。同时，推行多元录取标准有助于提高对大学学业成功的预测效度”[①]。可见，高校招生录取标准的多元化，既有利于人才培养与高校发展，又符合世界高校招生录取标准设计的普遍规律。然而，“三位一体”只是高校招生录取标准多元化的一个层面，即内容构成层面。事实上，它还包括另一个同样重要的层面，即录取实施层面，就是按照大学的类型与层次实施个性化、分层化的多元入学标准。

据统计，2012 年，美国有各类高等院校 4726 所，其中 3026 所为四年制大学，1700 所为两年制社区学院[②]，不同的大学基本采取不同的招生办法。两年制社区学院基本采用完全开放招生制，几乎无淘汰；四年制大学多采取有限开放招生制，有一定的淘汰率；精英大学多采用综合选拔招生制，淘汰率较高，且越是顶尖的大学，招生标准越复杂，质性评价越重要。以“常春藤盟校”为例，其录取标准包括四类：①首选因素（top factors），包括大学先修课程的成绩、高中阶段课程强度、学术能力评估考试（SAT 或 ACT）成绩；②次选因素（tip factors），包括申请表格及论文撰写，学生的班级排名，校长、教师或辅导员的推荐信；③附加的非学术因素（tip non-academic factors），包括课外活动情况、兴趣爱好、工作经历、对学校及社区的贡献，以及面试表现等；④学生自身之外的因素（factors beyond a student’s control），包括种族、居住地、年龄、健康状态，以及家庭成员是否为“常春藤盟校”校友等。[③]可见，美国高校招生标准不拘一格，因校而异，尤其是突出拔尖人才选拔与培养的效率，只要能够保证学校的生源、文化和种族多样性，录取标准完全由学校自主决定，体现了人才强国的基本立场。

需要指出的是，在综合选拔招生制中，SAT 或 ACT 成绩的比重仅占 25%左右，少数顶尖大学已不再强制要求提供 SAT 或 ACT 成绩了。究其缘由，在于顶尖大学的录取比例很低，大多在 10%以内，竞争者众多导致 SAT 或 ACT 考试高分或满分的学生很多，已经难以通过它来区分学生个体的能力素质差别了，只能

① 万圆，沈曲．论高校招生采取多元录取标准的必要性及可行路径［J］．教育与考试，2016（1）：14-18.

② Chepkemoi J.How Many Colleges Are In The US［EB/OL］.（2017-09-29）［2018-07-26］. http://www.worldatlas.com/articles/how-many-colleges-are-in-the-us.html.

③ 郝丽君，桂勤．“常春藤盟校”本科生录取标准的均衡性及其启示［J］．教育学术月刊，2011（2）：89-92.

通过增加其他参考条件来甄选更优秀或更合适的学生。如同英国高校所抱怨的那样，“在英国高中课程（A-Level）考试中获得最高等级成绩的学生太多，以至于它们很难确定哪些考生是最佳录取人选”①，由此也不得不增加新的考核项目。可见，美国大学招生标准并没有为了追求“绝对公平”而采用“一刀切”的办法，而是多元化的，充分体现了“突出效率”的人才选拔理念，即兼顾不同类型、不同层次大学的招生实际，便于各类大学通过适当办法招满、招足所需新生。

根据教育部于2020年发布的全国高等学校名单，截至2020年6月30日，全国高等学校共计3005所，其中，普通高等学校为2740所含本科院校1272所、高职（专科）院校1468所；成人高等学校为265所。也就是说，目前全国需要通过高考制度招生的院校数量为2740所。其中，若依办学层次来看，大致可分为“985工程”大学、“211工程”大学、省部共建大学、各类地方高校，而“985工程”大学和“211工程”大学以及极少数地方高校大多已进入国家首批“双一流”高校建设名单。具体而言，首批“双一流”大学建设高校共计137所，其中，世界一流大学建设高校为42所（A类为36所，B类为6所），世界一流学科建设高校为95所。对于如此大规模的高等院校，采取“一刀切”的统一入学标准，显然难以体现不同院校的办学特色与选才需求，即使实行普通高校和高职院校分类考试招生，也难以充分满足“双一流”大学的选才需求，尤其是“一流大学”的选才需求。

拔尖人才不仅是稀缺资源，更是国家核心竞争力的关键所在。我国高校招生有必要在统一高考的基础上，进行大学录取标准的分层化、多样化探索，即“一流大学”“双一流”大学实行个性化、多元化的综合评价招生机制，适当加大综合素质评价的成绩比重；一般普通本科院校可根据生源情况，侧重以统一高考的成绩为主，以高中学业水平测试成绩和综合素质评价成绩为辅的录取模式；普通专科院校则可以根据办学特色和生源情况，实行“统考 + 校考”或者自定标准、接受申请等开放式招生模式。实际上，根据大学层次按分数高低“一刀切”的录取模式，表面上维护了“分数公平”，但实质上，一方面，其剥夺了大学间合理竞争优质生源的权利，很多大学由于传统优势可以坐等接收高分新生，而很

---

① 孟庆涛，何美，武向荣（编译）. 大学招生：看世界银行如何“把脉”[N]. 中国教育报，2014-06-16（21）.

多后进大学却难以招到优质新生，这在根本上不利于激活大学的办学积极性；另一方面，高质量的统一高考在很大程度上可以满足相当数量的普通本科院校的招生需求，是否统一推行“三位一体”的招生模式，可由学校根据生源竞争态势自主把握，这样可解除高校和考生都按同一模式招生与报考的“捆绑式”现实。当然，美国高校“突出效率兼顾公平”的招生录取模式之所以能够得到推行，与其“宽进严出”的高等教育理念及其实践是密不可分的。因此，我国在推行录取标准多元化的同时，还必须改变当前“中学拼命学，大学拼命玩”的教育现状，严格控制高校毕业生质量。

四、选考方案的设置①

《实施意见》提出，改革高考科目设置，即“增强高考与高中学习的关联度，考生总成绩由统一高考的语文、数学、外语 3 个科目成绩和高中学业水平考试 3 个科目成绩组成。保持统一高考的语文、数学、外语科目不变、分值不变，不分文理科，外语科目提供两次考试机会。计入总成绩的高中学业水平考试科目，由考生根据报考高校要求和自身特长，在思想政治、历史、地理、物理、化学、生物等科目中自主选择”。从改革动机来看，其有四大目的：①通过增强高考与高中学习的关联度，以实现引导高中全面注重学科性教育教学，进一步扎实学生的知识结构与关键技能；②通过推行高中学业水平考试，以避免学生偏科；③通过学生自主选考科目，以实现增加考生的考试选择权，以及增强考生与高校之间的精确匹配度；④通过不分文理科，以实现促进交叉型、复合型等拔尖人才的选拔与培养。简言之，这样的制度设计，旨在引导基础教育发展和促进高校人才培养。

高考“不分文理”具有重要的象征性意义，从表面上看，它似乎回到了历史原点，但实质有所不同。纵观自高考建制以来的科目设置的演变，先后历经了“不分—两分—三分—两分—不分”的探索与变革过程，其背后的驱动力基本是按照“追求考试效率—注重考试科学—回归考试本真”的历史逻辑演进的，

① 部分内容刊载于李木洲，张悦. 高考文理不分的历史逻辑与现实意蕴［J］. 湖北大学学报（哲学社会科学版），2017（4）：104-110. 有调整。

且呈现出“分多合少、分时议合、合时议分”的特征。新高考改革试点不分文理科，是复杂的政治变革、社会变化、文化变迁、教育发展，以及制度尝试与制度学习的综合产物，并非简单的历史回归。它既符合世界大学入学考试科目设置的基本范式，也符合国际拔尖创新型人才培养的基本规律，是基于时代变迁对人才选拔培养目标变化的适应性回归。因此，新高考改革探索“不分文理”的科目设置模式，总体来看是一种历史进步，也是高考科目设置质性转化或现代化转型的一个重大标志。

然而，从浙江省、上海市的试点来看，其成效也有不尽如人意的地方。事实上，它依然面临“如何摆脱应试”这个历史难题。中国自科举以降，有什么样的考试组合，就会有什么样的应试方式。2017 年 6 月，首次高考不分文理科在上海市、浙江省两地试行，但受理性人选择的影响，出现了变相分科乃至分科“集训”等问题。在经济学中，理性人又称“经济人”，其最大特征是利己性，即每一个利益相关者都从各自角度出发，寻求最大收益。高考利益相关者是高考制度改革的决定性力量。高考是否分文理科主要涉及四大利益群体，即考生、家长、高中学校、大学。考生和家长希望能同时兼顾个人兴趣与成功考取大学；高校希望选拔出具有专业素养的学生；高中学校希望获得最高的升学率。从表面上看，高中学校和考生的目标是一致的，但实际上是有矛盾的，考生追求的是个体利益最大化，高中学校追求的是升学利益最大化，因此，高中学校要根据自己拥有的师资、设备来打造优势教学特色，以便获取“规模效益”。情况更糟的是，由于师资不足与教学条件的限制，有的高中学校甚至会出现“固定套餐”的科目组合，如浙江省的“七选三”，高中学校会选择本校师资力量最强的 3 个科目，将绝大多数资源都投入其中，谋求集中发展，优势发展，并引导学生选择这 3 门科目，而绝大多数学生也会接受这样的教学安排，因为这是现实中最理想的选择。①因此，新高考改革所要增加的考生选择权，在实践中被高中学校或教师所取代，使理论上存在的 35 种选考组合大打折扣。

此外，新高考改革还有两个未能预料的负面结果。①理工科基础学科——物理、化学、生物遭到历史冷遇，甚至引起相关学科界的担忧。譬如，根据试点地

① 李木洲，张悦. 高考文理不分的历史逻辑与现实意蕴［J］. 湖北大学学报（哲学社会科学版），2017（4）：104-110.

区的统计，“2017年浙江省29.13万名考生选考物理的只有8万人，占比为27%，上海市选考物理的考生占报考总数的30%；而改革前，2015年浙江省普通高考报名人数为28万，其中报考理科的17.71万人（参考物理考试的人数），占比为63%”[①]。可见，新高考改革前后，考生在选考科目中表现出明显的偏向性，而这种偏向性既可认为是考生的兴趣选择，也可认为是考生的功利性选择（避难就易），同时也可认为是学生偏科的一种体现，这与新高考改革的初衷有较大出入。另外，必考科目——语文、数学、外语在总分中的权重较大，导致中学选择性地削弱物理、化学、生物等学科的教学，而“这一现象已经在江苏省前几年的高考改革中出现，曾迫使北大、清华等顶尖大学不得不大幅削减在江苏省的高考招生指标，并相应大幅增加自主招生名额”[②]。此外，也有研究指出，与全国多数省（自治区、直辖市）的高考科目设置方案相比，上海市的高考科目设置易导致考生的严重偏科——既易导致考生的文、理偏科，又易导致文科的三个科目和理科的三个科目内部的偏科。[③]②高中学业水平考试次数增加，不仅扰乱了高中正常教学秩序，而且加重了高中师生的考试负担，以致有媒体报道，“所谓的一年两考其实是一年三考，由原来的一次冲刺，变成了现在的反复冲刺。十月份冲一次，四月份冲一次，六月份还要冲一次。折腾得所有考生、教师和家长疲惫不堪，奄奄一息。正常的假期没有了，正常的休息没有了，正常的生活没有了，变成没日没夜没完没了的应付考试的机器”[④]。因此，新一轮科目设置改革能否顺利推行，在很大程度上取决于高中教育的完善程度，其顺利推行的前提是要实现高中师资的均衡化，确保能够开足、开齐各门学科，同时还需通过政策监督和规范高中教学行为。

总之，高考科目设置的动态调整应着眼于在促进基础教育正常发展的基础上为高校选拔具有潜能的人才，并在简便操作的情况下，赋予高校和考生一定的选择权。但要明确的是，“尽管高考科目的多样性改革能够推动高考制度走向多样

---

① 蒋承，郝晓伟，吴红斌. 资优高中生高考科目的选择特征分析［J］. 中国考试，2018（8）：1-7.

② 秦春华. 我对浙江高考改革试点方案的忧虑［N］. 中国青年报，2015-02-02（10）.

③ 雷新勇，周群，牟亚萍等. 高考内容改革研究——考试科目设置研究［M］. 上海：上海科学技术出版社，2016：2.

④ 佚名. 失败的浙江高考改革，北大院长怒批“嗅到危险味道”［EB/OL］.（2018-07-20）［2018-07-30］. http://www.sohu.com/a/242407586_100021062.

化，但高考科目的多样性本身并非改革目的”[①]。因此，当前多元选考的科目设置模式必将走向趋同的道路，即各省（自治区、直辖市）将在共存互鉴中最终达成共识，并形成一种或两种兼具科学性、公平性和操作性的相对接近与稳定的科目设置模式。[②]因为，高考科目设置最主要的影响是人才的知识结构，高中教育必须提供完整的学科教学，而在高校招生进入综合评价的时代背景下，过分关注减少考试科目或变换考试科目组合模式的改革，其实质意义并不大。

五、综合素质评价的应用[③]

《实施意见》提出，要将综合素质评价纳入高校招生体系。然而，从综合素质评价实施的历史与现状来看，其仍存在一个两难问题，即“软挂钩与硬挂钩”的矛盾问题：“软挂钩”使综合素质评价形式化；“硬挂钩”虽使综合素质评价实质化，但在具体实施中又存在主观化、操作难度较大等问题，需要相应的制度条件作为保障。综观世界发达国家高校招生制度之共性以及新高考改革的基本精神，未来我国的高考综合素质评价总体上有三个发展趋向。

（一）综合素质评价必然趋于“硬挂钩”

自改革开放以来，高考改革的一个重大进展就是实现了评价方式从单一化到多元化的转变，打破了唯高考分数论的僵局，开始强调学业水平测试和综合素质评价在人才选拔中的作用。事实上，“单一分数”的评价方式，既难以满足现代社会发展对复合型人才能力结构的社会性评价需求，也无法满足被试者多种素养的个体性评价诉求。因此，为切实推进素质教育，近 30 年来的高考改革一直致力于改变综合素质评价与高考“‘软挂钩’或‘假挂钩’的形式主义境地”[④]。从新高考改革的试点方案和动向来看，浙江省普通高中学生综合素质评价系统已于 2016 年 1 月正式上线，2014 级在校高中生成为首批适用该系统的学生，而上海

① 郑若玲等. 苦旅何以得纾解——高考改革困境与突破［M］. 南京：江苏教育出版社，2011：45.
② 李木洲. 多元与趋同：高考科目的变革走向［J］. 高校招生，2014（4）：13-14.
③ 本部分刊载于李木洲，马晶晶. 综合素质评价的历史回顾与未来展望［J］. 招生考试研究，2016：（3）14-21，有删改。
④ 樊亚峤. 综合素质评价纳入高考录取的阻力与对策［J］. 中国教育学刊，2016（6）：33-37，53.

市也于 2017 年采用了新型“3+3+综合素质评价”的人才选拔模式。可见，浙、沪两地的高考试点改革都已将综合素质评价作为高考不可或缺的考察项目，且参考比重越来越大。另外，《北京市深化考试招生制度改革的实施方案》也提出，从 2020 年起，综合素质评价作为高等学校招生录取的参考。据中国青年报社会调查中心联合问卷网对 2000 人进行的一项调查，“61.6%的受访者认为将‘综合素质’纳入高校招生录取参考体现了人才培养的系统性和连续性”①。这说明，综合素质评价的实质性改革，不仅符合学生、家长、高校、市场、政府等多个高考利益主体的共同需求，也预示着综合素质评价在未来高校招生中的比重将会有所增加，并趋于“硬挂钩”。

（二）综合素质评价的设计将更加科学

综合素质评价的设计，是综合素质评价结构的合逻辑性与综合素质评价功能的合目的性的有机统一，关乎综合素质评价的科学化程度。因此，加强与完善综合素质评价的设计是提高综合素质评价科学化程度的前提条件。具体而言，综合素质评价是一项系统工程，至少包括综合素质评价理念、目的、结构、原则、标准及功能等方面的系统化、科学化设计。评价理念是指导综合素质评价的基本思想和观念，“以生为本”“注重过程”应为综合素质评价的两大基本理念。评价目的，即综合素质评价所要达到或实现的目标，“本质并不是对学生综合素质学习结果的评价，而是指向学生现有素质和未来发展方向的发展性评价”②。评价结构反映的是综合素质评价各要素之间的基本关系，在很大程度上决定着综合素质评价的功能。评价原则是综合素质评价过程中必须遵守的基本方式和方法，是确保评价客观、真实、有效的关键。评价标准是判定综合素质评价对象差异与优劣的基本价值尺度和界限。评价功能，即综合素质评价所要发挥的基本作用，也是高校招生增设综合素质评价这一项目的旨趣所在。简言之，综合素质评价的科学化应致力于构建制度健全、运行有序、管理高效的多层级评价机制。在评价要素上除考虑思想品德、学业水平、身心健康、艺术素养、社会实践五大板块外，还

---

① 杜园春.“综合素质”纳入高招［EB/OL］.（2016-08-09）［2018-07-02］. http://news.sina.com.cn/o/2016-08-09/doc-ifxuszpp3192744.shtml.

② 樊亚峤. 综合素质评价纳入高考录取的阻力与对策［J］. 中国教育学刊，2016（6）：33-37，53.

应考虑家庭背景、成长经历、兴趣专长等相关因素，以增加对学生个体善性特质的考察。

（三）综合素质评价的运行将更加规范

一直以来，综合素质评价在我国处于尴尬境地，即综合素质评价的理念深入人心，但综合素质评价的实践却寸步难行。究其缘由，主要有三方面：①综合素质评价在方法上非全量化评价，而是主要依靠主观性评价；②我国历来有“人情社会”之称，社会与教育诚信体系尚不健全；③高校招生录取工作的社会影响大、风险大，高校一般采取谨慎甚至保守的态度对待。因此，消除人为因素对综合素质评价可能产生的负面影响是深化综合素质评价改革的关键。从国外经验来看，美国为纠正主观性评价的偏失，除了建立完善的教育诚信体系之外，还非常强调参评人员的素养及评价团队的组建，其“往往致力于组建一个具有不同背景、能够带来不同观点的团队”①，以此保障参评团队的专业性和多元性。当然，与美国高校招生相比，考生数量庞大、录取周期较短是我国高校招生的重要特征。因此，推进综合素质评价与高考制度的深度融合，必将结合中国实际，以使综合素质评价走上规范化道路。①综合素质评价指标与标准的规范化体系构建，尤其需要紧抓核心素养，化繁为简，根据考察素养的性质与特点，采取量化评价与质性评价相结合的方式。②综合素质评价者的规范化训练与要求，合格的评价者是确保综合素质评价质量的关键，因此，入选者必须经过规范化选拔与训练。③综合素质评价过程的规范化控制，通过相关法律规范、诚信制度、社会监督等方式加强对评价过程的监督与监控，确保评价结果的客观与公正。④综合素质评价结果的规范化使用，即根据高校类型与专业对新生选拔对象的知识结构与素养能力的实际需求，构建因校而异的个性化、差异化的综合素质评价使用规范。⑤综合素质评价团队的规范化建立，由招生单位或招生负责部门组织形成兼顾不同民族、区域、学科背景及专业特长的评价队伍。此外，综合素质评价规范化运行还要注重理顺评价主体之间的权、责、利关系。

最后，值得关注的是，美国的大学入学考试委员会已尝试运用新一代测评理论和在线技术，基于“学生核心学术能力、跨学科知识运用能力、创造力、批判

---

① 郑若玲等. 苦旅何以得纾解——高考改革困境与突破［M］. 南京：江苏教育出版社，2011：175.

性思维、合作能力、信息技术能力、行为素质、生涯规划和导航能力的综合研究报告”，将其“作为新的出题模式和题型设计的理论基础，通过设计创新的命题方法、题型、命题程序、评分技术、测评数据分析、信息反馈和考试平台技术，开发新一代学生综合素质评价考试，以推进综合素质评价的量化测评”。正如有学者指出的，“当中国社会还在纠结于不以单一的看得见的分数而代之以综合素质评价来录取学生是否会引发不公正的时候，美国顶尖大学和招生机构已经不再满足于主观的整体性评价，而追求更加科学和精准的综合素质量化评测技术”①。因此，从美国的经验来看，我国高考综合素质评价在历经规范化和科学化试点发展阶段后，必将在高校招生录取中发挥更加重要的作用。

六、高考“唯分数”的破解②

所谓高考“唯分数”，是指高校招生以高考分数为主要或唯一依据的录取模式。长期以来，这种“以分取人”的招生办法，在提高考试效率的同时，有效保障了考试公平，对促进教育发展和社会进步做出了一定的积极贡献。③然而，随着我国经济社会发展对人才能力素养要求的变化，尤其是高等教育普及化时代的到来，高考“唯分数”的问题日益凸显。2018 年 9 月 10 日，习近平总书记在全国教育大会上指出：“要深化教育体制改革，健全立德树人落实机制，扭转不科学的教育评价导向，坚决克服唯分数、唯升学、唯文凭、唯论文、唯帽子的顽瘴痼疾，从根本上解决教育评价指挥棒问题。”④当前，在新高考改革的背景下，破解高考“唯分数”势在必行。

（一）高考“唯分数”的典型表现

我国是考试制度的发祥地，尤其是自科举创制以降就有“以程文高下定去

---

① 秦春华. 美国考试机构在做什么［N］. 中国教育报，2015-12-09（11）.

② 本部分刊载于李木洲，曾思鑫：《高考“唯分数”的形成机理与破解之道》，《河北师范大学学报（教育科学版）》2020 年第 4 期，略有删改。

③ 董泽芳，李木洲. 高考“唯分数”的破除与重构［J］. 中国考试，2019（4）：1-4.

④ 习近平. 坚持中国特色社会主义教育发展道路 培养德智体美劳全面发展的社会主义建设者和接班人［EB/OL］.（2018-09-10）［2019-10-29］. http://www.moe.gov.cn/jyb_xwfb/s6052/moe_838/201809/t20180910_348145.html.

留”的考试传统，并形成了以分数高低或成绩优劣为评价标准的人才选拔思维定式，其背后的隐喻是维护考试的客观与公平，避免钱、权、势、情等人为因素对考试选拔的不良影响。可见，“唯分数”的现象在我国由来已久。时至今日，“唯分数”是中国高考招生制度的基本特征，具体表现有“唯分取人”“应试教育”“状元热”等。

1. 唯分取人

中华人民共和国成立以来，我国高校招生录取制度虽几经变革，但“唯分取人”的总体特征没有得到根本改变。早在 1958 年 7 月 3 日的《人民日报》社论就指出，高考“不是以政治质量为首要条件，结合政治条件和学业成绩择优录取新生，而是单纯按照学科考试成绩高低依次录取”①。尽管这一批评受到来自反右派斗争扩大化的政治因素的影响，但它却提出了一个重要的问题，即仅以考试成绩为标准录取新生存在不科学的因素。事实上，我国的高校招生录取制度在设计上一直强调对学生素养的全面考核，正如有研究指出，德智体（德智体美）全面要求的原则从 1950 年首次招生开始贯穿至今，恢复高考后定型为“德智体全面考核，择优录取”，2002 年起定型为“德智体全面考核、综合评价、择优录取”②。然而，在招生实践中，由于“德”“体”的考核是原则性、达标性的，“智”的考核是通过考试分数精确计量的，而直接体现智育结果的“以分取人”又自然地被认为是最直观、公平与高效的人才选拔方式，从而导致“以文化考试为主要考核形式”在某种程度上演变为“唯一考核形式”，即将对“德、智、体、美、劳”的全面考核窄化为“唯智”的考核，而分数优先、划分投档、择分录取也必然地成为我国高校招生录取的主导模式。

2. 应试教育

有学者认为，应试教育是“一种为考试而进行的教育，考什么教什么，不考的不教，评价上唯分数、唯升学率，因此人格养成、个性发展、社会关怀乃至音体美等无法考试的内容被架空虚置，从而背离了教育树人、育人的内涵”③，其

---

① 蒋超，张小劲. 中国高考史·创立卷［M］. 北京：中国言实出版社，2008：496.

② 边新灿. 新中国成立以来高校招生制度的演进及其内在逻辑（上篇）［J］. 考试研究，2019（1）：45-53.

③ 杨东平. 重新认识应试教育［J］. 北京大学教育评论，2016（2）：2-7.

实质是教育者与受教育者对教育评价选拔制度的过度功利性、片面性和短视性的行为与倾向。[①]1952 年统一高考制度的建立，不仅延续了中国的统考传统，而且高考“一考定终身”的评价机制也传承了分数至上的价值导向，促使或牵引着基础教育围绕高考这一“指挥棒”开展教育教学。1993 年，中共中央、国务院发布的《中国教育改革和发展纲要》指出：“中小学要由‘应试教育’转向全面提高国民素质的轨道，面向全体学生，全面提高学生的思想道德、文化科学、劳动技能和身体心理素质，促进学生生动活泼地发展。”此后全面推进素质教育成为我国各类基础教育政策改革的重要方向。然而，在国家倡导素质教育的背景下，基础教育的应试训练强度与难度、学生的学习压力、超级中学的崛起以及校外培训机构的迅猛发展，都表明中小学的应试教育依然在强势发展。[②]2014 年，《实施意见》仍明确将“扭转片面应试教育倾向，坚持正确育人导向，践行社会主义核心价值观，深入推进素质教育”作为新高考改革的基本原则。可以说，改变应试教育，推动素质教育是我国当前教育改革和考试招生制度改革的共同目标。

3. 状元热

状元又称“状头”，是古代科举殿试一甲第一名的称谓（也存在将殿试一甲第二、三名称为状元的情况）[③]，本早已成为历史名词。然而，受中国传统文化的深刻影响，“状元”一词仍活跃在当今的国家考试，尤其是高考语境之中。它不仅是中国现实考试的文化缩影，代表着人们对考试头名的热切追求，还是国人延续千年的考试情结，象征着人们对“天之骄子”的不变追崇。“高考状元”自然也是舆论关注的焦点。可以说，“高考状元”既是高考“唯分数”的直接产物，同时又是高考“唯分数”的重要推手。不过，正如有研究指出的，“高考状元”已成为一些利益相关者的“摇钱树”。不管是分数崇拜，还是商业炒作，对教育的发展都极为不利。[④]教育部部长陈宝生就曾指出，要严禁宣传“高考状元”“清北率”“高考升学率”。2018 年 2 月，《教育部办公厅关于做好 2018 年普通中小学招生入学工作的通知》也明确强调，要严格落实“十项严禁”纪律，其中严

---

① 边新灿，李祎，范笑仙. 新高考改革遭遇“应试教育”掣肘的多因素分析［J］. 浙江学刊，2019（3）：102-110.

② 杨东平. 重新认识应试教育［J］. 北京大学教育评论，2016（2）：2-7.

③ 翟国璋. 中国科举辞典［M］. 南昌：江西教育出版社，2006：81.

④ 吴兴人. 还“状元”一片宁静天空［N］. 人民日报，2012-08-08（4）.

禁初高中学校对学生进行中高考成绩排名、宣传中高考状元和升学率。当前，在国家政策的影响下，虽然“状元热”得到了一定的遏制，但每年高考成绩公布后，“状元”仍会以不同的形式成为社会关注的重要话题。

（二）高考“唯分数”的形成机理

根据海德的归因理论，高考“唯分数”是复杂的多种因素相互作用、影响与博弈的结果，但其形成不外乎两类原因：一是文化激励、价值认同与利益驱动等内在原因；二是制度设计、制度环境与资源竞争等外在原因。这些复杂的多种因素在高考“唯分数”的形成过程中扮演着不同的角色，发挥着不同的功能，并从不同的侧面或立场共同助推高考“唯分数”的形成与持续存在。

1. 文化激励与至公理念：高考“唯分数”形成的价值前提

价值认同是社会制度形成与实施的重要基础。作为一种制度运行方式，高考“唯分数”得以形成与持续实施的背后也有深刻的社会价值认同。中国是考试制度的发祥地，拥有悠久的考试历史，尤其是自公元 605 年隋炀帝始置进士科以来，中国开始进入科举时代，并逐渐形成了“学而优则仕”的社会认知与文化传统，而中国社会在某种程度上也演变为考试社会。即使是在 1905 年科举制被废，科举时代终结，乃至近代社会，考试仍被作为最重要的国家人才选拔方式。民国时期，考试权不仅与行政权、立法权、司法权、监察权并列，成为国家政治的重要制衡权力之一，并设置了专门的考试机构——考试院，统筹全国的各项重要考试业务。值得一提的是，民国政府于 1938—1940 年还促成了短暂的全国高校统一考试招生局面。新中国成立初期，不仅沿用了民国时期的单独招考、校际联合招考以及区域统一招考等高校招生方式，还于 1952 年建立了全国统一的高考制度，并延续至今。可以说，考试作为人才甄别与选拔的方式，在中国自其诞生便备受推崇，并一直为后世所沿用、发展与完善。

究其缘由，一方面，在于考试具有现实的文化激励功能——阶层流动。科举考试在中国考试史上具有划时代的意义，它打破了实行科举考试前国家人才选拔长期处于“上品无寒门，下品无世族”的固化局面，极大地促进了社会阶层的合理流动，使“朝为田舍郎，暮登天子堂”成为现实与常态，并促使中国社会形成了“万般皆下品，惟有读书高”，“学而优则仕”等崇尚向学和重视教育的文化传统。因此，在中国的文化基因里，考试自古就蕴含了突破阶层、改变命运等正向激励功能。另一方面，在于考试包含了社会广泛认同的价值观念——公平至上。纵观千年科举考试发展史，其历经了“报考资格从封闭到开放、取士标准从主观到客观、考试录取从追求考试公平到兼顾区域公平、考试规制从简疏到繁密”等系列变革，但“无论政权如何更迭，公平始终是科举变革的关键词”[①]。通过不断变革，科举制度最终以其群众性、完备性、严密性等特点，塑造了“公开、公正、公平”的制度形象，并整合出人人在科举考试面前“机会均等”“平等竞争”的价值共识。[②]而这种公平的价值观念又被近现代考试制度所继承与强化。可以说，自古至今的大规模纸笔测验类考试基本以“程文高下”“分数高低”为评判标准，因此，在某种程度上“唯分数”不仅是一种考选模式，更是一种社会文化的选择和价值观念的认同。

2. 分数优先与客观可比：高考“唯分数”形成的制度条件

制度是规范人们的行为以追求更大利益的具有公共性、博弈性、激励性及惩罚性的系统规则。[③]高考既是一项国家教育选拔性考试制度，又是一项维护社会公平的基础性制度，而高考“唯分数”在本质上是高考制度设计与实施的一种表现形态。因此，探寻高考“唯分数”的形成需要从制度视角加以审视。长期以来，尽管“唯分数”被普遍认为是一种不够科学、合理的人才选拔方式，但是在特定的制度环境里，“唯分数”可能是相对更优或更具操作性的制度安排。正如道格拉斯·C. 诺斯指出的：“制度是人为设计的形成人类相互作用的约束，它由正式约束（规则、法律、宪法等）、非正式约束（行为规范、习俗和自我施加的行为准则等）及其实施特性所构成”[④]。约翰·L.坎贝尔也指出：“制度是社会生活的基础，包括了正式与非正式的规则、监督与实施机制以及意义系统，并界定着个人、公司、工会、民族-国家以及其他组织得以运行、相互作用的背景。”[⑤]换言之，制度是“由正式的成文规则以及那些作为正式规则之基础与补充的典型

① 郑若玲. 科举至公之道及其现实启思［J］. 厦门大学学报（哲学社会科学版），2010（5）：58-66.

② 马和民. 论科举制度的社会化效应［J］. 浙江大学学报（人文社会科学版），2005（5）：76-84.

③ 李木洲. 高考改革的历史反思［M］. 武汉：华中师范大学出版社，2016：28.

④ 道格拉斯·C. 诺思，张五常，等. 制度变革的经验研究［M］. 罗仲伟，译. 北京：经济科学出版社，2003：417.

⑤ 约翰·L. 坎贝尔. 制度变迁与全球化［M］. 姚伟，译. 上海：上海人民出版社，2010：1.

的非成文行为准则所组成”[①]。因此，任何正式制度的设计与推行，除了需要“理论正确”以外，还需要有与之相协调的“制度环境”才能使其得到有效的实施或取得较好的制度效益。

高考“唯分数”形成的制度条件，最主要的有两个：一是分数优先的招生录取规则。统一高考制度自 1952 年建立便将考试成绩明确作为高校招生录取分配的重要参考依据。教育部《关于全国高等学校一九五二年暑期招考新生的规定》指出：“关于应届毕业的高中学生……根据全国招生委员会所订招生调配计划并参考成绩及志愿，录取分配至各高等学校。”[②]1962 年，教育部发布《关于一九六二年高等学校招考新生的规定》进一步指出：“录取新生的办法，应该按照考试成绩的高低和考生报考志愿的顺序，从高分到低分，分段进行录取。”[③]由此，分数在高校招生录取中的重要性被进一步强化。之后虽有几次调整，但主要是对录取分数段的调整，“以分取人”的总基调没有变。恢复高考后，在片面追求升学率的影响下，高考分数在高校招生录取中的地位变得更加稳固。同时，伴随标准化考试的推行，直观的分数逐渐演变为人们心目中的唯一评判标准。可以说，高考制度对分数重要性的设计与安排，为高考“唯分数”的形成提供了有利的制度生存空间。二是客观可比的评价特性。标准化考试与综合素质评价是高考的两大测评方式，二者各有优劣利弊。标准化考试的优点在于考试内容客观可测、考试分数简单可比；综合素质评价往往采取质性手段评价，不仅存在主观判断的问题，而且评价结果难以量化，使之在高校招生录取中长期处于“次要参考”地位，且“硬挂钩”后，其最终所占高考总分的比重也较小。因此，客观可比、简便易行是量化分数自身的内在特质所决定的，尤其是在注重考试公平的背景下，高考作为高竞争的国家教育考试制度，必然会趋于谨慎与保守。如同刘海峰教授所言，“高考虽不是最好的制度，却是最不坏的制度”[④]。或者可以说，在特定的社会条件下，高考“唯分数”只是一种必要的制度之“恶”。

3. 高度竞争与利益理性：高考“唯分数”形成的现实基础

制度的产生往往需要一定的现实基础，高考“唯分数”的形成也不例外。高

---

① 道格拉斯·C. 诺思. 制度、制度变迁与经济绩效［M］. 杭行，译. 上海：格致出版社，2008：5.
② 转引自杨学为. 高考文献·上（1949—1976）［G］. 北京：高等教育出版社，2003：11-12.
③ 转引自杨学为. 高考文献·上（1949—1976）［G］. 北京：高等教育出版社，2003：428-429.
④ 转引自李木洲. 高考改革的历史反思［M］. 武汉：华中师范大学出版社，2016：366.

考作为国家大规模教育选拔考试，不仅涉及利益群体众多，社会关注度高，而且竞争激烈，尤其是高水平大学的入学机会竞争异常激烈，这些现实情况构成了高考“唯分数”形成的外部条件。就竞争性而言，高考是典型的高竞争、淘汰性选拔考试。据统计，我国的高考录取率从 1998 年的 33.86%增长到 2018 年的 81.13%，20 年间增长了 1.4 倍[①]，2019 年，浙江、江西、广东等多省（自治区、直辖市）的高考录取率更是超过 90%。然而，代表优质高等教育资源的本科录取率总体偏低，并且本科层次越高竞争越激烈。例如，2019 年，全国高校普通本科录取率为 44%，一本批次平均录取率为 18%，其中大约只有 5%的考生才有机会进入“双一流大学”。[②]可见，优质高等教育资源的稀缺性基本决定了高考竞争的激烈性，这种高度竞争的态势又意味着考生、家长及社会对高考公平的更高要求与更高期待，而以客观刚性的考试分数为评判标准成为确保高考公平最便捷、最高效的选择。因此，高考的高度竞争在很大程度上是高考“唯分数”形成的重要社会条件。

就利益理性而言，在经济学中，理性人又称“经济人”，是对在经济社会中从事经济活动的所有人的基本特征的一个一般性抽象，基本特征是利己性，即每一个利益相关者都从各自角度出发，寻求最大收益。[③]高考作为大规模教育选拔考试，所涉利益主体主要包括考生、学校、市场、国家等，而不同的利益主体又有不同的利益诉求。譬如，考生及其家长的主要利益在于公平的考试竞争并获取更优的高等教育资源；学校的主要利益在于获得更高的升学率（中学）和优质的生源（大学）；市场的主要利益在于长期获取符合经济社会发展需要的各级各类人才；国家的主要利益在于通过科学的人才选拔培养符合国家需要的建设者与后继人，同时作为高考政策的制定者，国家的利益还包括确保制度推行风险最小化，以维护社会稳定与和谐。然而，在理性的利益博弈中，维护公平与社会稳定往往成为首要考虑的利益因素，而以分数为依据的招生录取模式无疑具有先天的

---

① 班主任网. 2019 高考录取率高达 90%，1%的考生才有机会进 985［EB/OL］.（2020-02-14）［2020-02-23］. http://www. bzrw. net/jinrizixun/459456. html.

② 腾讯网. 2019 年高考全国一本批次平均录取率是 18%，各地 985 大学录取率多少［EB/OL］.（2019-11-05）［2020-02-23］. https://new. qq. com/omn/20191105/20191105A0D9DM00. html.

③ 李木洲. 高考文理不分的历史逻辑与现实意蕴［J］. 湖北大学学报（哲学社会科学版），2017（4）：104-110.

兼顾多方利益的优势所在。因此，利益理性也成为高考“唯分数”形成的重要现实基础。

总之，高考“唯分数”的形成与维持不是单因素决定的社会现象，而是文化观念、价值认同、制度设计与现实利益等多种因素共同作用与博弈的结果。概而言之，文化激励与至公理念是高考“唯分数”形成的价值前提；分数优先与客观可比是高考“唯分数”形成的制度条件；高度理性与利益理性是高考“唯分数”形成的现实基础。

（三）高考“唯分数”的负面效应

高考是国家大规模教育选拔考试，追求科学性、公平性与效率性的统一是高考改革的不懈追求。曾在我国历史上占据主导地位的察举制、九品中正制等人才选拔制度，皆因科学性、公平性、效率性的缺乏而被科举制所取代。究其缘由，主要在于科举考试具有有效摒除钱、权、势、情等人为因素的干扰的优势，不仅从形式上较好地维护了社会公平，而且简便易行，经济高效。可以说，高考“唯分数”具有较明显的制度优势与历史价值。然而，随着当代社会与教育多元化的发展，单一而僵化的高考“唯分数”录取模式不仅难以满足人们多元化的教育需求，还造成诸多的教育与社会问题。[①]

1. 高考“唯分数”的公平之失：形式公平掩盖实质公平

公平既是高考制度的核心价值所在，也是高考制度得以存续的重要支撑。高考“唯分数”将高考分数作为人才选拔的根本依据或至上标准，在形式上确实较好地做到了考试公平，即分数面前人人平等。然而，高考公平是一个涉及价值、制度和技术的“多面相”概念，是国家根据一定历史阶段的发展需要，基于现有社会条件与考试技术，按照合理性的规范和原则对高等教育入学机会进行分配的一种实然状态。[②]换言之，随着国家发展、社会条件、考试技术、公民认知等的变化，不仅高考公平的内涵与程度会有所不同，而且人们对高考公平的期待与判断也会有所变化。同时，考试形式本身也隐藏着不公平的问题，如试题的取样与考生的复习内容存在偶然性和博弈因素；试题素材的采

① 董泽芳，李木洲. 高考“唯分数”的破除与重构［J］. 中国考试，2019（4）：1-4.

② 李木洲. 高考公平的元思考［J］. 国家教育行政学院学报，2012（8）：29-33.

用和难度设置可能有利于一部分人，而不利于另一部分人；评卷质量也影响考试的信度和效度；一张考卷难以与学生多样的素质、高校不一样的培养目标相匹配等。[①]正如潘懋元先生所指出的，当下高考制度是结果公平掩盖了过程的不公平。[②]这里的“结果公平”即考试分数面前人人平等，“过程的不公平”即高考“唯分数”忽略了人的发展的禀赋、环境、条件等客观差异。总之，当前高考“唯分数”所维护的是考试绝对化、分数一刀切的形式公平，而非满足个体、社会与教育多样化、多元化发展需求的实质公平，它在很大程度上不仅无情地扼杀了人的多元化发展的个体性与可能性，也忽略了社会发展多元化对人才素养变化诉求的多样性与现实性。

2. 高考“唯分数”的评价之失：单一评价替代多元评价

高考作为高校招生选拔考试，对考生素质进行全面而科学的评价是实现“生校精准互选”的关键所在，也是高考恢复后的主要改革探索方向之一。纵观高考改革的发展历程，高考测评制度初步完成了三大转变，即命题方式由经验化到标准化的转变、考试形式由单一的统一高考到多样化考试综合的转变、考试内容由考知识到考能力的转变。这一系列转变在一定程度上回应了社会对高考“唯分数”“一刀切”等的诟病。但从高考综合改革的实践进程来看，统一考试仍占据主导地位，尤其是综合素质评价所占比重小，且大多以“供高校招生参考”的形式呈现，因此，当前的高校招生仍是以高考分数为主的单一评价模式。然而，用分数来量化一个人的多方面才能是不够科学的，尤其是人的情感态度、价值观、创新等深层次的品质是难以通过一张试卷直接测量获得的。[③]早在 2001 年，教育部印发的《基础教育课程改革纲要（试行）》就明确指出：“国家课程标准是教材编写、教学、评估和考试命题的依据，是国家管理和评价课程的基础。应体现国家对不同阶段的学生在知识与技能、过程与方法、情感态度与价值观等方面的基本要求……建立促进学生全面发展的评价体系。”另外，根据多元智能、测不准等现代教育评价理论，高考“唯分数”的评价模式存在一定的评价空白或评价短

① 边新灿. 关于高考公平性问题的若干思考［J］. 考试研究，2017（06）：46-50.

② 林智仁. 潘懋元：当下高考制度是结果公平掩盖过程的不公平［EB/OL］.（2017-05-27）［2020-02-25］. http://news. cyol. com/content/2017-05/27/content_16123821. htm.

③ 冯成火，王东. 实现高考改革形式公平与实质公平的统一［EB/OL］.（2014-12-29）［2020-02-26］. http://theory.people.com.cn/n/2014/1229/c40531-26293145.html.

板，不能客观、全面地反映考生的综合素质，尤其是非智能素养。因此，从人才选拔与培养的多样性来看，科学的高考评价方式应该是多元而非单一的，且随着高考改革的不断深化，特别是改革条件的逐渐成熟，高考评价终将走向多元之路。

3. 高考“唯分数”的教育之失：片面发展取代全面发展

高考在我国教育系统中发挥着“上连高等教育，下引基础教育”的枢纽作用，不仅影响高校的生源质量和人才培养，而且对基础教育具有极强的牵引力。长期以来，在高考“唯分数”的背景下，我国基础教育的教学逻辑逐渐由以课程标准为依归转变为以考试大纲为根本，形成了“考什么—教什么—学什么—补什么”的逻辑链，高考俨然成为基础教育的起点和终点。而这种教育逻辑的危害有三点：一是“考什么教什么”使知识点的灌输成为教学的主要目的，“题海战术”成为重要的教育手段，重知识轻能力成为教育的必然选择；二是“教什么学什么”严重忽视了学生全面而个性的发展需要，使学生以考出高分为学习目的，死记硬背成为主要的学习方式，学生在某种意义上成为考试机器；三是“学什么补什么”，为了提高学生考试分数，家长不惜牺牲学生业余时间，让其参加名目繁多的补习班、培训班，使家庭教育沦为应试教育的“帮凶”。有此三害，基础教育异化为忽略学生个性发展、兴趣开发、心理健康、精神独立乃至人格健全的片面教育。正如教育部考试中心原主任戴家干指出的，现行高考制度存在“以考试代替评价，以考试结果代替评价结果”[①]的缺憾，并直接导致教育目标的移位和教育使命的缺位。有学者指出，高考“唯分数”的教育之失在于导致学校重点抓智育，对于要计入高考总分的科目高度重视，对其他科目则不重视，德育、体育、美育和劳动教育被边缘化[②]，全面教育难以得到有效落实。

（四）高考“唯分数”的破解之道

高考“唯分数”作为文化观念、价值认同、制度设计与现实利益等多种因素共同作用与博弈的结果，在特定的社会发展阶段具有一定的历史性、必然性与合

---

① 原春琳. 戴家干：现行高考制度三大缺憾［N］. 中国青年报，2016-12-12（9）.

② 管兴华，胡亚杰，谢丹，韩寅奔. 破解“唯分数”加强大学教育与中学教育衔接［J］. 中国考试，2019（4）：5-7.

理性，基本满足了我国高等教育由精英化向大众化转变的需要。正如《国务院关于深化考试招生制度改革的实施意见》中所指出的："这一制度总体上符合国情，权威性、公平性社会认可，但也存在一些社会反映强烈的问题，主要是唯分数论影响学生全面发展……"[①]当前，随着我国经济社会的多元化发展，特别是高等教育即将由大众化阶段进入普及化阶段，高校招生模式必然应进行相应的多元化变革，以适应新时代的高校招生诉求。[②]客观而论，现行的高考制度经过改革开放后的系列改革，高考"唯分数"已悄然发生了一些变化，尤其是综合素质评价的试点与推行，在某种程度上已使高考从"绝对唯分数"转向了"相对唯分数"，而要彻底破解高考"唯分数"，需要根据其形成机理进行多措并举的深化改革。

1. 破解观念中的"唯分数"，构筑综合评价文化基础

文化观念是影响人的行为选择的深层次原因，如同它在高考"唯分数"形成过程中所发挥的推动作用一样，破解高考"唯分数"同样需要人们的文化观念发生改变。一方面，应辩证地看待分数，树立正确的分数观。高考分数作为考生学习成效的一种量化表达，包含了对考生中学阶段的基础科目知识掌握情况、思维判断能力、学习力品质等多方面的目的性测度信息，能较好地反映考生个体在考生群体中的智力发展水平，具有不可替代的功能性价值。但在"德智体美劳全面考核、综合评价、择优录取"的高校招生原则下，高考分数又存在明显的功能性缺陷，即难以测度与反映考生的德、体、美、劳等非智力因素的个体差异。教育部部长陈宝生指出，"唯分数"是当前教育改革中最难啃的"硬骨头"之一；应从教育规律和人才成长规律出发，在"唯"与"不唯"之间找到平衡。[③]换言之，在破除高考"唯分数"的过程中，应客观看待与合理使用高考分数，而不能全盘否定，要防止从"唯分数"的极端走向"去分数"的极端。另一方面，应更新高考公平观，为综合评价奠定价值基础。受中国传统考试文化的影响，"唯分数"成为人们判断考试公平的唯一标准，然而，分数的绝对公平化把人的能力素

---

① 国务院. 国务院关于深化考试招生制度改革的实施意见［EB/OL］.（2014-09-04）［2020-02-27］. http://www.gov.cn/zhengce/content/2014-09/04/content_9065.htm.

② 董泽芳，李木洲. 高考"唯分数"的破除与重构［J］. 中国考试，2019（4）：1-4.

③ 陈宝生. 落实　落实　再落实——在 2019 年全国教育工作会议上的讲话［EB/OL］.（2019-01-30）［2020-02-29］. http://www.moe.gov.cn/jyb_xwfb/moe_176/201901/t20190129_368518.html.

养量化为一个数字符号，不仅严重束缚了高考评价的多元化发展，使德、智、体、美、劳全面考核难以得到实质性推行，而且在教育实践中容易导致受教育者个体的差异化、个性化、多元化等发展被忽略，不利于学生全面而个性的发展。陈宝生还明确指出，要“重点针对长期以来疏于德、弱于体和美、缺于劳的问题”下功夫，去改变，全面推进“五育并举”[①]。简言之，破除文化观念的束缚是破解高考“唯分数”的重要前提。

2. 破解制度上的“唯分数”，优化高校多元录取制度

制度设计既是高考“唯分数”形成的重要条件，也是破解高考“唯分数”的关键所在，而建立综合评价、多元录取的高校招生制度又是破解高考“唯分数”的核心。一方面，以综合评价取代“唯分数”的高考评价制度结构，通过构建包含智力因素与非智力因素的综合评价体系，逐渐全面替代以单一高考分数为高校招生录取主要依据的评价模式。事实上，破解“唯分数”的本质在于丰富与健全高校新生选拔的考查要素，将除智力因素外的德、体、美、劳等能力要素纳入高考考查内容，目的在于“更加全面、客观、真实地反映考生的知识结构、能力品质与优势智能，为高校各专业更加精准地选拔适宜的新生，以实现考生与高校的双向匹配，进而促进基础教育改革和高等教育人才培养”[②]。当然，破除高考“唯分数”要以确保高考公平为基本前提，在非智力因素测评技术与条件成熟、可操作的情况下稳步实施，在守住高考“唯分数”这个利于形式公平底线的基础上，逐渐过渡到“综合评价”这个利于个体全面而有个性地发展的实质公平阶段。一方面，以“因材施考”的多元录取模式替代“唯分数”的单一录取模式。事实上，为破除“唯分数”的高校招生录取局面，《教育规划纲要（2010—2020年）》明确将推进“多元录取”作为考试招生制度改革的主要目标之一，具体包括“择优录取、自主录取、推荐录取、定向录取、破格录取”五个渠道。正如有研究指出的：择优录取可通过加强综合素质评价逐步摆脱“唯分数”；自主录取可通过高校制定的多元录取标准淡化“唯分数”；推荐录取可通过倡导全面发展基础上的优异表现获取入学机会跳出“唯分数”；定向录取鼓励个人意愿契合国

---

① 陈宝生. 落实　落实　再落实——在 2019 年全国教育工作会议上的讲话［EB/OL］.（2019-01-30）［2020-02-29］. http://www.moe.gov.cn/jyb_xwfb/moe_176/201901/t20190129_368518.html.

② 董泽芳，李木洲. 高考“唯分数”的破除与重构［J］. 中国考试，2019（4）：1-4.

家社会的特殊需要，可根据实际招生需求摆脱“唯分数”；破格录取作为面向特殊人员的入学认定通道，可在高校招生中完全跳出“唯分数”。[①]值得一提的是，自新高考改革正式启动以来，已经实施的三批新高考综合改革试点的省（自治区、直辖市）方案，不但强化了综合素质评价的重要性，而且采取了高考选考科目等级赋分的办法，尤其是2020年出台的“强基计划”，其旨在探索建立多维度考核考生的招生模式，即高校将考生高考成绩、高校综合考核结果及综合素质评价等按比例合成考生综合成绩（其中高考成绩所占比例不得低于85%）。这些改革皆是破除高考“唯分数”的实质性举措。总之，通过完善综合评价体系、健全多元录取机制是破解高考“唯分数”的制度保障。

3. 破解利益间的“唯分数”，调整高考入学竞争格局

改革在本质上是利益调整，高考制度持续改革的根本方向就是要把高考利益调整为有利于国家人才培养，有利于高校新生选拔和有利于学生长远发展。2015年8月，习近平总书记在中央全面深化改革领导小组第十五次会议上强调指出，要“正确认识和对待改革中的利益调整”[②]。当前，破解高考“唯分数”的最大难点便是高考利益调整，即将各高考利益主体的利益结合点由“唯分数”调整为“综合评价”，使综合评价成为各高考利益主体的理性选择。然而，综合评价的全面推行需要合理地为现行激烈的高考竞争减压减负。结合我国国情、教情与考情，实现高考利益格局的调整有两条重要途径：一是推进优质高等教育资源均衡化。高考竞争在很大程度上是高水平大学入学机会的竞争，因此，以“双一流”建设为契机，通过人才、经济等政策支持，在优质高等教育资源薄弱的省（自治区、直辖市）增设一批高水平大学，不仅能够极大地缓解区域间的高考竞争压力，还能够促进区域间的高考公平，减小区域间的高考利益冲突，形成更加公平的高考区域竞争新格局。二是推进高考分类考试改革。事实上，《教育规划纲要（2010—2020年）》《实施意见》都明确将推进高考分类考试，即将“高职院校考试招生与普通高校相对分开”[③]，并将其作为新高考改革的主要任务之一。高考

---

① 吴根洲，刘海峰. 高等学校招生中的“唯”分数与“唯分数”[J]. 教育研究，2019（10）：74-80.

② 中央全面深化改革领导小组第十五次会议召开[EB/OL].（2015-08-18）[2020-02-28]. http://www.gov.cn/xinwen/2015-08/18/content_2915043.htm.

③ 国务院. 国务院关于深化考试招生制度改革的实施意见[EB/OL].（2014-09-04）[2020-02-27]. http://www.gov.cn/zhengce/content/2014-09/04/content_9065.htm.

分类考试的全面实施，不仅有利于促进普通高校与高职院校的新生精准选拔，还有利于化解当前大规模统一高考的竞争压力，形成高考分类竞争的新格局。诚然，高考利益格局的重新调整事关重大、极其复杂，既需要国家治理层面的顶层设计，又需要社会发展层面的经济、文化等的支撑，但只要方向正确，高考“唯分数”终有破解之日。

最后，需要指出的是，高考“唯分数”的破解是一项长期而艰巨的系统工程，涉及文化观念、制度变革、利益调整、教育均衡乃至经济社会发展水平等多种因素，因此，要看到高考“唯分数”存在与破解的长期性、相对性、阶段性、复杂性、利益性、历史性等特征，尤其是要处理好破解高考“唯分数”过程中的公平与效率、“唯分数”与“去分数”的限度等一系列问题，只有在尊重考试规律、评价规律、教育规律、社会发展规律的基础上，统筹兼顾高考制度的内外部关系才能平稳破解高考“唯分数”。

七、强基计划的出台[①]

2020 年 1 月 14 日，教育部发布了《关于在部分高校开展基础学科招生改革试点工作的意见》（也称强基计划），旨在选拔和培养有志于服务国家重大战略需求且综合素质优秀或基础学科拔尖的学生。该计划明确指出，2020 年起，不再组织开展高校自主招生工作。[②]这意味着高校自主招生被强基计划所取代。那么，强基计划和自主招生二者之间是什么关系？强基计划有何创新之处，其推行应注意哪些问题？厘清这些问题有利于把握未来我国高考制度改革的总体趋势。

（一）关系本质：强基计划的站位高于自主招生

强基计划作为深化考试招生制度改革出台的一项新制度，并非“无源之水，无本之木”，而是遵循着一定的制度产生逻辑，是在汲取旧制度的经验教训基础

---

① 本部分刊载于李木洲. 强基计划：兼顾公平与效率的考试招生新创举［J］. 教育家，2020（13）：31-33，有删改。

② 中华人民共和国教育部. 教育部关于在部分高校开展基础学科招生改革试点工作的意见［EB/OL］.（2020-01-14）［2020-03-25］. http://www. moe. gov. cn/srcsite/A15/moe_776/s3258/202001/t20200115_415589. html.

上的改进、完善与创新，是典型的内生制度。伴随我国近代大学的产生，自主招生便是我国大学招生的主要方式之一。自 1952 年建立全国统一高考制度后，自主招生在相当长的一段时期内未被采行。然而，“法久则弊”，长期单一的统一高考不仅导致“唯分数”“片面追求升学率”“学生负担过重”等教育问题，而且难以适应改革开放后市场经济发展的需要。因此，为消除单一统考招生带来的多种教育弊病，构建具有多种选择的、更加科学和公正的高等学校招生选拔制度体系，到 20 世纪 90 年初，自主招生又被重新提上了高校招生制度改革的议程。纵观自主招生的发展，其先后经历了由地方先行试点到教育部批准少数高校试点再到全国较大规模试行，最后被强基计划所取代的基本过程。

客观而言，高校自主招生在试验改革推行的过程中发生了一系列巨大变化，包括试点高校数量的增加（从普通高校扩展到高职院校）、规模的扩张（突破年度计划总数 5%）、限制条件的不断放宽（由重点中学推荐到一般中学学生自荐）、降分录取幅度的增大（由最多 30 分到不受此限）、招生模式的变异（由“高考+自主”到“去高考”）等。伴随自主招生的这些变化，类似于“学校掐尖”“论文造假”“城市导向”“阶层不公”“与高考招生相冲突”“增加学生成本与负担”“扰乱中学教学秩序”等弊端日益凸显，自主招生的制度缺陷暴露无遗，甚至存在无限放大的可能。因此，通过新制度取消或取代旧制度便成为深化考试招生制度改革的必然选择。然而，比较新旧两种制度，尽管二者在选拔定位、招生专业、校考入围依据、录取方式以及培养模式等方面均存在明显不同，但是“统一高考+高校校测”仍是两种制度的基本内核。此外，强基计划强调推行“一校一策”的招生原则，又很好地兼顾了高校的招生自主权。可见，强基计划取消自主招生，并不是对自主招生的简单否定，也不仅是高校个体的需要而是着眼于国家对战略人才的需要。所以说强基计划的站位高于自主招生。

（二）国情所需：强基计划符合国家战略发展人才诉求

人才是强国之本。“培养什么人、怎样培养人、为谁培养人”不仅是教育教学改革需要回答的问题，也是考试招生制度改革必须回应的问题。2017 年，习近平总书记在党的十九大报告中指出：“要瞄准世界科技前沿，强化基础研究，实现前瞻性基础研究、引领性原创成果重大突破。加强应用基础研究，拓展实施国家重大科技项目，突出关键共性技术、前沿引领技术、现代工程技术、颠覆性技术创新，为建设科技强国、质量强国、航天强国、网络强国、交通强国、数字中国、智慧社会提供有力支撑……培养造就一大批具有国际水平的战略科技人才、科技领军人才、青年科技人才和高水平创新团队。”2019 年，教育部部长陈宝生在全国教育工作会议上强调：“要将教育融入国家重大发展战略，进入京津冀一体化发展、粤港澳大湾区、长江经济带、‘一带一路’建设、乡村振兴、推动高质量发展、建设现代经济体系、东北振兴等重大规划，把教育部分研究透，写好写实。”①当前，人类社会第四次工业革命方兴未艾，大国间的制造业竞争越加激烈，抢抓新科技革命和产业变革的战略机遇，是实现我国“两个一百年”奋斗目标的关键所在。因此，通过考试招生制度改革，为国家战略发展选拔和培养基础领域、关键技术和尖端科技的拔尖创新人才成为必然选择。

强基计划作为深化考试招生制度改革的重要组成部分，既是基于恢复高考以来我国拔尖创新人才选拔培养实验探索的新举措，也是主动调整适应新时代国家战略发展人才需求的新产物。正如强基计划的试点定位为：“主要选拔有志于服务国家重大战略需求且综合素质优秀或基础学科拔尖的学生。聚焦高端芯片与软件、智能科技、新材料、先进制造和国家安全等关键领域以及国家人才紧缺的人文社会科学领域，由有关高校结合自身办学特色，合理安排招生专业。要突出基础学科的支撑引领作用，重点在数学、物理、化学、生物及历史、哲学、古文字学等相关专业招生。”②不难发现，强基计划对招生对象有两个明确的规定：一是必须有志于服务国家重大战略，即具备为国家富强、民族振兴而奋斗的责任感与使命感；二是必须综合素质优秀或基础学科拔尖，即可造就的国家重大战略领域的拔尖创新人才。此外，强基计划通过对招生专业（基础学科）的特别限定，更突出了人才选拔培养的目的性。可以说，强基计划是对“培养什么人、怎样培养人、为谁培养人”这个核心问题的明确回应，体现了考试招生工作在服务国家发展战略方面的功能性与重要性。因此，从考试招生制度改革的外部关系规律来看，强基计划是国情所需，是考试招生制度改革适应国家经济社会发展的必然结果。

---

① 陈宝生. 落实 落实 再落实——在 2019 年全国教育工作会议上的讲话［EB/OL］.（2019-01-18）［2020-03-26］. http://www. moe. gov. cn/jyb_xwfb/moe_176/201901/t20190129_368518. html.

② 中华人民共和国教育部. 教育部关于在部分高校开展基础学科招生改革试点工作的意见［EB/OL］.（2020-01-14）［2020-03-25］. http://www.moe.gov.cn/srcsite/A15/moe_776/s3258/202001/t20200115_415589.html.

（三）矛盾平衡：强基计划是兼顾公平与效率的新创举

公平与效率是考试招生制度改革中的一对永恒的矛盾，在某种程度上，考试招生制度改革史就是一场寻求公平与效率的平衡史。究其缘由，在于考试招生设计不可避免地存在一定的制度悖论，即若实行全国统一高考招生模式，不仅各省份之间的高考成绩直观可比，而且操作简便易行，人力、物力、财力成本较低，但“一刀切”的评价方式不利于学生个性而全面的发展。而分省命题、综合评价、自主招生、分类考试等多样化的考试招生模式，虽然有利于全面考核、择优录取以及分类发展，但不利于各省份之间高考成绩的比较，而且费时费力，经济投入较多，也容易滋生招生腐败，二者利弊显而易见。因此，高考改革总是在“统一与多样”“一元与多元”“放权与收权”“理想与现实”之间不断尝试，逐步优化，寻求平衡。譬如，从保送生制度的发展轨迹来看，其历经了由“免高考+规模扩张”到“综合测试+规模压缩”的变革，本质就是追求人才选拔公平与效率平衡的发展过程。正如刘海峰教授所言：“公平选才与全面考核之间往往难以兼顾，在以分取人与舞弊不公这对矛盾之间，人们往往宁愿选择公平竞争。接受艰苦的考试，而不愿选择接受理论上较能全面考核，实际上容易被走后门者利用的扩大自主权。”[①]可见，强基计划的出台，在某种程度上也是平衡考试招生公平与效率的制度选择。

从强基计划的招生办法来看，保证公平公正是其探索多维度考核评价招生模式的基本前提，具体的招生模式有两种：一是基于统一高考的综合评价模式，即高校将考生的高考成绩（所占比例不得低于 85%）、高校综合考核结果及综合素质评价等按比例合成考生综合成绩，再根据考生填报志愿，按综合成绩由高到低顺序录取；二是兼顾统一高考的破格录取模式，即对极少数在相关学科领域具有突出才能和表现的考生，有关高校可制定破格入围高校考核的条件和破格录取的办法、标准，并提前向社会公布。考生参加统一高考后，由高校组织相关学科领域专家对考生进行严格考核，达到录取标准的，经高校招生工作领导小组审定，报生源所在地省级高校招生委员会核准后予以破格录取。破格录取考生的高考成绩原则上不得低于各省（区、市）本科一批录取最低控制分数线（合并录

① 刘海峰. 高考改革中的全局观［J］. 教育研究，2002（2）：21-25.

取批次省份应单独划定相应分数线）。[①]不难发现，强调统一高考成绩是强基计划的一项硬性规定，它体现了对选拔对象基础学科学习力的高要求，并最大限度地以高占比形式确保了招生的公平性。但同时强基计划又强调高校考核与综合评价等多维度的考查，不仅实现了“全面考核”，避免了“唯分取人”，而且兼顾了高校招生专业的特色选才需求，并以破格录取的形式为“偏才怪才”保留了入学通道，在制度设计层面做到了“不漏才、不遗才”，确保了对拔尖创新人才选拔的效率性，突出了人才选拔国家利益最大化。简言之，强基计划是兼顾公平与效率的新创举。

（四）制度创新：强基计划是招生培养一体化的新探索

高考作为连接基础教育和高等教育的中间环节，发挥着为高校选拔新生的重要作用。而高考成绩在很大程度上反映着考生的知识结构、思维品质、专业性向与综合素养等能力水平，因此，它代表着高校招生专业的人才培养基础或起点，甚至在某种程度上决定着高校人才培养可能达到的质量高度与整体成效。然而，高考制度在教育系统中的相对独立性决定了其长期以来仅扮演了连接基础教育和高等教育的“桥梁”“纽带”等角色，存在只管按分输送不管专业对口的问题，以致高考被人们质疑“只见分不见人”，也即存在着“考培分离或割裂”（考试招生与大学培养）的问题，二者之间缺乏有效的贯通机制。而为解决贯通机制的问题，高考改革也曾做过多种探索与尝试，包括高考科目设置的组配与优化、保送生制度的探索、自主招生试验等。其中，高考科目设置的组配与优化往往只能从文理大类的角度模糊地解决考生与高校专业匹配的问题，难以做到精准匹配。保送生与自主招生则由于在实践中存在难以克服的软性制度漏洞，其公平性往往为人们所诟病，不利于社会公正与安定，均难以大规模推行，甚至不得不压缩乃至终止。因此，构建招生培养一体化的高考贯通机制是深化考试招生制度改革的创新选择。

从强基计划的招生规定来看，其明确指出试点高校须向教育部申请并提交招生专业及其人才培养一体化方案，具体包括：为通过强基计划录取的学生制订单

---

① 中华人民共和国教育部. 教育部关于在部分高校开展基础学科招生改革试点工作的意见［EB/OL］.（2020-01-14）［2020-03-25］. http://www. moe. gov. cn/srcsite/A15/moe_776/s3258/202001/t20200115_ 415589. html.

独人才培养方案，单独编班，配备一流的师资，提供一流的学习条件，营造一流的学术环境与氛围，实行导师制、小班化等培养模式，鼓励国家实验室、国家重点实验室、前沿科学中心、集成攻关大平台和协同创新中心等吸纳这些学生参与项目研究，对学业优秀的学生，还可优先安排免试推荐研究生、直博、公派留学等激励政策。此外，强基计划还强化质量保障机制，建立了科学化、多阶段的动态进出机制，以及在校生、毕业生跟踪调查机制和人才成长数据库，根据质量监测和反馈信息不断完善培养方案和培养模式。[①]不难发现，与以往的任何高考招生政策相比，强基计划不仅严格限定了招生专业与入选资格，而且详细规定了入选后的人才培养方案、培养模式以及反馈机制，从招生到培养、从入口到出口都进行了系统的设计与统筹，形成了一个完整的人才选拔培养闭环，不仅加强了基础教育与高等教育的学科联系，而且贯通了新课改、新高考与“双一流”建设，为培养我国战略发展紧缺的拔尖创新人才创设了良好的制度条件。因此，强基计划既是对高校考试招生规律认识深化的探索结果，也是考试招生制度改革史无前例的一项制度创新，更是我国考试招生制度改革逐渐走向成熟的一个表现。

（五）未雨绸缪：防止强基计划成为另一场“掐尖运动”

生源是高校的第一资源，生源的优劣或多寡都直接或间接地影响着高校的人才培养质量乃至盛衰存亡。因此，各大高校尤其是高水平大学无不高度重视生源问题。然而，近年来伴随大学排名的流行以及“双一流”建设的实施，在功利主义的推波助澜下，高校对生源的重视逐渐演变为争夺，并且这种争夺愈演愈烈，由此引起的各类争议屡见报端，为人们所诟病。但追根究底，高校间的生源争夺又主要集中在对优质生源或高分生源的争夺上，也即形成了所谓的“掐尖运动”，具体表现包括提前预录取、给予专业选择权、优质生源基地争抢、志愿填报期间互挖墙脚以及入学重金奖励等。无疑，“掐尖运动”属于典型的恶性招生竞争，不仅加剧了“唯分数论”“社会焦虑”，而且不利于引导基础教育以及大学良好育人风气的形成。当然，高校间的“掐尖运动”与高考改革也密切相关，甚

① 中华人民共和国教育部. 教育部关于在部分高校开展基础学科招生改革试点工作的意见 [EB/OL]. (2020-01-14) [2020-03-25]. http://www.moe.gov.cn/srcsite/A15/moe_776/s3258/202001/t20200115_415589.html.

至影响着高考改革的方向与进程。譬如，2005 年出现的大学联考，本来能较好地降低考生成本，减轻考生负担，提高招考效率，但随后成立的“全国五校联考”“北约”“华约”“京都”“卓越”等各大联考联盟，不仅打破了原有的高校自主招生格局，而且加剧了高校间的生源竞争，扰乱了中学正常教育秩序，最后只能在“高校抱团掐尖”的质疑声中被终止。因此，国家应未雨绸缪，积极防止强基计划演化为另一场高校“掐尖运动”。

强基计划作为选拔和培养服务国家重大战略拔尖创新人才的高校招生制度新创举，既是我国高校人才培养新的增长点与突破点，又是现阶段推动我国由人才大国向人才强国转变的重要途径，同时对进一步全面深化考试招生制度改革具有重要的实践探索价值。从强基计划的试点高校名单来看，主要为北京大学、清华大学、浙江大学、南京大学、复旦大学、中山大学等 36 所首批“一流大学”建设高校。如何落实“一校一策”，增强个性化、差异化、特色化选拔培养方案的招生吸引力，避免走高校同质化竞争的老路，尤其是避免重蹈自主招生大学联考的“掐尖”覆辙，需要积极预防。一要严格规范试点高校的招生程序，落实主体责任，强化社会监督；二要尊重学生的志愿选择，严禁乱扯乱拉，互挖墙脚；三要把严“15%”的高校考核与综合评价环节，做到科学严谨，公开透明；四要注重舆论宣传引导，做好政策解读与咨询，营造良好的招生环境。由此，强基计划才能发挥试点探索与引领改革的历史功用，为构建中国特色多维考核评价的招生制度积累宝贵经验。

第二节　高考制度现代化的构建

时至今日，伴随国家现代化和教育现代化的发展，高考制度已走过 60 多年的现代化历程，先后经历了创制发展、停滞发展、恢复发展、快速发展等历史阶段，目前正处于质性转型或现代化跃升阶段，随后将进入一个相对稳定的历史阶段。高考制度在教育系统与人才培养系统中发挥着枢纽作用，高考制度现代化在教育现代化和国家现代化体系中具有先行特征，即不能滞后于教育现代化和国家现代化，而应率先实现现代化以发挥促进教育和国家现代化的杠杆功能。此外，如果把人的全面发展作为创新转型的根本目的①，那么推动高考制度现代化则是实现人的全面发展的重要条件。基于制度视角，结合美国“高考”制度现代化的历史经验与现实启示，明确高考制度现代化的目标、特征及实现路径，是新时代推进高考制度现代化转型的理论基础。

一、高考制度现代化的目标②

当前，在国家全面深化改革的背景下，高考制度体系也面临全面转型。这一转型的动力主要来自四个方面：其一，中国经济社会的快速发展及全面改革，客观上要求高考制度必须适应经济社会发展对多样化高素质人才的选拔和培养需要；其二，高考制度历经国家改革开放后的频密改革，其本身已进入改革“深水区”“关键区”，制度发展的内在规律驱使高考制度必须不断完善；其三，在全球化背景下，外来制度，尤其是世界发达国家及地区考试招生制度的共性、优势及趋势，昭示着未来高考制度的某些变革走向；其四，随着以人为本的科学发展观在教育领域的深入发展，考试的功能需转型与升级，即要服务于“人人发展”“人的全面发展”。因此，推进高考制度现代化，既是经济社会发展的现实需要，也是高考制度改革的时代需求，更是现代社会人发展的根本需要。

从结构与功能的视角来看，高考制度在结构设计层面的现代化，归根结底是要实现高考制度功能的现代化。因此，高考制度现代化的目标，既包括高考制度设计的合理化安排，也包括高考制度实践的功能性要求，是国家建设、社会变革、教育改革，以及人的发展对高考制度改革的综合诉求。在制度设计层面，高考制度现代化的目标是建立系统协调、科学规范、运行高效的制度体系，建成政府宏观指导、社会有效监督、专业化考试机构组织考试、高校自主录取的，以统一高考为基础、以高校自主招生考试为补充的分类考试、多样测评、多元入学的

① 童世骏. 童世骏：人的全面发展是创新转型的根本目的［J］. 教育与职业，2012（22）：73-74.

② 本部分刊载于李木洲. 高考制度现代化：内涵、特征与目标［J］. 教育研究，2016，37（7）：105-110.

考试招生制度。[①]在制度功能层面，高考制度现代化的目标有 4 个：①从人才选拔与培养的角度应符合国家长远利益和整体利益，利于国家综合治理能力的提升和治理体系现代化的推进；②从人的基本素养和精神追求方面，应利于社会公平与正义、文明与和谐、民主与诚信的构建；③从教育制度的重要组成部分来看，应利于教育公平的实现和教育现代化的改革；④从“以人为本、以生为本”的理念出发，应利于我国各类学生的个性而全面的发展需求。简言之，高考制度现代化的目标是高考制度设计与高考制度功能的有机统一与综合体现。

此外，还应注意的是“一个良好的大学入学制度，应该是透过适当的方法，选择适当的学生，把他们放在适当的科系，使之得到适性发展”[②]。而学生发展的最大化，又恰恰是教育发展最大化、社会发展最大化，以及国家发展最大化的重要基础。因此，高考制度现代化的目标应以服务与促进学生发展为根本任务。当前，在大力推进国家治理体系和治理能力现代化建设的背景下，推进高考制度现代化，既是一个重大的时代命题，也是一项艰巨的历史任务，必须把高考制度现代化目标与国家全面深化改革的总目标结合起来，在注重吸收中国优良考试传统和把握高考制度发展规律的基础上，积极学习和借鉴世界发达国家及地区的高校招生改革经验，以构建政府、社会、学校及考生的新型关系为核心，以推进“分类考试、综合评价、多元录取”为基本方向，努力提升高考制度的科学化程度和现代化水平，建立符合我国国情的中国特色大学入学制度体系，最终实现高考治理体系和治理能力现代化。

二、高考制度现代化的特征[③]

高考制度是一种人才选拔制度，与教育、社会乃至国家治理关系密切。高考制度现代化存在的合理性，取决于它能有效地促进教育、社会、国家，以及人的现代化；高考制度现代性存在的合理性，取决于它能有效地增进教育、社会、国

---

① 李木洲. 高考制度改革的历史反思——基于制度变迁的视角［D］. 厦门大学博士学位论文，2013：337.

② 黄炳煌. 现行大学联考制度非改不可［J］. 选才杂志，1991（4）：74.

③ 本部分刊载于李木洲. 高考制度现代化：内涵、特征与目标［J］. 教育研究，2016，37（7）：105-110，有删改。

家，以及人的现代性。[①]因此，探讨高考制度现代化的特征，必须从教育、社会、国家，以及人的现代化对高考制度现代化的要求出发，从利于实现教育现代化、社会现代化、国家现代化乃至人的现代化的视角加以考察。结合高考制度的改革历程和世界发达国家高校招生制度的共性及发展趋势，良好的科学性、公平性、多样性、自主性、专业性、综合性、民主性及法治性等是高考制度现代化的基本特征。

（一）科学性

科学性是考试活动的生命线，因为它直接决定着考试活动的公平性与效率性。作为大规模人才选拔制度，高考制度需要缜密设计与科学构建。依照高考制度的功能与属性，其科学性主要体现在三个方面。①应遵循考试运行规律。考试是一种兼具目的性、程序性及技术性的选才活动，其内部诸要素之间存在“先后、隶属、因果”等多种必然关系，这些关系不以人的意志为转移，其基本要求是“紧扣考试目的的要求设计，严格按考试流程实施，有效防止考试无关因素的干扰”[②]。②应遵循社会发展规律。高考既要适应社会发展对人才变化的现实需求，又要满足教育发展变化的时代需求。③应遵循人的身心发展规律。高考的科目设置、试卷难度的设计与组合、考试科目的先后次序，以及考试时间的安排等应体现人性化理念，充分考虑考生的心理承受能力与适应能力。[③]总之，科学性不仅是高考制度现代性的重要内核，也是高考制度现代化的重要体现之一。

（二）公平性

作为现代化国家与社会的核心价值理念之一，公平代表着秩序与和谐，是高考制度现代化与现代性的应然追求。根据高考制度的结构特点，高考制度现代化在公平性方面的体现不外乎两大方面。①“试卷内的公平”，即测评考生的项目与内容的公平性，具体涉及试题设计、试卷组配、试卷等值及试题呈现载体等的公平性。②“试卷外的公平”，即高考赖以运行的外部环境及考试技术的公平

---

① 褚宏启. 教育现代化的路径——现代教育导论［M］. 北京：教育科学出版社，2013：64.

② 廖平胜. 考试学原理［M］. 武汉：华中师范大学出版社，2003：212.

③ 李木洲. 论高考制度改革的价值取向、目标原则及推进策略［J］. 中国高等教育评论，2013（1）：155-166.

性[①]，如招生名额、分配政策、加分政策、录取政策、阳光工程、考试法规、考试监督与监控等高考制度设计与保障技术的公平性。因此，高考制度现代化意味着高考制度改革必须内外兼修，加强对影响其公平性的多种变量的控制，以不断向“至公”的目标接近。

（三）多样性

多样性意味着差异化、个性化、人性化、自主化，以及选择性的增强。由于人才多元智能的客观存在与社会对人才的多元化需求，在高级专门人才培养的起点——新生选拔环节，应以多样性的科目设置、考试形式、考试方式、考试次数及录取方式等予以应接。其中，差异化的科目设置是满足不同类型、不同层次高校对人才知识结构差异的客观需求的基础条件。个性化考试是科学选拔不同类型人才与培养不同性向及专业能力人才的基本要求。多次考试是减少偶然因素给考生造成遗憾的必要措施，也是激励和促进考生珍惜机会努力学习的重要手段。多元录取既是扩大高校招生自主权和考生选择权的必要措施，也是实现考生和高校双赢的必由之路。总之，多样性是高考制度人性化改革的基本诉求，也是高考制度现代化与现代性的重要体现。

（四）自主性

自主性是针对高考制度的主体而言的，即针对“办学、升学、招生、考试”的主导者而言的。在传统的国家治理模式下，政府与准政府性质的考试机构天然地成为高考制度的主体，“办学与招生”是政府实现其政治职能、经济职能与教育职能的必要手段，而“学校与学生”则是行政主导的对象，基本没有什么自主性可言。但随着改革开放的深入，尤其是政治体制与经济体制改革的推进，以及全球化与国际化的发展，开始促使人们对高考主体进行再认识。也即在国家现代化进程中，高考制度的主体逐渐发生变化，开始由政府转移到高考制度的直接利益相关者——学校与考生，但政府也并非完全退场，而是发挥宏观调控与行政监督的职能。从世界发达国家及地区的高校招生制度共性来看，高校与考生一般都

---

① 李木洲. 论高考制度改革的价值取向、目标原则及推进策略［J］. 中国高等教育评论，2013（1）：155-166.

具有较大的自主性，这种自主性主要表现在高校在选才过程中具有完全或较大的自主权，考生则在考试与择校过程中具有较大的选择权。因此，高考制度现代化不仅意味着高考制度主体的再确认，还意味着高考制度自主性的增强。

（五）专业性

考试是一门科学，也是一门技术，不仅需要专业化机构组织实施，还需要专业化人才具体落实。伴随高考制度内部多样化与个性化的发展，高考制度外部追求公平性与效率性的增强，以及高考制度结构与功能对人性化与卓越性的现实需要，不断提高高考过程的专业化程度是高考制度现代化的必由之路。具体而言，高考过程的专业化有赖于三方面的建设：①高考机构的专业化建设，包括现代高考机构管理制度的构建、信息化考试设备与技术的开发及应用等；②现代考试与测评理论的引入、借鉴及中国化重构；③专业化考试机构的人才队伍建设，包括专业的考试机构管理人员、理论研发人员及考试测评实施人员等。简言之，只有专业化的高考，才能保障高考试题的科学性与高考分数的等值性，才能保障高考的效度、信度及区分度；只有新科技考试产品的应用，才能提高高考的运作质量和效率；只有先进的高考管理制度，才能为高考的公平正义保驾护航。

（六）综合性

综合性，即高考测评项目及其结果的综合化应用。其一，《教育规划纲要（2010—2020 年）》提出，要“尊重教育规律和学生身心发展规律，为每个学生提供适合的教育。努力培养造就数以亿计的高素质劳动者、数以千万计的专门人才和一大批拔尖创新人才。”其二，多元智能理论从科学的视角揭示了人的智能的多元性、差异性及复杂性，为“三百六十行，行行出状元”奠定了坚实的理论基础。其三，在社会分工日益丰富、多样、多变的背景下，培养社会发展需要的多元化人才是高等教育的应有之责。因此，基于政策、理论及实践三方面的诉求，高考制度现代化意味着必须打破以一次高考成绩为主要评价方式与录取依据的招生局面，而应采取综合评价与多元录取的招生模式，即增加录取总成绩的“变量”，也就是说，除高考成绩占一定比例外，诸如高中学业水平测试、平时课堂成绩、道德品质、教师评价、社会实践，以及个人兴趣与特长等也应纳入高校招生的参考因素范畴。高考制度的综合性是高考制度公平性、科学性的深层次体现。

（七）民主性

高考“上连高等教育，下引基础教育”，是深刻影响国民的重要活动，在建设现代化国家尤其是政治现代化的过程中，它必须具有民主性，因为民主的高考制度和高考制度的民主是培育未来更好民主政治与民主国家的基石。高考制度的民主性，主要体现在两个方面。①高考制度改革政策出台的民主性，即必须符合民主程序，应有一个自下而上的、征询民意的决策机制。国家教育咨询委员会、国家教育考试指导委员会的相继设立，在很大程度上体现了高考民主性的增强，不过机构设置与其功能表达应进一步完善，以在更大范围内发挥其民主功效。②高考制度本身带给考生的民主性体验。这主要是指高考制度的设计应体现优良的民主精神，充分尊重考生的发展性、兴趣特长及志愿选择，以最大可能地满足考生的个性化利益诉求，使其通过高考感受民主教育作风、培养其民主意识乃至发扬民主精神。

（八）法治性

法治是与人治相对应的一个概念，是指整个社会把法置于最高地位，整个社会都按照法来治理。但是法治的目的不是束缚人，而是为实现人与社会的和谐提供必要的规范。[①]在高考趋向分类考试、综合评价、多元录取、自主招生的背景下，解决我国考试招生长期存在的立法滞后、立法层次低、权威性不够等问题，将各类必要性高考文件、条例、暂行规定上升到法的层面，制定国家（教育）考试法对考试招生的各环节加强管理，明确高校、考试机构及考生之间的权、责、利关系，不仅是有效防止大规模考试中出现舞弊现象，保证考试顺利进行、招生录取公平的有效措施，也是真正维护广大考生利益，适应高考制度质性转型的基本保障条件。[②]因此，实施依法治考与依法治招，既是构建法治社会的迫切需要，也是高考制度现代化与现代性的必然要求。

当然，除上述八大特征以外，还包括选择性、效率性、均衡性、正义性、人本性，以及理性化、个性化等特征，这些特征也都是高考制度现代化的重要方

---

① 本书编写组. 推进国家治理体系和治理能力现代化［M］. 北京：国家行政学院出版社，2014：150.

② 李木洲. 考试招生制度改革的推进策略［N］. 中国教育报，2014-2-28（6）.

面。总之，“现代化的核心是合理化”①。高考制度现代化既具有教育现代化，以及国家治理体系和治理能力现代化的一般特征，又具有高考制度结构性、功能性的个性化特性，其在制度设计与制度功能两个层面表现出来的科学性、公平性、多样性、自主性、专业性、综合性、民主性及法治性等现代化特征，都是高考制度与时俱进的合理化的具体体现。当然，这些现代性不仅是抽象化的表征，而且具有发展层次性、阶段性、时代性、程度性、水平性等差异。简言之，这些现代性的具体水平共同决定着高考制度的现代化水平。因此，高考制度现代化在本质上是高考制度现代性不断增长、扩展及实现的历史过程。

三、高考制度现代化的实现路径

经过改革开放后 40 多年的频密变革，高考制度现代化程度或现代性水平已得到极大提升。但从发达国家的经验来看，当前我国高考制度要实现从基本现代化向总体现代化的转型或跃升，需要注重在以下四个方面的改革突破。

（一）加强教育考试机构的专业化建设②

教育考试机构是负责教育考试命题与组织实施的专门机构。我国教育考试机构的发展可分为四个阶段。①传承与创建阶段（1949—1954 年）。以 1950 年和 1952 年《教育部关于高等学校一九五〇年度暑期招考新生的规定》《教育部关于全国高等学校一九五二年暑期招考新生的规定》为依据，我国初步形成了由全国高等学校招生委员会和各大行政区招生委员会组成的专门负责组织实施大学入学考试招生机构体系，意味着中华人民共和国的教育考试机构正式得以建立。②调整与完善阶段（1955—1976 年）。1955 年和 1956 年，《高等教育部、教育部关于全国高等学校一九五五年暑期招考新生的规定》《全国高等学校一九五六年暑期统一招生组织机构和工作细则》先后发布，这两份文件对教育考试招生机构进行了系统调整与完善，教育考试机构的专门性、规范性、功能性得到极大增强。

---

① 童世骏. 合理性的追求［J］. 华东师范大学学报（哲学社会科学版），1998（3）：13-15.

② 本部分刊载于李木洲，张硕. 我国教育考试机构的现代化转型探讨［J］. 招生考试研究，2019（1）：98-108，有删改。

③重建与变革阶段（1977—2005 年）。1987 年和 1994 年，《关于建立国家教育考试管理中心的通知》《关于全国高等教育自学考试指导委员会办公室（国家教委高等教育自学考试办公室）与国家教委考试中心合并及有关问题的通知》先后发布，这两份文件不仅丰富了教育考试机构的专门职能，确定了国家教委考试中心[①]为具有部分行政管理职能的教育部直属事业单位[②]，并且推动了各省级教育考试机构的快速发展。由此，我国基本形成了由教育部考试中心指导、各省级教育考试机构独立运行的全国招生考试管理机构体系，教育考试机构的专业化、统一化、标准化得到极大增强。④转型与升级阶段（2006 年至今）。“十一五”期间，国家推进了政府职能转变和机构改革，《教育规划纲要（2010—2020 年）》《实施意见》不仅强调了教育考试机构建设的重要性，还理清了教育考试机构与学校招生委员会之间的功能与作用，为推进“招考分离”奠定了坚实基础，使我国教育考试机构的专业性、服务性、研究性、市场性等现代性得到进一步加强。

综观世界发达国家及地区教育考试机构的现代化共同表征，主要包括以人为本的考试服务理念，科学的组织管理运行体系，多利益主体共同参与的决策机制，考试评价项目丰富多样、可选择，严格保障教育考试机构与人员素质的专业性，注重运用科学研究促进机构发展，积极培育和践行人道主义价值观，以及推进现代技术与考试评价深度融合等八个方面。结合我国国情以及教育考试机构发展面临的问题，当前我国教育考试机构的现代化建设关键在于抓好考试理念、人员素质、测评技术、机构功能等四个方面的现代化转型。

1. 以考试理念现代化突破思维困局

长期以来，“我国教育考试机构基本上是附着在政府的行政体制之上，管理意识强而服务意识弱，主观意识强而法律意识弱，行政意识强而市场意识弱”[③]，导致现代化的考试理念形成缓慢，制约着我国教育考试机构的现代化进程。当前，要打破以管理、主观、行政等为主的发展思维困局，构建以人为本的考试评价服务理念，需做到三个转变：①由考务行政管理者到考务组织服务者的意识转变。为高校

① 1998 年，国家教育委员会改称教育部，国家教委考试中心相应改称教育部考试中心。

② 杨学为. 高考文献·下（1977—1999）[G]. 北京：高等教育出版社，2003：529-530.

③ 戴家干. 谈教育考试机构的职能与定位 [J]. 教育与考试，2007（1）：4-6.

新生选拔、中学教学质量评价，以及考生个人发展提供科学、客观的评价信息，切实发挥学校与考生之间的枢纽作用。②由行政处罚到依法治考的考试舞弊行为处理思维转变。改变长期以行政处罚处理教育考试舞弊行为的思维惯性，形成以《国家教育考试违规处理办法》《中华人民共和国刑法修正案（九）》等为法律依据，规范处理教育考试舞弊行为的新思维。③由阶段性教育考试服务到终身性教育考试服务的考评理念转变。改变教育考试机构主要关注初高中教育阶段的考试评价业务发展状态，不断拓展教育考试服务领域，构建包括义务教育、成人教育、自学考试等在内的终身教育发展评价服务体系。

2. 以人员素质现代化突破人才困局

人力资源的数量、质量及结构是教育考试机构现代化建设的决定性因素。“由于教育考试机构长期定位于管理，现有人员智力结构中管理人员比重过大，加之传统的人员培训失之偏颇，专业的市场运营人员、教育测评人员、命题人员等严重缺乏”[①]，在很大程度上制约着教育考试机构的现代化发展。因此，解决人才困局，着力构建人员精良、结构合理和同级配备相对统一的人才体系是推进我国教育考试机构现代化的关键所在。一要优化教育考试机构决策成员结构，合理吸收各教育考试利益群体代表参与教育考试改革决策，并充分发挥国家教育考试指导委员会的顶层设计与决策功能。二要提升教育考试机构内部人员的专业素养，根据教育考试机构事业与业务涉及面广、项目多，而且对命题、评价、管理、信息化，以及调查与研究等专业知识和技术要求较高等特点，配足、配齐由各方面人才组成的专业化队伍。总之，没有专业化的人才队伍，就不会有现代化的教育考试机构。

3. 以测评技术现代化突破效率困局

考试测评技术不仅包括运用于教育考试活动中的计算机、网络等现代信息技术，还包括教育考试试题、题型及试卷的设计技术。因此，教育考试测评技术现代化是教育考试活动的物理技术和测试技术现代性增长的历史过程。发达国家及地区的教育考试机构服务之所以能够辐射全球，满足超大规模、超远距离、超大信息量的教育考试评价需求，关键在于其实现了测评技术的现代化。我国高考建

① 乔丽娟，赵彤璐. 对我国教育考试机构专业化建设的几点思考［J］. 中国高等教育，2006（7）：51-52.

制 60 多年来，在测评技术和物理技术两方面都得到了极大发展，特别是随着高考考查考生能力（素质）指导思想的形成，以及现代考试技术的发展，高考试题与试卷的设计也基本沿着由简单到复杂，由单一到多样，由经验化到科学化、规范化的现代化发展路径演进。然而，新时代，面对互联网与人工智能技术的快速发展，教育考试测评技术又将面临新一轮的转型与升级，尤其是在融入和创造新的测评技术的同时，还要注重兼顾教育考试的技术性与教育性的统一。总之，科学技术是第一生产力，唯有教育考试测评技术的现代化，才能突破传统考试评价效率之困局。

4. 以机构功能现代化破解价值困局

教育考试机构担负着为国家升学教育系统提供教育测量、质量评价及人才选拔等服务功能，是国家教育系统不可或缺的职能部门。教育考试机构功能的现代化意味着教育考试机构功能现代性的不断增长与扩展，包括人才选拔、教育评价、测评理论及价值引领等功能性方面的现代化。当前，与发达国家及地区的教育考试机构相比，我国的教育考试机构的功能价值较为单一化，主要发挥的是分流或简单筛选的作用。因此，我国教育考试机构功能现代化的本质在于实现教育考试机构功能的多元化，具体包括三个方面。①科学甄选。根据考评目的，通过科学的考评设计，客观反映考评对象的学习成效、知识结构与能力水平，为主考提供有效度、信度和区分度的甄选依据，以实现公平、合理的选拔与分配。②教育反馈。通过对考评结果的大数据分析，科学评价考生的个人能力与素养，为其进一步学习或选择提供有效指导；系统诊断学校教育质量，为改进学校教育教学提供科学依据。③价值引领。通过考评项目的设计或基于教育考试机构的影响力参与社会公益性、文化性活动，促进培育、彰显和引领社会核心价值观的目的。简言之，教育考试机构功能的现代化是对考试评价活动本质功能的发展与深化，根本目的在于服务人的发展。

总之，教育考试机构现代化是一个复杂的系统过程，按照其发展进程可分为三个不同的现代化层次。第一个层次是其作为专门机构得以设立，并实现考试的设计、组织与实施等基本功能；第二个层次是教育考试机构的专业化程度得到较大提高，能实现多项考试评价项目的开发与推广，以及进行系统自我反馈与优化；第三个层次是教育考试机构运行信息化、智能化，能实现考试评价服务定制化、国际化。而要达到第三个层次的现代化水平，须着力于推动教育考试机构的理念、人员、技术及其功能的现代化。其中，理念现代化是推动教育考试机构现代化的前提；人员现代化是实现教育考试机构现代化的关键；技术现代化是教育考试机构现代化的条件；功能现代化是教育考试机构现代化的外在表现。此四者有机联系，相辅相成，只有协调发展，共同进化，才能将教育考试机构推向高度现代化阶段。

（二）建立健全教育考试法律法规体系

我国是考试制度的发源地，自古就有依法治考的传统。由隋至清，几乎历代都有关于科举考试的法律规定。唐朝，科举法规散见于律、令之中；宋朝，皇帝颁布的科举诏令开始增多，形成了《天圣礼部考试进士敕》《至和贡举条制》《熙宁贡举敕式》《政和新修御试贡举敕令格式》等涉及科举考试法律法规的编敕；元朝有《大元通制条格》，包括会试录取各省人数、考场规则等科举法条；明朝则颁布了我国第一部完整的考试规则——《科举集成》。[①]然而，科举考试虽废止于清朝，但清朝关于科考的法规体系却是在历代中发展最为完备的，清朝“除了《大清会典》、《钦定礼部则例》中设有部分条规，还专门围绕科举考试活动制定了《钦定科场条例》、《续增科场条例》和《兵部题准武场条例》等，并在具体考试实施过程中不断地加以修订，从而规范一切考试行为”[②]，用法律法规防范科场舞弊行为的发生，以保证科举取士的公正性和公平性，充分体现了依法治考的精神和特色。

受孙中山“五权宪法”思想的影响，民国时期对“考试权”特别重视，不仅成立了专司国家考试的机构——考试院，还出台了《考试院组织法》《铨叙部组织法》《考选委员会组织法》《考试法》《典试委员会组织法》《襄试法》《监试法》《考试法施行细则》《典试规程》《特种考试法》[③]等系列考试（选）法律法规。尽管民国时期政局不稳，尤其是受到军治、党治及派系斗争的影响，依法施考和依法选才在很大程度上难以摆脱人治的窠臼，但从理论

---

① 覃红霞. 科举法的法律视角——以《钦定科场条例》为例［J］. 厦门大学学报（哲学社会科学版），2010（5）：67-74.

② 胡平.《钦定科场条例》对考试立法研究的启示［J］. 教育与考试，2016（3）：18-21.

③ 闫恒. 论以考试权为枢机的五权宪法［J］. 山东科技大学学报（社会科学版），2017（3）：39-47.

与制度建设上看，却形成了一套较为系统且严密的国家人才选拔考试法治体系。

中华人民共和国成立后也十分注重依法治国，但在考试立法方面却较为迟缓，这在很大程度上制约着教育考试的现代化进程。当前，我国不仅考试项目繁多，而且参考人数甚多。据统计，“2014 年仅参加全国统一管理的四类教育考试项目的人数就达 2124 万人次”[①]。作为我国最为重要的教育考试，高考也是世界上单次考试规模较大的教育考试之一，每年参考人数皆在千万左右，如 2017 年、2018 年高考报名考生人数分别为 940 万和 975 万人。[②]然而，自建制以来，高考总体处于“低水平”的法治运行状态。若以 1987 年《普通高等学校招生暂行条例》的颁布为分水岭，大致可分为两个阶段。

1. 以规代法的高考阶段（1949—1986 年）

这一阶段的主要特征是以规定、通知、批示、指示、意见等文件形式来规范高校考试招生行为。自 1950 年教育部发布《教育部关于高等学校一九五〇年度暑期招考新生的规定》以来，几乎每年教育部都会发布高校招生暑期（或春季）招考新生的规定、意见、通知、批示及指示等专门文件。经过多年的发展完善，这些规定性文件也“基本形成了包含统一高考命题、招生名额、报考条件、考试科目、政治审核标准、健康检查标准、录取新生原则与办法、评卷、阅卷、保密及计分等较为系统的高校考试招生组织实施原则与实施细则体系，总体上也确保了各个时期高考的顺利进行”[③]。然而，根据《中华人民共和国立法法》，这些规定性的高考文件均未达到正式法律法规的层次。这也意味着，这一阶段的高校招生还没有取得法律与法理上的独立地位。

2. 高考法制化建设阶段（1987 年至今）

这一阶段的主要特征是高考被纳入国家法制建设的轨道，不仅建设速度加快，而且层次呈增高趋势。以《普通高等学校招生暂行条例》的颁布为标志，该条例“实现了我国普通高校在招生考试法规建设上零的突破”[④]，它第一次以法

---

① 胡平.《钦定科场条例》对考试立法研究的启示［J］. 教育与考试，2016（3）：18-21.

② 熊旭，刘婧婷. 2018 高考正式拉开帷幕［EB/OL］.（2018-06-07）［2020-04-05］. http://edu.people.com.cn/n1/2018/0607/C367001-30042344.html.

③ 李木洲. 高考改革的历史反思［M］. 武汉：华中师范大学出版社，2016：263.

④ 郑若玲. 普通高校招生考试法规建设述评——兼谈考试立法的必要性［J］. 广东工业大学学报（社会科学版），2002（4）：5-8.

律的形式规定了高校招生机构的主体及其职责、高考报名的条件与方式、政治思想品德考核的内容、身体健康状况的检查要求、考试的方式与科目、招生来源计划的制订、录取的主体与办法、招收保送生的原则与办法、招生的经费来源，以及考试违规处罚办法等。20 世纪 90 年代中期以后，高考法制开始成为国家基本教育法内容的组成部分。1995 年，《中华人民共和国教育法》颁布，该法规定："国家教育考试由国务院教育行政部门确定种类，并由国家批准的实施教育考试的机构承办。"1998 年，《中华人民共和国高等教育法》颁布，该法规定："高等学校根据社会需求、办学条件和国家核定的办学规模，制定招生方案，自主调节系科招生比例。"1998 年，《教育行政处罚暂行实施办法》颁布，该办法对考试违规行为的专门处罚进行了规定。2004 年，《国家教育考试违规处理办法》颁布，该办法对高等学校考试招生的性质及其承办机构，特别是考试招生所涉人员，包括考生、考试工作人员等的违规行为进行了详细规定，使高校考试招生的组织及实施获得了较好的法律保障。2010 年，《教育规划纲要（2010—2020 年）》颁布，提出："按照全面实施依法治国基本方略的要求，加快教育法制建设进程，完善中国特色社会主义教育法律法规。"2011 年和 2014 年，教育部先后发布的《国家教育考试违规处理办法》（修订版）和《普通高等学校招生违规行为处理暂行办法》，使高校考试招生工作更加规范与完善。①

此外，《实施意见》指出，要"健全教育考试招生的法律法规，提高考试招生法制化水平"，进一步将教育考试立法工作提上了议事日程。同年发布的《中共中央关于全面推进依法治国若干重大问题的决定》再次提出，要全面推进依法治国的进程。这些规定为教育考试立法奠定了良好的政治基础，提供了历史机遇。值得强调的是，2015 年 8 月 29 日，《中华人民共和国刑法修正案（九）》在刑法第二百八十四条后专门增加了关于考试的法条，即"在法律规定的国家考试中，组织作弊的，处三年以下有期徒刑或者拘役，并处或者单处罚金；情节严重的，处三年以上七年以下有期徒刑，并处罚金"；"为他人实施前款犯罪提供作弊器材或者其他帮助的，依照前款的规定处罚"；"为实施考试作弊行为，向他人非法出售或者提供第一款规定的考试的试题、答案的，依照第一款的规定处罚"；"代替他人或者让他人代替自己参加第一款规定的考试的，处拘役或者管制，并

① 李木洲. 高考改革的历史反思［M］. 武汉：华中师范大学出版社，2016：264-265.

处或者单处罚金”。考试违规违法行为被正式列入刑法，不仅体现了国家对考试违法行为的高度重视，而且也彰显了国家对考试违法行为的惩罚力度。

然而，从考试所涉主体来看，其牵涉面极广，包括众多利益群体，如主管部门人员、考试机构人员、大学招生人员、命题人员、阅卷人员、面试官、推荐人、中学教师、施考人员、监考人员、安保人员、考生及其家长等。从考试流程来看，其涉及环节众多，包括命题、制卷、施考、施测、阅卷、评分、登分、投档、录取，以及名额分配等系列环节，任何环节出现问题都影响考试招生的公平与公正，也都可能引起社会的不安情绪。从现代科技发展来看，伴随信息技术、人工智能等的高度发展，教育考试信息及数据管理将面临全新挑战。从考试影响力来看，以高考为代表的教育考试，涉及不同区域、民族、群体及阶层的重大利益，可谓牵一发而动全身。最后，从考试事件来看，近年来频频爆出重大教育考试“失误”“乌龙”等事件。例如，2002 年山西、2009 年山东、2012 年湖南、2013 年福建，再到 2018 年河南，频频发生考生及其家长怀疑“高考调包”事件，这些事件都引起社会高度关注，造成了较为恶劣的社会影响。究其缘由，既有客观原因，也有主观原因；既有主考的问题，也有被考的问题，必须通过系统而严密的法律法规明确各方的权、责、利关系，才能有效预防和杜绝不正当招考行为的发生。

总之，教育考试既包括考试招生的内部诸因素，又包括考试招生的外部诸因素；它不是一个单纯、封闭的运行系统，而是一个复杂、开放的运行系统。从已出台的各类教育考试法律法规来看，其总体上仍缺乏必要的系统性、完整性、专门性、层次性与稳定性，既难以满足全面推进依法治国的战略要求，也难以满足高考制度现代化的时代要求，还难以满足依法治考、依法治招的实践要求。因此，新时代必须站在国家治理的高度，将教育考试立法工作纳入国家治理体系和治理能力现代化的总体进程中，出台一部专门法——教育考试法或考试法。这不仅是高考制度现代化的重要指标，也是推进高考制度现代化的重要保障，更是维护主考、被考等涉考、涉招人员权利、责任与义务的根本保证。

（三）重视教育考试研究与大数据开发

考试研究是推进考试科学化、现代化的重要手段。考试虽发源于中国，但中国并不是当前考试研究最为发达的国家。就高考研究而言，我国起步较晚，直到20世纪80年代才开始重视，并且是由官方推动的自上而下的研究。1981年10月25—29日，教育部学生管理司组织召开了高考研究座谈会，该座谈会首次提出要“以问题为导向，通过科学研究积极稳妥地改进招生制度和考试办法”①。由此拉开了我国对高考制度科学研究的序幕，也拉开了高考制度频密变革的历史大幕。而正是高考制度科学研究的推动，才促使和保证了高考制度逐渐实现由传统向现代的根本性转变。

从世界发达国家及地区的考试机构来看，开展考试评价研究是一项非常重要的任务。为确保各项考试及评核服务公平有效，中国香港考试及评核局高度重视对考试评价的专题研究，如《以双评方式评改香港中学文凭考试通识教育科练习试题答卷的量性分析》《有关香港中学文凭考试校本评核分数调整机制的模拟研究》等都是其代表性研究成果；而为协助学校提升教与学水平，香港考试及评核局还于每个考试年度末出版考试研究统计报告。②日本大学入学考试中心专门设立了研究开发部，每年定期将研讨会成果结集成册并出版，同时还创办了《大学入学考试研究集》《大学入学考试研究动向》等刊物，这些出版物已成为传递日本高校考试招生改革动向与相关成果的重要途径。③美国教育考试机构历来重视对考试评价的解读性、导向性、实证性、专题性等的研究，如《“美国优先”意味着投资美国的学生和求职者》《考试成绩在大学录取中仍然至关重要》等都是产生过积极影响的研究成果。总之，考试研究不仅是提高考试评价服务水平的有效方式，更是把握教育考试评价发展规律的根本途径。

从国际经验来看，现代考试机构还特别重视对考试大数据的开发与应用。所谓考试数据是指考生考试评价后所产生的相关信息与结果，既是反映考生个人阶段性的知识结构与能力要素发展水平的客观信息，也是反映学校、学区乃至国家教育教学质量和人才培养质量的客观信息，还是反映国家阶段性人才智力资源综

---

① 教育部学生管理司关于开展高考研究的通报//杨学为. 高考文献・下（1977—1999）[G]. 北京：高等教育出版社，2003：150-151.

② 香港考试及评核局. 2016 年报：跨越挑战迈向前进 [EB/OL].（2016-12-01）[2018-08-02]. http://www.hkeaa.edu.hk/DocLibrary/About_HKEAA/annual_report/AR2016/hkeaa.pdf.

③ 胡永红. 日本高校招生考试制度研究 [M]. 武汉：华中师范大学出版社，2016：84.

合水平的客观信息。有研究指出，“大数据背景下，数据的即时产生并依托数据挖掘以及学习分析技术可以为教师提供便捷的过程性评价活动，而评价结果用仪表盘进行可视化呈现，从而将教师从海量的学习数据中解放出来。对于学生来说，在参与的每一个学习活动后都可以及时获取自己的学习状况，以便及时调整自己的学习策略和方向；对于教师来说，可以开展全面的良好的过程性评价，及时变更自己的教学内容和路线，以便为学生提供有效的学习建议；对于教育管理者来说，可以全方位及时了解学习者的综合素质情况和教师投入教学的精力以及区域教学成效，便于做出教育决策”①。因此，考试大数据的开发与研究对改进考试测量及评价技术，掌握教育教学质量的变化规律，优化国家教育政策和考试评价政策等都具有重要意义。

此外，随着现代信息技术的发展，可以通过建立海量考试基础数据云平台，发挥云平台强大的分析、存储、查询等功能，将考生的各类考试信息进行数字化、信息化、指标化处理，还可以建立类似于银行征信系统的考试诚信系统。②作为重要的综合素质之一，诚信既可用于高校招生参考，也可用于社会招录参考，还可用于动态了解考生乃至整体国民的诚信变化趋势，对构建社会诚信体系与文化具有不可估量的作用。因此，重视对考试大数据的开发与应用，是改进考试评价技术、深化考试内容改革、优化考试管理体系、构建诚信社会机制的重要途径，更是推进高考制度现代化的必由之路。

（四）进一步扩大高校招生录取自主权

自主招生不仅是我国高校传统的招生方式之一，也是当今世界发达国家及地区的重要招生方式。在美国，“高校是招生的主体，大学实行完全自主的招生模式；中学生自主决定大学入学申请事宜，中学负责提供与入学申请相关的证明材料，教育考试服务机构负责提供大学认可的标准化考试成绩”③。可以说，美国

---

① 陈立. 考试跃升评价——论大数据背景下教育考试角色转变的可能与特点［J］. 浙江海洋学院学报（人文科学版），2017（2）：85-88.

② 孔祥. 基于考试大数据的我国个人信用信息基础数据云平台建设研究［J］. 考试研究，2014（5）：68-73.

③ 乐毅. 美国本科招生模式及录取标准：启示、借鉴与本土实践［J］. 现代大学教育，2008（1）：49-55，111.

实行的是典型的考招分离政策。在英国，高校“也具有充分的招生自主权，从招生的专业、人数、标准及最终录取权都由高校决定”[①]，且基本依据高校层次设定招生标准的难易度。在日本，新生录取也是由“各大学自行决定，日本政府完全尊重大学的自主权，不加干涉”[②]，入学考试由文部省授权大学入学考试中心负责组织实施全国第一次入学考试，授权各大学负责组织实施第二次入学考试。政府的主要职责是制定规则，如报考大学的资格、大学招生名额的总体控制，以及政策导向等，而文部省设立的中央教育审议会与日本国立大学协会等常设咨询、审议机构则负责监督高校招生制度的实施。[③]

中国台湾地区的高校招生，也早已完成了由考招不分到考招分离的转变。台湾自 1954 年实行大学联招至 2001 年实施多元入学方案，47 年间基本实行的是考招不分的政策。2001 年，大学多元入学方案明确规定了考试与招生的权责分立，即二者分别由不同的单位负责，其中，统一入学考试（含学科能力测验、指定科目考试）的组织实施及其命题、试题研发由大考中心负责；术科考试由术科委员会负责；招生由各大学组成的各种委员会（主要有大学甄选委员会、大学考试入学分发会员会）负责。[④]可见，高校拥有完全或较大的招生录取自主权是世界发达国家及地区高校招生制度的一个共同特点。

在我国，招生自主权既是高校办学自主权的重要组成部分，也是法律赋予高校的基本权利之一。2015 年，新修订的《中华人民共和国高等教育法》明确规定：“高等学校应当面向社会，依法自主办学，实行民主管理。”2010 年，《教育规划纲要（2010—2020 年）》也指出，要“落实和扩大学校办学自主权”，具体要“按照有利于科学选拔人才、促进学生健康发展、维护社会公平的原则，探索招生与考试相对分离的办法，政府宏观管理，专业机构组织实施，学校依法自主招生”，对于“特长显著、符合学校培养要求的，依据面试或者测试结果”可自主录取。此外，高考科目也由高校设定，即所谓“高校选科”，就是高校按照其

---

① 李木洲. 高考改革的历史反思［M］. 武汉：华中师范大学出版社，2016：297.

② 于钦波，杨晓. 中外大学入学考试制度比较与中国高考制度改革［M］. 成都：四川教育出版社，2000：188.

③ 李木洲. 高考改革的历史反思［M］. 武汉：华中师范大学出版社，2016：313.

④ 李大伟，李建兴，胡茹萍等. 台湾大学入学制度的历史变革：公平性、机会选择、卓越性之探讨//刘海峰，李木洲. 鉴古知今的教育史研究——第六届“两岸四地”教育史论坛论文集［C］. 厦门：厦门大学出版社，2014：347.

办学特色与专业需求确定考生须要报考的科目，这也是尊重高校招生自主权的重要体现。[①]

近年来，教育部基于《中华人民共和国高等教育法》赋予高校的招生自主权，对“院校负责，招办监督”的录取体制又进行了完善，主要体现在四个方面：“一是由高校自主制定招生方案。在国家核定规模内，自主制定招生方案，自主调节系科招生比例，自主编制分省分专业招生计划。二是由高校自主制定招生章程。包括录取规则、专业培养对外语、身体状况等要求等。三是由高校自主确定录取名单。根据生源情况自主确定在各省的投档比例，并在投档考生范围内根据学校招生章程自主确定录取考生名单和专业。四是实施自主招生、综合评价和高职分类考试等形式招生。由高校根据办学定位，自主开展高校考核，自主确定录取标准和方式，弥补统一高考完全按分数录取的不足。”[②]可见，在国家法律、政策及制度设计层面，我国高校也已具备了较大的招生自主权。

在实践层面，“我国高校招生在历经由政治主导、服务经济建设的人才紧缺期，到改革开放，政府职能转变，强调以人为本、服务人的发展的人才饱和期，在这一政治逐渐隐退、政府逐渐放权的过程中，高校的办学自主权得到不断扩大。高校招生也逐渐从适应外部环境回归到尊重教育规律和人才培养规律的道路上”。不过，“在长期的被动或喂养式的生存模式中，高校招生已形成了强大的历史惯性与现实阻力，从思想观念、社会环境到具体的招考办法都存在许多亟待突破、转化、转变甚至构建的制度性问题”[③]，尤其是在高校招生录取的制度设计上，如平行志愿的全面推行、投档比例的设置（一般在 1：1.2—1：1），以及网上实时动态录取。这些措施虽提高了录取效率，降低了高分考生的“掉档率”，但同时也极大地压缩了高校招生录取的自主权。[④]因此，新时代要实现高考制度的现代化转型，有必要通过配套的录取机制改革进一步扩大高校招生自主权。

---

① 易鑫. 新高考带来了什么——聚焦 2018 年高考改革［N］. 中国教育报，2018-06-07（1）.

② 刘潇翰. 十二届全国人大五次会议第 7758 号建议的答复（摘要）［EB/OL］.（2018-03-28）［2018-08-03］. http://www.moe.gov.cn/jyb_xxgk/xxgk_jyta/jyta_ghs/201803/t20180328_331548.html.

③ 李木洲. 高考改革的历史反思［M］. 武汉：华中师范大学出版社，2016：375.

④ 李木洲. 高考改革的历史反思［M］. 武汉：华中师范大学出版社，2016：348-349.

第三节　高考制度现代化评价

现代化之“化”，意味着社会发展主体已经认识到变化的必要性及基本方向，它是人类的理性选择和自觉行动，是区别于近代工业革命之前人类社会自发变化的过程。[①]作为社会（制度）现代化的重要分支或组成部分，高考制度现代化意味着高考制度现代化的推动者也已经认识到高考制度改革的必要性和改革的基本方向，它是高考制度现代化的推动者有计划、有目的、有组织地理性选择和自觉行动的结果。然而，如何判定高考制度现代化方向的正确性，如何判断高考制度现代化的水平或程度，以及如何保证高考制度现代化沿着正确的方向持续发展，等等。这些问题都需要对高考制度现代化进行科学的评价。因此，探清高考制度现代化评价的概念、方法及指标体系，既是构建高考制度现代化理论体系的必要组成部分，也是有序推进高考制度现代化的现实需求。

一、高考制度现代化评价的现实意蕴

评价是依据事实做出价值判断的过程[②]，现代化评价是对现代化过程和结果的一种综合评价[③]。高考制度现代化评价即依据事实对高考制度现代化过程和结果进行综合价值判断的过程。然而，高考制度现代化在本质上是高考制度理念、形态和技术等现代性不断增长、扩展及实现的历史过程，因此，高考制度现代化评价是指对高考制度现代性的综合衡量，包含对高考制度理念、形态及技术等诸要素的现代性实现程度的评价。而评价活动的多重功能决定了高考制度现代化评价既是推动高考制度现代化进程的重要手段，也是保障高考制度现代化质量的重

---

① 姜玉山，朱孔来. 现代化评价指标体系及综合评价方法［J］. 统计研究，2002（1）：50-54.

② 杨小微. 教育现代化评价之核心指标三问［J］. 教育科学研究，2015（7）：5-9.

③ 中国科学院中国现代化研究中心. 现代化政策［EB/OL］.（2015-04-21）［2018-08-10］. http://www.modernization.ac.cn/document.action?docid=4383.

要方法。因此，在高考制度现代化的过程中，应以科学的评价理念为引领，构建合理的高考制度现代化评价体系，以发挥高考制度现代化评价的基本功能。具体而言，高考制度现代化评价对推进高考制度现代化具有多方面的现实意蕴。

（一）高考制度现代化评价有利于审视高考制度的改革成效

改革是推进高考制度现代化的基本途径，但改革往往是成功与失败并存的，因此，高考制度改革必须注重成效，考虑改革的物质成本和社会心理成本。据统计，在 1983—2009 年，高考制度改革与试验多达 25 次（种），除尚在探索中的 5 项外，有 5 项改革回到“原点”，有 6 项改革成为“历史”，至今仍在享受改革成果的仅有 9 项。可见，高考制度改革的成本不可谓不高，而过于频繁和反复的改革，给考生及社会大众造成的高考负面影响是无法估计的。[①]当前，我国高考制度现代化处在转型或升级的关键阶段，制度转型不同于制度创设，它需要承担更多的交易费用，也即转型成本，主要来源于两个方面：①取消旧制度相关的退出成本；②与创设新制度相关的建设成本[②]，包括“实施成本、摩擦成本、变革成本、运行成本、固定成本、机会成本、转换成本、边际成本、协约成本、适应成本、失益成本、失序成本、创立成本、意识形态成本等”[③]。因此，如何正确评估并有效控制各项改革成本，是高考制度现代化必须理性审视的首要问题。而通过科学的方式和方法对高考制度现代化进行合理的系统化评价，则是正确评估和有效控制改革成本的必要方法。因为它有利于高考制度改革者理性审视高考制度的改革成效；客观了解高考制度改革的利弊得失；全面掌握高考制度改革存在的问题及难点；科学总结高考制度改革的经验教训；主动探明高考制度改革的基本规律，以避免盲目、随意甚至不计成本的改革。

（二）高考制度现代化评价有利于优化高考制度的改革方案

问题诊断是评价的基本功能之一。高考“上连高等教育，下引基础教育”，是国家教育系统的核心枢纽。因此，明确符合国家中长期经济社会及教育发展需

---

① 李木洲. 高考改革的历史反思［M］. 武汉：华中师范大学出版社，2016：5.

② 傅允生. 制度转型、激励成本与税收超增长［J］. 经济学家，2004（5）：47-52.

③ 彭华. 制度转型的成本分析——以湖北乡镇事业单位改革为分析对象［D］. 华中师范大学博士学位论文，2010：3.

要的高考制度改革方向，选择符合国情的高考制度改革目标与路径，就显得至关重要。[①]然而，高考改革的历史与现实皆存在因未能充分评估改革方案而导致改革失败，甚至引起社会热论的改革事项。例如，2002 年，广西推行的本专科分类考试改革仅实施了 3 年，就于 2005 年名存实亡，其主因有二：①改革实施的外部环境不成熟，缺乏分类考试的文化土壤和有效的社会宣传，民众对分类考试的制度不甚了解；②改革实施的内部条件不足，本专科分类考试的制度设计存在不足，包括考试时间安排不合理，额外增加考试机构及相关学校的考务与招生工作量。[②]江苏省“10 年 4 易”的高考科目设置改革：2000 年，试行“3+小综合”；2002 年，试行“3+大综合”；2003 年，试行“3+1+1”；2008 年，虽仍实行“3+1+1”，但统考科目却再改为语文、数学、外语 3 门。有调查显示，“46%的老师、70%的家长认为它是‘折腾’，未能发挥预想的作用”[③]。2017 年，浙江省首次实施新高考方案，尘埃尚未落定，便引起社会热议，甚至被有些媒体称为“改革闹剧”，批评该方案的主要基于以下四大原因：①给所有高中教师和学生及其家长带来前所未有的沉重负担；②严重扰乱正常的教学秩序；③助长严重的投机行为；④加大了不合理竞争，严重降低了高校招生质量。[④]这与新高考改革的初衷有较大出入，也是未能预料的。理性分析，高考改革所遭遇的这些挫败或问题，与改革前缺乏充分的方案评价或社会评估不无关系。因此，高考制度现代化评价既是高考改革不可或缺的重要工作，也是优化高考制度改革方案的重要手段。

（三）高考制度现代化评价有利于把握高考制度的改革方向

改革是一项系统工程，成功与否由改革条件、环境、策略等多方面因素决定，且任何一个方面不成熟或出现问题，都可能导致改革失败。然而，与这些影响因素相比，更为重要的则是改革方向，因为它决定着改革的最终目的与未来前景，只要改革方向正确，哪怕一时改革失败还可继续再改，但如果改革方向错

---

① 李木洲. 高考改革的历史反思［M］. 武汉：华中师范大学出版社，2016：1.

② 李木洲. 因材“施考”与“施教”：分类考试的精神内涵［J］. 大学教育科学，2014（3）：9-11.

③ 闵杰. 江苏：高考“文理不分科”的艰难尝试［N］. 中国新闻周刊，2014（34）：66-68.

④ 政治好老师. 浙江高考改革已然成为闹剧，请不要步其后尘［EB/OL］.（2017-07-17）［2018-08-06］. http://www.sohu.com/a/157720091_498167.

了，那失败的结局就完全不同了，它可能导致阶段性甚至长时期的错误摸索，改革成本也将远远高于一时失败之损失。1977 年，恢复高考后，高校招生废除了群众推荐的政策规定，确立了择优录取的招生原则，高校为国家选拔了一批又一批优秀人才。可以说，尽管择优录取这一原则具有一定的抽象性与模糊性，即对“优”的标准界定不够明确，到底是分数优、成绩优，还是知识优、能力优，抑或是道德优？[①]以至于在长期的招生过程中，高校实质上坚守的仅是分数优。但是坚持择优录取这个方向是正确的，它至少保证了高校招生的分数公平，守住了高校招生的优秀底线。而在这个正确的方向之下，也有了对优进行讨论和完善的空间。新高考改革增加了综合素质评价这一维度，便是对分数优的有力补充，也是对择优录取这一原则的漏洞的一种填补。评价既要总结过去，也要着眼未来，为未来的改革提供更优方案、确定发展方向。因此，高考改革要做到坚持正确的发展方向，就必须高度重视高考制度现代化评价的作用。简言之，对过去的高考制度改革成效进行终结性评价，对新高考改革方案进行诊断性评价与形成性评价，是保证高考制度现代化沿着正确方向、适当速度、理性规模向前发展的重要手段。

二、高考制度现代化评价的总体设计

高考制度现代化评价是一项科学化、系统化的工作，不仅要符合评价尤其是教育评价的基本规范，还要符合高考制度的自身特点与功能指向。从评价设计的视角来看，明确高考制度现代化评价的目的、方法及原则等基本问题，是构建高考制度现代化评价体系的基本前提。

（一）高考制度现代化评价的目的

明确为何进行高考制度现代化评价，是构建高考制度现代化评价体系的逻辑起点。一般而言，现代化评价有两个主要目的：①鉴定现代化的实现情况。根据既定的现代化目标或可参照的现代化指标进行相关鉴定，了解现代化的实现程

---

① 程晋宽. 恢复高考40年：传承高考精神，聚焦高考改革方向［J］. 教育测量与评价，2018（3）：1.

度。②监督与改进现代化的实现方案。[①]通过系统分析现代化的现状与问题，形成具有针对性的改进措施，以提升现代化的水平。然而，高考制度现代化评价既不同于国家现代化评价，也不同于教育现代化评价，此两者的研究起步较早，不仅有国家明确的政策或规划目标，还有较为成熟的或可参照的评价体系，但这并不排除高考制度现代化评价与国家现代化评价和教育现代化评价之间有共通性与一致性。根据高考制度现代化的特点及功能指向，高考制度现代化评价主要有三大目的。

1. 价值引导

高考制度现代化评价是对高考制度现代性实现程度的评价，不仅要对高考制度的形态、技术做出判断，还要对高考制度的理念、价值进行追问，即“现代高考制度应当是什么样貌”，“现代高考制度是如何服务国家、教育及人的现代化发展的”等，故而高考制度现代化常常与选择性、人本性、多元性、科学性、民主性等密切相关。因此，高考制度现代化评价具有较强的价值导向性，并承载着引导、践行及实现一定的社会价值取向的功能。

2. 系统诊断

高考制度现代化是系统的、整体的现代化，而不是高考制度某一方面或若干方面的现代化。从制度设计来看，高考制度包括测评制度、录取制度、管理制度三大子制度；从连接关系来看，高考制度上连高等教育，下引基础教育，关系到国家教育生态系统；从权、责、利来看，高考制度涉及主考、应考、大中学校，以及国家、市场等多方面利益主体。因此，高考制度现代化评价是反映高考制度“内部与外部、整体与部分、宏观与微观、投入与产出、硬件与软件”[②]的现代性的综合评估与全面诊断。

3. 普适可比

现代化是全球潮流或趋势，现代性更是世界主流价值的集合。以现代性作为衡量高考制度的标准，有利于运用评价结果进行高考制度国际比较与国内区域比较。[③]尽管高考制度是一项全国统一实施的制度，但各省（自治区、直辖市）的

---

① 李刚. 教育现代化评价热潮反思［J］. 教育发展研究，2015（11）：10-14.
② 曾天山. 教育现代化是引领教育事业科学发展的先导旗帜［J］. 中国高等教育，2013（8）：3-7.
③ 李刚. 教育现代化评价热潮反思［J］. 教育发展研究，2015（11）：10-14.

经济、教育、文化等发展不平衡，尤其是优质高等教育资源的分布不均，导致各省（自治区、直辖市）间、城乡间、民族间、性别间在高考录取、试题反映、微观政策等多方面存在一定的差异。因此，高考制度现代化评价有利于提供一个可供参照的体系，促进高考制度现代化的普适性、可比性及其全面现代化。

（二）高考制度现代化评价的方法

关于现代化评价的方法，当前具有较大影响力的成果主要有：美国斯坦福大学教授 A.英克尔斯提出的现代化指标评价体系、中国科学院何传启主持完成的世界现代化与中国现代化系列报告、中国社会科学院朱庆芳主持完成的现代化指标体系、国家发展和改革委员会宏观经济研究院提出的现代化指标体系、中国人民大学的现代化指标体系、华东师范大学杨小薇主持完成的教育现代化评价体系、教育部教育发展研究中心发布的全国 15 个副省级城市教育现代化评价指标体系等。从方法论的层次来看，各类现代化研究不外乎有五种视角：①科学视角，采用实证主义的研究方法，揭示现代化现象的客观事实和基本规律，建立客观的和没有偏见的因果模型；②人文视角，采用阐释主义的研究方法，描述现代化现象的历史、意义和关联，建构现代化现象的话语和理念；③政策视角，采用现实主义的研究方法，归纳现代化现象的因果关系和价值导向，提出现代化的解释模型和政策建议；④未来学视角，分析现代化的趋势，预测它的未来；⑤批判视角，分析和批判现代化的理论和实践，提出改进的对策和建议等。其中，实证研究、阐释研究和实用研究的区分又是相对的，有时会交替采用，有时会同时采用。总之，现代化科学是一门交叉科学，自然科学和社会科学的诸多研究方法，都可以作为它的研究方法。例如，观察、调查、模拟、假设、心理分析、统计分析、定量分析、定性分析、模型方法、理论分析、比较分析、历史分析、文献分析、过程分析、情景分析和案例研究等。①

所谓方法是指“人们为了达到一定目的所选取的手段、途径或活动方式”②。高考制度现代化评价方法就是人们为检测或衡量高考制度现代化的程度

---

① 中国科学院中国现代化研究中心. 方法论［EB/OL］.（2015-04-23）［2018-08-10］. http://www.modernization.ac.cn/document.action?docid=4726.

② 孙小礼. 科学方法论的一个研究提纲［J］. 哲学研究，2001（2）：66-71.

所选取的手段、途径或活动方式。一般而言，根据评价活动主要依赖定性方法还是定量方法，大体上可以把高考制度现代化评价方法分为以质性评价为主和以量化评价为主两大类型。其中，质性评价是对评价对象做概念、程度上的质的规定，然后进行分析评定，以说明评价对象的性质和程度，主要以定性分析方法的运用为特征；量化评价是对评价对象进行数量化的分析和计算，从而判断它的价值，主要以数学方法的运用为特征。[①]然而，高考制度现代化是一个历史的、动态的、复杂的、相对的、系统的发展过程，并且高考制度现代性又具有相当的抽象性、模糊性等特点，很难使用单一方法完整描述其现代性程度，因此，高考制度现代化的特殊性决定了高考制度现代化评价应采用定量与定性相结合的办法。但不管运用何种方法，无外乎两个重要方面："①操作化指标体系，确定运用哪些数据来度量指标；②选择合适的手段进行数据搜集与分析。"[②]而关于高考制度现代化数据的获取，又主要有两类：①所谓的客观数据，如高考录取率、高考分数线、高中学业水平考试成绩等；②主观数据或主观信息，多以调查的方式获取，如高考压力、高考公平、综合素质评价成绩等。[③]总之，高考制度现代化评价是对高考制度现代化过程和结果的一种综合评价，构建合理的指标体系与获取可靠的数据信息是进行高考制度现代化评价的基本前提。

（三）高考制度现代化评价的原则

高考制度现代化评价的原则是指进行高考制度现代化评价所必须遵循的基本准则，它是高考制度现代化评价活动成功与否的主要影响因素，对高考制度现代化评价活动具有普遍的指导意义。结合高考制度现代化评价的目的与功能，以及高考制度的结构特点与内外部关系，高考制度现代化评价应遵循以下四大原则。

1. 定量评价与定性评价相结合

高考制度现代化本质上是高考制度现代性的增长，因此，高考制度现代化评

① 沈玉顺. 高等教育评价方法技术的误用、滥用及其矫正［J］. 复旦教育论坛，2010（5）：10-13，36.

② 李刚. 教育现代化评价热潮反思［J］. 教育发展研究，2015（11）：10-14.

③ 阎光才. 教育及社会科学研究中的数据——兼议当前的大数据热潮［J］. 北京大学教育评论，2013（4）：77-86，187.

价其实就是对高考制度现代性的程度进行评价。高考制度现代性既有可测的或可量化的指标，也可称其为客观数据，如录取率、分数线等，一般可直接获取；也有不可测的或不可量化的指标，也可称其为主观数据或主观信息，如高考公平、高考压力、高考认可度、高考满意度等，一般需要通过主观或价值判断才能获取。而这两类指标又皆是反映或衡量高考制度现代化水平的基本指标要素。因此，唯有采取定量评价与定性评价相结合的原则才能实现对高考制度现代化的综合评价。

2. 静态评价与动态评价相结合

高考制度现代化虽是一个动态的、发展的历史过程，但它也具有静态的、阶段性的一面。静态评价重在对高考制度现代化阶段性目标的实现程度进行评价，强调高考制度现代化在特定时空范围内的现实状况，不考虑原有状态和发展趋势；动态评价重在对高考制度现代化的历史过程、发展水平、发展趋势进行评价，同时评价的标准、内容及方式等也随着现代化的进展而与时改进，有利于优化和引导高考制度现代化的发展。静态评价可对阶段性的现代化水平进行横向比较，动态评价可对现代化水平进行纵向比较，二者各有利弊。只有综合运用才能互相补充，避免出现相对主义的现象。

3. 引导评价与预测评价相结合

一方面，引导与预测是评价的两项重要功能；另一方面，高考制度现代化之“化”，意指向未来，代表发展趋势。因此，高考制度现代化评价应注重将引导评价和预测评价相结合。所谓引导评价是指高考制度现代化评价应注重价值引领，如高考制度的公平性、效率性、科学性、民主性、多元性等公共价值，充分发挥高考制度的教育引导与社会培育功能。所谓预测评价是指高考制度现代化评价应着眼未来，通过国际前沿研究与国内趋势及问题研究，为高考制度的测试、录取及管理等系统改革指引发展方向。一言以蔽之，引导评价与预测评价是高考制度现代化持续健康发展的基本需要。

4. 国内评价与国际评价相结合

制度学习是制度发展变迁的重要方式，也是制度现代化发展的重要方式。国内评价与国际评价相结合，可以取长补短、互为借鉴，促进高考制度现代化良性发展。国内评价主要反映中国特色高考制度现代化的发展实况，衡量高考制度各要素现代性所达到的客观水平；国际评价意在“洋为中用”，反映世界“高考”制度现代化的一般规律，了解国际“高考”尤其是发达国家及地区的“高考”制度现代化的表征与趋向。通过国内评价与国际评价的横向比较与纵向比较，有利于把握“高考”制度现代化的普遍规律与特殊规律，最终为中国高考制度的现代化发展提供有益借鉴。

三、高考制度现代化评价的指标构想

评价是依据事实对评价对象做出价值判断的过程，而做出判断必须依循一定的标准或尺度，这种标准或尺度就是评价指标。评价指标体系是由表征评价对象各方面特性及其相互联系的多个指标所构成的具有内在结构的有机整体，包含两个要点：①表征评价对象特性，需具备可观察、可测量的性质；②具有内在结构，即多个指标之间具有内在逻辑关联，能共同且确切地反映评价对象的整体特性。[①]因此，高考制度现代化评价指标体系的构建，不仅需要选取能够反映高考制度现代化特性与价值内涵的多个指标，而且所选取的、承载不同价值的多个指标之间还必须有一定的内在逻辑关联。当然，指标之间的关联性是复杂的，可能多个指标仅反映同一价值，也可能一个指标又反映多种价值。

一般而言，评价指标的选取与其体系的构建须坚持四大原则：①客观性原则，即指标体系能够有效反映高考制度现代化的基本现状与主要问题；②整体性原则，即指标体系能全面覆盖高考制度的基本结构、运行程序及核心利益关系；③可操作性原则，即各项指标的数据应具有可采集性和可量化的特点，能够对其进行有效测度；④独立性原则，即相同层次指标不具有包含关系，且相互不能替代。[②]可见，在某种程度上，高考制度现代化的评价指标体系实际上就是利用具体的指标对高考制度现代化所包括的领域、价值、特征进行具体化、层次化的统计描述和综合评价。[③]根据“反映主要矛盾、简单实用、纲举目张、直指

① 杨小微. 教育现代化评价指标体系及推进路径研究［EB/OL］.（2017-10-30）［2018-08-11］. http://onsgep.moe.edu.cn/edoas2/website7/level3.jsp?id=1510018004874131.

② 张宝玲，李伟，丁锦希. 高校后勤劳务派遣实践绩效评价研究——以江苏省为例［J］. 南京农业大学学报（社会科学版），2012（4）：133-137，144.

③ 姜玉山，朱孔来. 现代化评价指标体系及综合评价方法［J］. 统计研究，2002（1）：50-54.

目标”[①]的指标体系设计理念，构建高考制度现代化指标体系应注重三个“相适应”：一要与推进我国治理体系和治理能力现代化节奏相适应；二要与我国高等教育普及化发展趋势相适应[②]；三要与高校新生考试选拔规律相适应。这三个“相适应”综合体现为构建高考制度现代化指标体系的基本导向。

高考制度现代性是一种抽象的属性或特征，只能通过高考制度形态表现出来，因此，高考制度现代化评价的切入点是高考制度形态。具体而言，高考制度现代化评价就是对高考制度理念、技术、测评、录取、管理等的评价。借鉴褚宏启教授关于“教育现代化评价指标体系”[③]的开发思路，构建高考制度现代化评价指标体系可遵循六个步骤。

第一步，系统厘定高考制度现代性与高考制度形态清单（表 5-1）。需要说明的是，人的制度思想与观念属于内隐的精神存在，一般只能通过制度形态或人的制度行为对其予以衡量和评价，即使将其列入评价指标体系也难以获取有效数据或信息。因此，该清单不予呈现高考制度理念这一重要形态，但这并不否定高考制度理念对高考制度现代化的先导性和决定性作用。第二步，确定高考制度形态与高考制度现代性的关系。当然，并非每种高考制度形态都必然地体现每种高考制度现代性。换言之，某种高考制度形态并不一定与 14 种主要的高考制度现代性都有直接或内在联系。例如，高考制度技术主要与科学性、专业性、公平性、多样性直接相关，而与民主性、法治性、综合性、自主性并没有直接关系。第三步，逐一厘清与某种高考制度形态有直接关系的高考制度现代性的优先顺序，从而确定在衡量某种高考制度形态现代性程度时，哪几个与之相关的高考制度现代性最为重要。譬如，对高考管理制度而言，民主性与法治性最为重要，而公平性、自主性、专业性则次之，因为有了民主性和法治性，其公平性、自主性、专业性就有了保障，也即重要的指标可以覆盖或替代次重要的指标。第四步，列出能反映高考制度现代性的教育形态总清单。高考制度形态多种多样，要依据重要性找出与高考制度现代性联系最密切的、排序最靠前的高考制度形态，然后

① 刘福垣．破除指标体系的迷雾//赵汀阳．年度学术 2003［G］．北京：中国人民大学出版社，2004：171.

② 瞿振元．建设中国特色现代考试招生制度［J］．教育研究，2017（10）：4-11.

③ 褚宏启．教育现代化的本质与评价——我们需要什么样的教育现代化［J］．教育研究，2013（11）：4-10.

列出一个细化的总清单。第五步，把细化的高考制度形态总清单转化成能够测量的高考制度指标，并组成一个结构化的指标体系。第六步，修正指标体系并赋值。

表 5-1　高考制度现代性与高考制度形态清单

高考制度现代性	高考制度形态			
	高考制度技术	高考测试制度	高考录取制度	高考管理制度
科学性				
公平性				
多样性				
自主性				
专业性				
综合性				
民主性				
法治性				
效率性				
选择性				
正义性				
人本性				
个性化				
理性化				

根据笔者所涉猎的文献，当前既未发现关于高考制度现代化评价的系统研究，亦未发现关于高考制度现代化评价的指标体系。根据上述高考制度现代化评价指标体系构建的原则、方法与步骤，结合反映核心价值、突出核心指标的构建理念，本书尝试构建了一个高考制度现代化评价指标体系，由高考技术、高考测评、高考录取、高考管理 4 个一级指标，并按其重要性分层筛选的 17 个二级指标和 47 个三级指标组成，并且指明不同的指标子系统所反映的高考制度现代性（表 5-2）。

表 5-2　高考制度现代化评价指标体系

一级指标	二级指标	三级指标	现代性反映
A1 高考技术	B1 测评技术	C1 命题技术；C2 标准化考试技术；C3 综合素质评价技术	专业性 科学性 公平性 效率性 民主性 法治性
	B2 信息技术	C4 网上报名；C5 网上测试；C6 网上阅卷；C7 网上录取	
	B3 管理技术	C8 报考管理技术；C9 测试管理技术；C10 录取管理技术；C11 考试机构管理技术	
A2 高考测评	B4 统一高考	C12 科目设置；C13 内容设计；C14 试卷设计	科学性 公平性 效率性 专业性 综合性
	B5 高中学业水平考试		
	B6 综合素质评价	C15 素质结构；C16 评价方式；C17 评价质量	
	B7 自主招生考试	C18 考试内容；C19 考试方式；C20 考试效度	
A3 高考录取	B8 志愿填报	C21 填报时间；C22 填报方式	公平性 选择性 多样性 效率性 民主性 个性化
	B9 录取通道	C23 统一高考招生；C24 自主考试招生；C25 保送招生；C26 推荐招生；C27 免试招生；C28 破格招生	
	B10 高校招生权	C29 完全自主；C30 有限自主	
	B11 学生择校权		
	B12 录取率	C31 全国平均录取率；C32 各省份平均录取率；C33 城乡平均录取率；C34 高水平大学录取率	
A4 高考管理	B13 高考投入	C35 试卷命制投入；C36 考试组织投入；C37 保障系统投入	民主性 法治性 专业性 公平性 科学性 正义性 人本性
	B14 阳光工程	C38 信息公开；C39 社会监督	
	B15 高考法治	C40 专门法（如教育考试法）；C41 以“规”代法	
	B16 异地高考	C42 异地可考；C43 异地不可考	
	B17 名额分配	C44 区域机会均衡；C45 城乡机会均衡；C46 民族机会均衡；C47 高水平大学机会均衡	

最后，需要指出的是，现代化本身是一个不断发展的过程，因此，现代化不应该有绝对的目标或标准，而应是相对的、动态的，要随着历史发展的进程而不断添加新的内容。[①]高考制度现代化亦是如此，它会随着经济、社会、教育、人口、技术等的发展而淘汰或增加新的指标内容，当然相应的评价权重也可能产生波动。

① 姜玉山，朱孔来. 现代化评价指标体系及综合评价方法［J］. 统计研究，2002（1）：50-54.

结　语

纵观高考制度 60 多年的发展史，在经过调整、完善、停废、再续、频密变革等曲折而复杂的变迁历程后，从高考制度现代性的实现程度来看，其已艰难地跨过了初步现代化和基本现代化两个阶段，目前正处于由基本现代化向总体现代化迈进的过渡阶段。作为教育现代化和国家治理体系与治理能力现代化的重要组成部分，高考制度现代化已然成为新时代国家全面深化改革的重点议题。因此，未来高考制度的改革必须从国家治理和国家现代化的视角加以审视。本书基于对高考制度现代化历程的系统考察与反思，结合美国“高考”制度现代化的经验与启示，得出如下八个方面的结论。

1. 关于高考制度现代化的本质

现代化的本质是“传统性”的不断削弱与“现代性”的不断增长，由于每个社会的传统性内部都有发展出现代性的可能，所以现代化又是传统的制度和价值观念在功能上对现代性的要求不断适应的过程。[①]因此，所谓高考制度现代化的本质，即与高考制度形态的不断变迁相伴随的高考制度现代性不断增长的过程，具体表现为由落后的高考制度样态转化为先进的高考制度样态的过程和由传统高考制度转化为现代高考制度的过程。从系统关系来看，高考制度现代化是我国考试招生制度现代化和教育现代化，以及国家治理体系与治理能力现代化的有机组成部分。它关系着国家未来的人才培养模式、现代化进程，以及国家综合创新能力和国际竞争力。

2. 关于高考制度现代化的方向

从高考制度变迁的视角来看，高考制度改革已进入从单一考试向多元评价、

---

① 杨小微. 教育现代化评价指标体系及推进路径研究［EB/OL］.（2017-10-30）［2018-08-11］. http://onsgep.moe.edu.cn/edoas2/website7/level3.jsp?id=1510018004874131.

从统一录取向自主录取、从传统管理向现代管理的发展路径。[①]而随着高考制度科学性、公平性、民主性、法治性、自主性、综合性、人本性、效率性，以及理性化、个性化等现代性因子的增长，高考制度向着“分类考试、综合评价、多元录取、科学管理”的改革方向发展的趋势不可逆转。这种不可逆转的背后，既是人们不断追求高考公平和效率的必然选择，也是政治民主、社会法治、经济发展、文化多元及教育多样的历史要求。当然，从现代化的逻辑演进来看，高考制度现代化的总体方向是沿着初级现代化—基本现代化—总体现代化—全面现代化的方向发展的。

3. 关于高考制度现代化的目标

基于不同层面或视角，高考制度现代化的目标具有多重性。从终极目标的视角来看，高考制度现代化的目标是促进人和社会的现代化，也即不断推动人的现代性和社会现代性的增进；从系统论的角度来看，高考制度现代化的目标是要推动考试招生制度现代化、教育现代化，以及国家治理体系和治理能力现代化的实现；从制度设计的视角来看，高考制度现代化的目标是建立系统协调、科学规范、运行高效的制度体系，建成政府宏观指导、社会有效监督、专业化考试机构组织考试、高校自主录取的，以统一高考为基础、以高校自主招生考试为补充的分类考试、多样测评、多元入学的考试招生制度。总之，高考制度现代化的目标既包括高考制度设计的合理化安排，也包括高考制度实践的功能性要求，是国家建设、社会变革、教育改革，以及人的发展对高考制度改革的综合诉求，根本任务是服务与促进学生发展，最终实现高考治理体系和治理能力现代化。

4. 关于高考制度现代化的路径

经过 60 多年的发展，高考制度的科学性、公平性、多样性、自主性、专业性、综合性、民主性、法治性等现代性因素已得到较大增强与扩展。但从发达国家的经验来看，我国高考制度要实现由基本现代化向总体现代化乃至全面现代化的转型或跃升，须注重四个方面的改革：①加强教育考试机构的专业化建设，包括机构理念、人员素质、测评技术及机构功能的现代化建设；②健全教育考试法治体系，将教育考试立法纳入国家治理体系和治理能力现代化的总体进程中，出

① 李木洲. 高考改革的历史反思［M］. 武汉：华中师范大学出版社，2016：368.

台一部专门法（教育考试法或考试法），以维护主考、被考等涉考、涉招人员的权利、责任与利益；③重视教育考试研究与大数据开发，这是改进考试评价技术、深化考试内容改革、优化考试管理体系，以及构建诚信社会机制的必由之路；④进一步扩大高校招生自主权，尤其是通过投档比例调整和录取机制改革等切实扩大高校招生自主权。

5. 关于高考制度现代化的性质

我国宪法规定，我国是工人阶级领导的、以工农联盟为基础的人民民主专政的社会主义国家，社会主义制度是我国的根本制度，禁止任何组织或者个人破坏社会主义制度，并且我国将长期处于社会主义初级阶段，国家的根本任务是沿着中国特色社会主义道路，集中力量进行社会主义现代化建设。可以说，社会主义是我国国家性质最集中和最深刻的体现，也是我国同资本主义及其他历史类型国家真正区别开来的根本准则。习近平总书记也曾指出："我们的改革是在中国特色社会主义道路上不断前进的改革，既不走封闭僵化的老路，也不走改旗易帜的邪路。"[①]因此，国家性质决定了作为我国社会主义制度的重要组成部分，高考制度现代化必须坚持社会主义性质和社会主义方向。简言之，社会主义是我国高考制度现代化的根本性质。

6. 关于高考制度现代化的限度

高考制度的运行与外部系统保持着密切的信息交换和行为互动，并形成一个彼此影响的动态系统。高考制度的每一次改革都是因应社会的发展、政治的变革、教育的革新，以及考试招生方式自身完善的需要。因此，高考制度现代化的转型与构建在根本上受制于现实生产力及生产关系条件的影响。同时还应看到，作为人才选拔的科学化手段，高考只是人才培养的一个中间环节，对人才培养的作用具有一定的局限性，不能无限扩大或附加高考的社会功能。正如有研究指出的，"学生的学科能力是通过教育习得的，不是高考等教育考试考出来的，高考的作用仅仅在于将学得比较好的学生与学得比较差的学生区分开"[②]。可见，高

---

① 习近平总书记全面深化改革重要思想深刻内涵是什么［EB/OL］.（2018-02-24）［2018-06-20］. http://www.xinhuanet.com/politics/2018-02/24/c_129815711.htm.

② 雷新勇，周群，牟亚萍等. 高考内容改革研究——考试科目设置研究［M］. 上海：上海科学技术出版社，2016：229.

考制度只是在一定程度上影响人才培养的效率，而更为重要的还是学校教育这一漫长而更具深刻影响性的因素。

7. 关于高考制度现代化的制约因素

由高考制度自身的系统复杂性、利益复杂性和环境复杂性所决定，高考制度现代化必然受到多方面因素的制约。就系统复杂性而言，高考制度包含测评制度、录取制度、管理制度等子制度的合理化运行问题；就利益复杂性而言，高考制度存在考生、家长、高校、政府等众多利益主体的利益纠葛与博弈的问题；就环境复杂性而言，高考制度受到来自政治、经济、文化、教育、科技、人口等诸多系统外部力量的影响。此外，高考制度结构与功能存在一定的先天局限，其制度本身的设计存在一定的不可避免或难以调和的内部矛盾与冲突。从社会经济发展水平来看，我国处于并将长期处于社会主义初级阶段，这决定了高考制度现代化的基本方向。此外，高考制度改革的理念也在很大程度上影响着高考制度现代化的进程。总之，它们共同构成了高考制度现代化制约因素的基本图谱。当然，制约因素与推动因素之间又是辩证统一的关系，两者之间会随条件的变化而互相转化。

8. 关于美国“高考”制度现代化的启示

由于美国的“高考”制度处于相对较高的现代化阶段，其现代化经验对发展中国家的高考制度现代化具有诸多启示，包括体现强国意志的理念引领、追求技术创新的研究传统、注重依法招考的治理模式、发挥社会团体的智库作用、突出效率兼顾公平的人才选拔格局、强调中学与大学的校际互动与衔接、适应不同高校的多元分流招生政策等。但最为重要的有两个方面：①走出标准化考试的认识误区。美国的“高考”制度与我国的高考制度都指向同一个问题，即如何协调学生学科知识的掌握与通识能力的发展之间的关系，并更好地将其体现在测评与选拔过程中。我国高考制度的改革需要借鉴美国标准化考试的经验与教训，既要走出以学科知识为本的误区，又要避免陷入过度标准化的泥潭。[①]②灵活多元的招生录取机制，一方面，美国通过标准化考试保障了国家基本的教育水准与公平；另一方面，美国通过多元化、个性化的录取标准，为顶级人才的产生留出了必要

---

① 苏红. 美国部分高校欲取消标准化考试［J］. 教育与职业，2008（31）：101.

的上升通道，有效地保障了“优异人才”的脱颖而出。

当然，现代化是中国的百年之梦，如果说“教育现代化是国家现代化的先行奠基工程”[①]，那么高考制度现代化则是教育现代化的奠基工程。当前，在国家决胜全面建成小康社会、努力实现基本教育现代化，以及大力推动中华民族伟大复兴的新时代，确立符合国家中长期经济社会及教育发展需要的高考制度现代化方向，选择符合国情、教情、民情的高考制度现代化目标与路径，显得至关重要。因此，高考制度现代化研究是一项漫长而艰巨的工作，基于现有研究的初步探索，笔者认为，深化高考制度现代化研究应注重以下几个方面的探讨。

1. 应关注高考制度现代化的“陷阱”

何清涟在《现代化的陷阱》中提出，“资源在市场前的‘灰色分配’，也就是一些人通过非法手段，利用关系特权进行寻租”[②]，会导致社会腐败、两极分化、公正受损、矛盾加剧、冲突增多等严重问题，而这些因现代化而产生的问题被归结为阻碍社会经济发展的“陷阱”。张权力、杨小微在《教育现代化的陷阱、挑战及其应对》一文中认为，“在实现教育现代化过程中，也应警惕这一具体社会领域的现代化‘陷阱’”，并指出“‘陷阱’之一就是西方发达国家的教育发展模式和现实教育发展水平。我们要避免对‘内生型先发国家’即西方发达国家的教育发展模式和现实教育发展水平的盲目崇拜，更不可以盲目移植某些教育政策和制度”[③]。同样，在高考制度现代化的过程中，也存在这样的“陷阱”，我们在学习和借鉴发达国家高校招生制度时，必须结合中国实际，取长补短，加以改造，以构建符合中国特色社会主义的高考制度现代化体系。坎德尔曾说：“有什么样的国家，就有什么样的学校。”[④]同理，有什么样的国情，也就应有什么样的高考制度。换言之，构建中国特色社会主义的高考制度，必须基于中国事实，即中国的国情、教情与民情。另外，高考制度现代化的“陷阱”，也可能存在于

---

① 杨银付. 城市教育现代化监测评价的思路、指标与方法：以副省级城市为例［J］. 教育发展研究，2015（1）：57-61.

② 转引自何伟. 四种经济现象之我见——浅议《现代化的陷阱》［J］. 理论学刊，1999（6）：75-78.

③ 张权力，杨小微. 教育现代化的陷阱、挑战及其应对［J］. 高教发展与评估，2017（4）：1-8，117.

④ 坎德尔. 比较教育方法论//赵中建，顾建民. 比较教育的理论与方法——国外比较教育文选［C］. 北京：人民教育出版社，1994：134.

多样性、自主性、综合性等高考制度现代性之中，由于客观而统一的衡量标准被打破，那些主观而多样的衡量标准，既可能成为特权寻租的漏洞，又可能演化为优势阶层的专利。2018 年，媒体曝出“九省市高中名校学生论文涉嫌造假，或涉自主招生黑幕”①，这便是一个深化高校自主招生改革的重要警示信号，它表明在高考制度现代化的过程中需要不断完善制度规则，弥补制度漏洞。总之，正如制度主义者贝克所说：“现代性危机是由于制度而产生，故同样要用制度来进行治理。”②因此，防止高考制度现代化可能带来的负面影响与公平隐忧，需加强对高考制度现代化“陷阱”的研究，通过合理的制度设计来应对高考制度的现代性危机。

2. 应重视高考制度现代化的评价

高考制度现代化评价是鉴定、诊断、优化高考制度现代化目标、路径及方法的重要途径，也是有效推进高考制度现代化的重要保障。本书虽然对高考制度现代化评价的内涵、功能、方法、目标、原则及指标体系等进行了初步探索，但这些探索，一方面需要理论论证与实践检验；另一方面有些探索还不够深入，尤其是对高考制度现代化评价指标的设定，既没有对指标体系之间的逻辑关系进行深刻描述与充分论证，也没有对各级指标进行数字化赋值处理，因而其可操作性还有待加强。此外，高考制度建制 60 多年来，历经各种改革、试验数十次，且目前仍处于新一轮改革周期，如何对这些改革进行历史评价？如何对当前的试点改革进行诊断评价？如何对即将实现的总体现代化进行预测评价等？只有对这些问题进行了专题或专项的深入研究，才能充分发挥评价在高考制度现代化中作用。

3. 应注重反思高考制度的改革

2005 年，钱学森提出了引发社会广泛讨论的“钱学森之问”，即“为什么我们的学校总是培养不出杰出的人才？”无独有偶，2018 年，杨振宁在清华大学举办的“拔尖人才培养论坛”上提出：“对于创建一流科学家不太成功这件事，是值得讨论的。是不是有这个现象？有没有可以改进的地方？到底重要不重要，

---

① 莽原. 九省市高中名校学生论文涉嫌造假，或涉自主招生黑幕［EB/OL］.（2018-08-16）［2018-08-16］. http://news.ifeng.com/a/20180816/59846264_0.shtml.

② 转引自张广利，陈盛兰. 自反性现代化的动因、维度及后果——贝克、拉什自反性现代化思想比较［J］. 东南学术，2014（1）：51-56.

值不值得去研究？”[①]可以说，这两位顶尖科学家提出的问题有异曲同工之处。尽管造成他们所提之“问”的原因很多，但有一点，即都指向教育和考试这两个重要的改革领域。如同郑也夫教授所指出的，“一方面把学习潜力不算太强人的考试能力极大提升，但另一方面，把一些学习潜力非常优异的人的能力下压。为什么下压了？就是因为要日复一日、年复一年的复习，过程枯燥、乏味，毁伤了他们的想象力，令他们厌学”[②]。事实上，当人们讨论教育问题、批评教育弊病时，大多数的矛盾焦点又指向高考，甚至视高考改革为教育改革的“牛鼻子”。因此，当前有必要对高考改革进行全面系统的反思与总结，以为新时代高考制度改革及其实现总体现代化提供理性思维与理论指导。

4. 应开始强调高考制度的稳定性

改革是创新发展的必由之路，但改革须有长远规划或阶段性规划，不能不计成本和无休无止的“折腾”。对高考这一每年直接影响数千万人的国家基本教育制度，更需慎重改革和科学改革。高考制度经过改革开放后的频密改革，尤其是《实施意见》的发布，不仅意味着新高考改革的开始，也意味着到 2020 年，我国将基本建成中国特色社会主义的高考制度。如同教育部部长陈宝生所指出的：“高考招生制度改革已经在上海和浙江试点，经评估取得了成功……到 2020 年，新的高考改革制度将全面实行。这次高考制度改革是 1977 年以来规模最大、涉及面最广、难度最艰巨的一次改革，进展顺利。可以说，教育体制‘四梁八柱’的改革方案基本建立，教育改革进入‘全面施工内部装修’阶段。”[③]可见，随着新高考改革总体任务的完成，也即随着“分类考试、综合评价、多元录取”的新高考制度体系的建立，高考制度将由频密的、大规模改革阶段转入渐次的、微观动态调整阶段，同时也表明，在未来相当长的一段时期，高考制度将处于相对稳定的状态。

总之，高考制度关涉国家人才战略，影响国家前途命运。面向未来，高考制

---

① 杨振宁. 杨振宁三问：中国为什么培养一流的科学家不太成功？［EB/OL］.（2018-07-15）［2018-07-20］. https://www.sohu.com/a/241295039_313745.

② 郑也夫. 郑也夫谈足球启示：中国产生顶级人才的障碍是什么？［EB/OL］.（2018-07-13）［2018-07-15］. http://www.sohu.com/a/241036909_100928.

③ 蔡继乐. 十九大代表、教育部部长陈宝生：教育改革进入“全面施工内部装修”阶段［N］. 中国教育报，2017-10-20（1）.

度现代化应保持三个“相一致”：①与国家治理体系和治理能力现代化建设步伐相一致，进一步推进“招考分离”，完善政府宏观调控、考试机构实施考试、考生诚信高考、高校自主招生、社会依法监督的高校招生机制；②与即将到来的高等教育普及化人才选拔格局相一致，进一步推进多元入学，完善因校制宜、分类考试、综合评价、个性化招生的高校招生模式，满足人民群众日益增长的多元化入学需求；③与社会主义教育制度基本性质相一致，进一步促进高考公平，完善加分政策和弱势群体入学政策，加强教育考试法制建设，维护广大人民群众的高考利益。①

① 李木洲. 高考改革应防止“现代化的陷阱”［N］. 中国青年报，2018-11-12（10）.

后　记

值此书稿完成之际，我身在异国他乡，不由感慨万千。首先，我要感谢国家社会科学基金和国家留学基金的资助，正是这两项重要资助才使我的赴美访学得以成行。此次到美国西密歇根大学访学，不仅开阔了视野，丰富了阅历，更让我有足够的时间和便利的条件完成“转型与构建：高考制度现代化研究”的课题研究。其次，要感谢湖北大学，此次访学原计划申请半年，中途因研究任务增加，又申请延期半年，从初次申请到延期申请，都顺利地得到了学校的批准。再次，要感谢西密歇根大学的黄维乔教授，黄教授为人敦厚，为学严谨，对我在美国的生活和研究工作都给予了大力支持。最后，还要特别感谢我的爱人朱春燕女士，她默默地为家庭付出，勤勤恳恳地独自照顾小孩儿，让我能够安心地在美国完成访学任务。

算一算归国时日，一年之期还剩下 3 个多月，虽有点归心似箭，但根据研究计划与合作导师的任务安排，还有很多工作有待完成。下一步，除了继续还未完成的工作外，我想重点就是尽可能地补充、修订与完善书稿，争取早日付梓。白居易在《与元九书》中有言：“文章合为时而著，歌诗合为事而作。”当今中国处于全面深化改革的新时代，高考制度作为国家基本教育制度，不仅关乎千万考生的前途命运，也关乎国家未来的人才战略与核心竞争力。可以说，它是一项深刻影响民生与国运的重大制度。本书基于现代化的视角，通过系统考察高考制度的现代化历程，结合美国“高考”制度现代化的经验与启示，以期揭示高校招生的普遍真谛之所在，为新高考改革提供理论支撑与方向指引。

需要指出的是，在科学出版社的严格要求下，本书从签约到修订再到出版，共历时近 2 年之久，在此期间，我也从湖北大学教育学院调往浙江大学教育学院工作。对于工作的变动，要特别感谢原所在单位湖北大学校院两级领导的理解与支持，也要感谢现单位浙江大学文科资深教授刘海峰、田正平，教育学院院长顾建民教授和教育史学科负责人肖朗教授等的青睐与邀请。对于我而言，浙江大学是一个全新的发展平台，既是机遇，更是挑战。有趣的是，这其中可能还有一点儿缘分，因为我 2013 年博士毕业的第一份求职简历便投向了浙江大学，并获得交通与食宿全额报销的面试资格，只是遗憾当时未能被录用。现在思来，也算是梦圆浙江大学了。不过，作为年轻学者，欲立足浙江大学，我仍需不断努力，克难奋进。

最后，此书得以顺利付梓，还要感谢科学出版社编辑的大力支持与辛勤付出。由于本人思维和知识所限，本书所述所论难免存在不足之处，希望能够得到大家指正。

李木洲

浙江大学紫金港校区

2020 年 10 月 1 日